Les Cahiers
du Musée national d'art moderne

75 *Printemps 2001*

Les manuscrits doivent être adressés au secrétariat de la Revue
Direction des Éditions, Centre Georges Pompidou, 75191 Paris cedex 04
Le Rédacteur en chef reçoit sur rendez-vous : 01 44 78 13 29
Abonnements : Service commercial, gestion des abonnements : 01 44 78 42 88

PASCAL CONVERT
NATIVE DRAWINGS
MONA 2 (DÉTAIL)
ARCHIVES PASCAL CONVERT
& FRAC PICARDIE
© P. CONVERT

DIRECTEUR DE LA PUBLICATION
JEAN-JACQUES AILLAGON

DIRECTEUR DU MNAM-CCI
ALFRED PACQUEMENT

DIRECTEUR DES ÉDITIONS
MARTIN BETHENOD

RÉDACTEUR EN CHEF
JEAN-PIERRE CRIQUI

COMITÉ DE RÉDACTION
YVE-ALAIN BOIS
LAURENCE CAMOUS
HUBERT DAMISCH
GEORGES DIDI-HUBERMAN
SOPHIE DUPLAIX
FRÉDÉRIC MIGAYROU
ISABELLE MONOD-FONTAINE
ARNAULD PIERRE
DIDIER SCHULMANN
GILLES A. TIBERGHIEN

SECRÉTARIAT DE RÉDACTION ET DOCUMENTATION
DOMINIQUE MOYEN

SERVICES DE DOCUMENTATION DU MNAM-CCI

GRAPHISME
SOYOUSEE.COM

FABRICATION
PATRICE HENRY

ABONNEMENTS
MATHILDE TOURNIER

Éditorial

Ouvrage exceptionnel, à l'attrait véritablement inépuisable, *The Encyclopedia of Ephemera* a été publié à la fin de l'année 2000 par le British Museum. Sous-titré *A guide to the fragmentary documents of everyday life for the collector, curator, and historian,* ce livre est pour une large part l'œuvre de Maurice Rickards, qui mourut en 1998 sans avoir pu y mettre la dernière main, le projet se voyant alors mené à bien par une équipe placée sous la direction de Michael Twyman. Selon Rickards, spécialiste entre autres choses de l'histoire de l'affiche et lui-même collectionneur, l'appellation d'*ephemera* désigne ces objets éminemment périssables, le plus souvent imprimés, qui vont de l'emballage de denrées alimentaires au ticket de bus, du fax au permis de conduire, du programme de théâtre à la pochette de disque, de la télécarte au *flyer* cher à la culture techno — champ très large et dépourvu de réelle clôture que cette encyclopédie unique en son genre s'attache à parcourir en nous livrant au passage les rudiments d'une histoire naturelle du design graphique. Bien qu'il n'y ait pas là d'« art » au sens où l'entendent les musées, il flotte sur cette collection de bricoles hétéroclites un parfum à la Broodthaers ou à la Perec qui ramène droit au cœur de la sensibilité artistique moderne. L'entreprise, cela dit, est des plus sérieuses et une érudition impeccable se trouve mise au service de la généalogie des cartes de visite ou des étiquettes de boîte de conserve. À l'heure où le badge, vague néo-pop aidant, connaît de nouveau une certaine actualité, il est ainsi intéressant de se souvenir, pour en rester à l'Amérique, que les colons de la Nouvelle-Angleterre le prisaient déjà au dix-septième siècle, mais sous une variante infâmante, celle de la lettre A que les épouses adultères étaient condamnées à porter sur la manche gauche de leur vêtement (c'est l'élément central du fameux roman de Hawthorne, *La Lettre écarlate*). Dans un registre plus volatile, les origines et les développements de la bague de cigare ne manquent pas non plus de faire rêver (aux alentours de 1930 la Consolidated Lithographing Corporation de Brooklyn n'en imprimait pas moins de 6500 types différents). Rien n'échappe à l'empire de l'amateur d'*ephemera,* et le papier hygiénique — symbole par excellence du transitoire — donne lieu à un article des mieux informés, qui en retrace le développement depuis sa commercialisation naissante dans les années 1840 (avec un sens de la litote très britannique, l'auteur note que « avant cette date, il semble que l'humanité en ait été réduite à divers expédients » et renvoie au chapitre XIII de *Gargantua*) jusqu'aux modèles contemporains arborant armoiries ou mots fléchés. Finalement, qu'est-ce qui n'est pas éphémère et selon quels principes pourrait-on légiférer quant à ce qui doit être ou non conservé ? Question vertigineuse, qui tient peut-être du trompe-l'œil mais que nous contraint à poser cette indéniable réussite éditoriale. Jean-Pierre Criqui

PASCAL CONVERT
NATIVE DRAWINGS
MONA 3, CAMÉRA 2
AMIENS, FRAC PICARDIE, 2000
PHOTO ANDRÉ MORIN

Michel Gauthier

Mona dans l'espace

Sur les *Native Drawings* de Pascal Convert

« La succession des figures proposées trahit une métamorphose continue. »
Jean Ricardou, *La Prise de Constantinople*

Verre, mur et vidéo

Depuis 1996, Pascal Convert réalise différentes pièces à partir de dessins d'enfant en très bas âge. Ces dessins sont de ceux pour lesquels la distinction entre la représentation et la non-représentation n'a pas encore pleinement pris son sens — un motif figuratif, une main, par exemple, celle dont l'enfant obtient l'image en suivant avec le crayon le contour de ses doigts écartés sur le papier, peut très bien y côtoyer un écheveau insensé de traits. Ils ressortissent, pour la plupart d'entre eux, à une veine très expressionniste, entrelacs multicolores de traits pour lesquels le plaisir du geste, et en premier lieu celui qui consiste à altérer le support, compte sans doute autant que l'obtention de tel résultat graphique. Les réalisations — intitulées *Native Drawings* — auxquelles donne lieu l'emploi de ces dessins convoquent divers matériaux, diverses techniques.

La première d'entre elles a pour théâtre le quartier général de la firme Obayashi, à Tokyo. Elle utilise comme support le verre, et plus précisément deux grands murs de verre compartimentant un espace d'accueil du public. Chacun des murs se feuillette en trois panneaux que séparent deux intervalles d'environ 10 cm chacun. Les dessins ont été reportés sur le verre grâce à la technique du sablage[1] qui permet l'obtention d'un relief en creux recueillant la couleur diffusée au moyen d'un aérographe. Sur le premier panneau figurent les rubans qui ont été tracés au début de la genèse du dessin. Le deuxième panneau comporte les autres éléments. Quant au troisième panneau, il reprend l'ensemble du dessin, mais sans la couleur ; un sablage fort a creusé le verre d'après les formes du graphe, le reste du panneau ayant été soumis, lui, à un sablage doux.

Les réalisations suivantes empruntent les voies du dessin mural. Tout d'abord à la galerie Pietro Sparta à Chagny, durant l'été 1999[2], puis dans les salles d'exposition du Fonds régional d'Art contemporain de Picardie, à Amiens, de mars à septembre 2000[3]. Une encre acrylique venait, en à-plats, enchevêtrer ses couleurs sur le blanc des vastes cimaises du lieu d'exposition. C'est aux dessins montrés dans le cadre de cette dernière exposition que les pages qui suivent seront plus spécifiquement consacrées. L'artiste eut recours au même matériau et à la même technique pour la troisième réalisation : quatre dessins muraux (dont un au plafond) visibles, depuis l'automne 2000, dans les locaux de l'École Alsacienne à Paris[4]. Ces *Native Drawings*, sous-titrés *Mains*, se distinguent des précédents, tout d'abord, par leur installation dans un lieu dont la fonctionnalité principale, n'étant pas expositionnelle, leur confère sta-tutairement une vertu plus décorative, mais aussi par un taux de figuration plus élevé qui explique leur sous-titre, le dessin tuteur ayant la main pour thème représentatif. Enfin, à la galerie parisienne Site Odéon n° 5, cinq dessins ont été montrés de décembre 2000 à mars 2001, trois sur des cimaises, un sur la vitrine et un dernier à cheval sur mur et vitrine.

Aux *Native Drawings* succèdent des *Native Movies*, que présente, au printemps 2001, Le Fresnoy, Studio National des Arts Contemporains (Tourcoing). Le vidéogramme s'est, en cette occurrence, substitué à la peinture sur verre ou au dessin mural. Une installation vidéo mobilise quatre projecteurs pour diffuser, en une éblouissante série de flashes chromatiques, des fragments d'un graphisme, selon autant de perspectives différentes. Seul le plan terminal donne l'image complète du dessin.

Hêtres et villas, polysomnographie

Si les *Native Drawings* prennent place dans la série, sans doute encore en cours, des pièces exploitant, au gré de divers supports, un dessin d'enfant, ils s'insèrent également dans un ensemble de dessins muraux qui jalonnent l'œuvre de Convert. En effet, ils n'inaugurent pas le *wall drawing* dans l'œuvre de celui-ci. Avant eux, l'artiste s'est plusieurs fois confronté à ce genre. Il y eut l'ensemble des pièces s'intéressant à la villa Belle-Rose, l'une de ces trois demeures (Itxasgoïty, Argenson et Belle-Rose) construites pendant les années 1930 sur la côte des Basques à Biarritz et désormais détruites, dont la découverte, en 1983, a sans doute joué un rôle séminal dans le travail de Convert.

De la villa Belle-Rose, plusieurs dessins muraux ont livré d'abstraites perspectives, d'imposantes « vues en filaire ». On pense en premier lieu à ces immenses dessins, de 1995 et 1996, à la mine de plomb, utilisant pour telle ou telles de leurs portions une laque rouge[5]. Il y a aussi ceux, contemporains, exécutés au feutre sur un mur recouvert de cette même laque rouge (l'un très énigmatique, ne retenant de l'architecture reproduite que quelques éléments que l'imaginaire métonymique échoue à vraisemblablement resituer dans leur complet décor ; l'autre, aux complexes élévations perspectives qui semblent comme en apesanteur dans leur espace écarlate[6]). Certains dessins, de 1994 et 1996, se sont attachés très exclusivement à la rampe d'escalier de ladite villa, dont ils déploient et superposent les volutes au gré de pers-pectives que l'absence de tout autre élément du contexte architectural tend à résolument dévoyer. Rarement il aura été donné de mesurer aussi sensiblement l'articulation des deux sens de l'abstraction : extrusion et non-représentation.

La villa Itxasgoïty a, quant à elle, servi de modèle à l'invraisemblable *Pièce rouge* (1996). Sur les quatre murs, recouverts de laque rouge, d'une salle d'exposition de la Villa Arson, à Nice, l'artiste fit tracer au feutre noir, en les superposant, des vues symétriquement opposées de la demeure. L'œil se trouvait ainsi confronté à d'immenses graphes dont il identifiait immédiatement le représenté architectural mais dont il ne parvenait pas à restituer les cohérences planaires.

Oubliant un temps les villas biarrotes, les *wall drawings* de Convert se sont aussi plu aux insolites délinéaments que proposent des coupes de hêtre. En huit éléments dessinés à la mine de plomb sur le blanc du mur, une pièce de 1995 dispense autant de preuves des inépui-sables réserves de crédibles abstractions graphiques léguées par la nature et ses objets. Mais ce bref rappel des occurrences de dessin mural jalonnant la production de Convert ne saurait s'achever sans la mention de la *Chambre de sommeil* (1992). Ayant dû se soumettre à un examen de polysomnographie, qui enregistre les événements affectant tous les paramètres de la vie humaine pendant le sommeil, l'artiste décida de donner existence opérale à ces relevés graphiques courant au long de centaines de pages. C'est ainsi que ces derniers se retrouvèrent exhiber leurs courbes, reproduites à la mine de plomb, sur les murs des salles d'exposition.

On le mesure donc, si le dessin mural n'est pas la langue native de l'art de Convert, il s'impose toutefois régulièrement à lui comme un recours, au gré d'un retournement, somme toute logique, qui veut que les dessins, après avoir montré des murs, soient montrés par ceux-ci.

Zoom, Artlantis, Illustrator

Les *Native Drawings*, d'envergure architecturale, exposés à Amiens, étaient au nombre de dix-sept. Les dessins intitulés *Mona 1*, *Mona 3* et *Mona 6*, s'offraient au regard, chacun, selon quatre perspectives ; *Mona 2*, le seul du groupe à contenir d'évidents éléments représentatifs (une main verte, une autre rose), se montrait sous cinq versions[7]. Les quatre états de *Mona 1*, *Mona 3* et *Mona 6* occupaient, respectivement, les quatre murs d'un espace donné. Il en allait de même pour quatre des perspectives de *Mona 2*, une cinquième, d'esthétique très différente, se présentait sous la forme d'une frise, investissait, à elle seule tous les murs d'une salle, à hauteur d'œil. Il ne s'agit pas, ici, de reconstituer le détail d'une scénographie pour la seule satisfaction d'une motion documentaire, mais parce que la distribution réglée des dessins dans l'espace d'exposition participait d'une rhétorique au service du projet même de Convert. Ce projet, quel est-il ? Que sont ces différentes perspectives d'un dessin d'enfant dont il a été question ? En d'autres termes, il convient maintenant de s'attacher, dans un premier temps, à la réalité du traitement que les *Native Drawings* infligent à l'enfantin dessin qui leur sert d'origine pour tenter, dans un second temps, de définir les effets provoqués par ce traitement.

Au départ, l'artiste filme un enfant en train de dessiner, de gribouiller aurait-on envie de dire si une fâcheuse valeur de péjoration n'était accolée à ce terme. Deux documents sont donc à la disposition de l'œuvre à naître : le récit filmique de la genèse du dessin et le résultat de celle-ci, sur une feuille de papier. C'est à partir de ces deux documents, à partir du procès

PASCAL CONVERT
NATIVE DRAWINGS
MONA 2, CAMÉRA 1/2/3/4
BOÎTE DE SIMULATION
AMIENS
FRAC PICARDIE, 2000

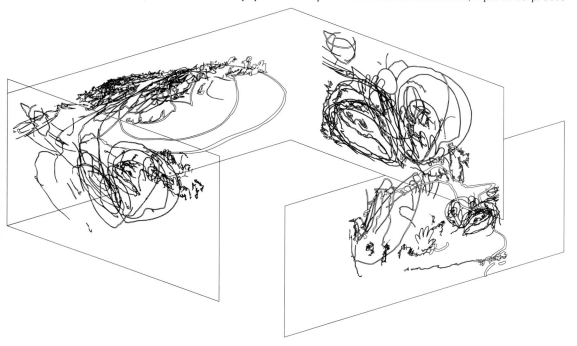

et de son produit, que le dessin va se voir soumis à l'actif d'une numérisation. Tout d'abord, il est analysé de sorte que chaque trait soit identifié et codé en fonction de quatre paramètres : sa forme (rectiligne, courbe), sa couleur (de quatre à huit par dessin) — que suffit à établir le produit —, la vitesse de son exécution et l'ordre de son apparition — dont le film du procès est l'indispensable témoin. Un modeleur 3D, en l'espèce *Zoom*, va ensuite s'emparer du dessin ainsi paramétré pour placer chacun des traits déterminés dans un espace virtuel à trois dimensions. C'est la plus ou moins grande vitesse d'exécution qui règle la position de tel segment sur l'axe de la profondeur. Plus le trait a été tracé vite par l'enfant et plus il s'éloigne du premier plan. C'est donc le temps qui se convertit en espace. C'est donc le temps qui, dans l'affaire, joue la partie baroque, en imprimant ses plis aux traits ainsi métamorphosés en prismes rubanés. On mesure sans peine la complexité de pareil labeur informatique qui doit s'effectuer pour transformer chacun des traits repérés en un ruban qui ondule plus ou moins, puis pour assurer les positions respectives des uns et des autres au regard de leur ordre d'apparition dans la fabrique du dessin. Une fois obtenue la tridimensionnalisation virtuelle du dessin d'origine, par répartition dans l'espace virtuel de l'ensemble des prismes obtenus, l'artiste peut demander à l'ordinateur, et plus précisément au logiciel d'images de synthèse *Artlantis*, de lui offrir différents points de vue — de face, de profil, de trois quarts, de derrière, du dessous, du dessus, etc. — sur cet entrelacs graphique. Ainsi l'objet virtuel, en pivotant sur lui-même sur un axe vertical, se laisse-t-il découvrir sous autant d'angles que les 360° de la rotation en proposent sur l'écran[8]. On l'imagine, ce n'est pas du tout le même spectacle qu'offre le dessin tridimensionnalisé, le solide graphique, selon qu'il se livre frontalement ou de biais à la vision. En fonction de l'angle adopté, certains traits vont en recouvrir d'autres ou au contraire s'en éloigner ; parfois même, en telle zone, ils ne présenteront plus au regard que la tranche des rubans qu'ils sont devenus, prenant alors l'aspect d'insondables calligraphies aux échos extrême-orientaux. Parmi la multitude des perspectives que cette rotation rend disponibles, Convert retient celles qui devront faire l'objet d'une application murale. Bien évidemment, son choix s'opère notamment en fonction de critères purement subjectifs mais aussi de la configuration (morphologie et superficie) du subjectile mural à investir. Après l'adjonction d'une troisième dimension au dessin, celui-ci va donc finalement faire l'objet d'une rebidimensionnalisation, grâce à *Illustrator*, sur le mur d'exposition. À ce stade terminal, il ne reste, en certaine mesure, rien de la stéréoscopie permise par l'ordinateur, rien sinon quelques déformations, quelques spectaculaires métamorphoses du dessin natif.

La frise obtenue à partir de *Mona 2* est, elle, le produit d'un traitement quelque peu différent. En effet, telle perspective du dessin, pourvu d'une virtuelle troisième dimension, a été basculée sur l'axe horizontal de façon à obtenir d'elle une vision « télescopique », avec un angle de vue minime, de un ou deux degrés. Aussi, alors que les autres perspectives de *Mona 2*, globalement ou par un détail, peuvent faire songer parfois aux graffitis de Cy Twombly, à telles gouaches new-yorkaises de 1954 notamment, parfois aux *Yarn Paintings* (1983) de Andy Warhol, mais à des *Yarn Paintings* à qui il serait arrivé quelque chose, quelque chose de louche qui aurait affecté la régularité, tant morphologique que spatiale, de leurs « *drippings* », la frise, quant à elle, appartient à un autre monde plastique. Elle apparaîtrait plutôt comme, tout à la fois, une pictorialisation et un dérèglement des courbes polysomnographiques évoquées précédemment ou, par sa complexité réticulaire, comme la version non figurative des superpositions de plans mises en œuvre par la *Pièce rouge* ou les *dépositions* de l'*Appartement de l'artiste* (et plus particulièrement la pièce de 1992, désormais détruite, qui

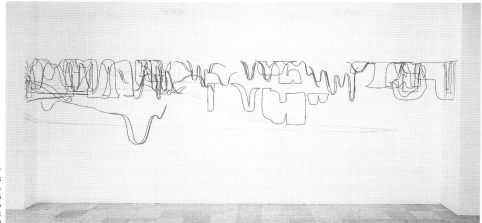

déposait au sol, en les rabattant les uns sur les autres, en une savante structure de bois mou-luré, les motifs ornementaux, courbes et rectilignes, des quatre murs d'un salon dans le style du XVIIIe siècle). La frise, anamorphose ultralinéaire d'un dessin plutôt circulaire dans son (in)organisation originelle, ajoute la quatrième dimension, le temps, à son ordre plastique. Mais le déroulement du temps qu'engage sa vision ne s'appuie nullement sur quelque narration. Le temps s'écoule dans le parcours labyrinthique des traits ; aucune histoire ne progresse.

Le traitement informatique de données graphiques préexistantes, dont cette frise ou les

autres perspectives procèdent, apparente les *Native Drawings* à certaines expérimentations entreprises depuis déjà un certain temps dans le domaine musical. Ainsi, et pour prendre une œuvre presque contemporaine des *Native Drawings*, il ne serait pas illicite d'engager une

comparaison du traitement du dessin d'enfant avec certains aspects d'une composition comme *Leçon de choses* (1993) de Philippe Hurel. En effet, cette œuvre contient des éléments joués à la fois par l'ensemble orchestral et par les sons de synthèse. Ces éléments se contaminent progressivement en une polyphonie, redéployée par des haut-parleurs dans l'espace, conduisant à une section très rapide, injouable par des musiciens et donc constituée d'instruments échantillonnés. Le son de chacun des instruments se transforme peu à peu en un autre son instrumental de l'ensemble — ces transformations donnant lieu à des rotations dans l'espace, modifiant les perspectives sur l'objet sonore[9]. Ce rapprochement des *Native Drawings* et de *Leçon de choses* permet, d'une part, de constater que, sur un schéma opérationnel donné, il est possible d'avérer des ressemblances, davantage même, des solidarités interdomaniales, et, d'autre part, de mesurer les différences de temporalités, notamment technologiques, entre ces domaines : sur le terrain pictural, les *Native Drawings* constituent pratiquement un hapax au regard de leur fabrique ; la pièce de Hurel, pour singulière qu'elle soit, s'inscrit dans ce qui est déjà une tradition en matière de traitement électronique du son — le *Répons* (1981-1984) de Pierre Boulez aurait aussi pu être cité comme exemple d'une œuvre utilisant un ordinateur pour analyser, transformer et spatialiser, en temps réel, les sons émis par des instruments.

Mais, après ce bref *intermezzo* musical, il est temps de revenir à Amiens où les *Native Drawings* présentés offraient au regard, dans chaque salle, quatre points de vue sur un dessin donné. Plus précisément, un coup d'œil circulaire permettait de découvrir l'agrandissement aux dimensions du mur du dessin d'origine et trois transformations de celui-ci dues aux prouesses de l'infographie. Pareille mise en scène, outre son potentiel kaléidoscopique, avait l'insigne avantage d'autoriser une confrontation directe des quatre perspectives grâce à un jeu de multiples et incessants va-et-vient du regard entre elles, jeu à travers lequel une fine dialectique du même et de l'autre, du détail et de l'ensemble, savait trouver son compte (aussi faut-il souhaiter que les aléas du destin expositionnel de ces pièces ne conduisent jamais à la présentation d'une seule version d'un dessin donné).

Une fois cernée la façon dont ces dessins natifs ont été conçus, il reste à s'interroger sur la nature des effets qu'ils délivrent. Ces effets sont de toute évidence multiples. Néanmoins, il est sans doute loisible, dans un premier temps, de simplement constater qu'ils partagent une foncière étrangeté, ou peut-être faudrait-il dire, reprenant le beau mot de Georges Didi-Huberman pour donner toute sa force au sentiment éprouvé, un réel « étrangement »[10].

L'effet pop

Un premier facteur d'étrangeté réside dans l'abandon par ces dessins, après la double conversion, numérique et murale, qui les a affectés, de leur langue native. Ces grands graphes multicolores deviennent étrangers à l'origine que pourtant ils affichent. Mais qu'est-ce qui de leur origine, qu'est-ce qui de leur état natif se perd dans l'application murale ? Ceci : l'immanence du procès au produit. Plus précisément, font défaut au *wall drawing* par rapport à son enfantine matrice, d'une part, la compatibilité scalaire du produit et du procès, d'autre part, la charge indicielle que certaines modalités processuelles supposent à leurs produits.

Face à ces amples dessins muraux, un décalage est flagrant : le type de gestualité qu'implique le tracé des dessins exposés a, comme terrain d'exercice, l'empan et non l'architecture. Ce ne peut être que sur quelques centimètres carrés que pareil gribouillage trouve raisonnablement à s'effectuer, non sur l'étendue d'une vaste cimaise. Autrement dit, la dimension du produit visible, le *wall drawing*, est étrangère à la réalité gestuelle de son procès originaire. Mais l'incompatibilité entre les effusifs petits coups de feutre qu'une main d'enfant peut déposer sur le papier et l'imposant autant qu'impeccable dessin mural n'est pas que dimensionnelle, elle est également statutaire. Si l'agrandissement contredit le geste natif d'engendrement, il accorde également une manière de promotion esthétique à ce qui n'était au départ qu'un simple griffonnage.

D'autres travaux que les *Native Drawings* ont misé sur cet écart scalaire. C'est le cas notamment de ces sérigraphies sur Plexiglas de Jean-Marc Bustamante intitulées *Panoramas* (la première date de 1998), utilisant une, deux ou trois couleurs, et qui procèdent de l'agrandissement de rudimentaires petits dessins — le format de la plaque de Plexiglas pou-

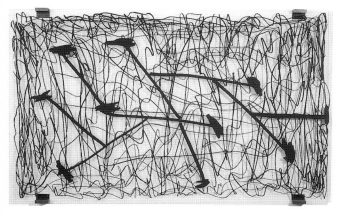 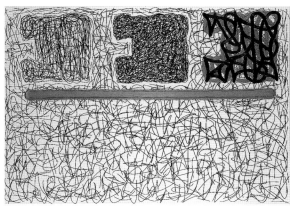

JEAN-MARC BUSTAMANTE
PANORAMA (TRANSFER), 1999
SÉRIGRAPHIE SUR PLEXIGLAS
154 X 247
COURTESY MATTHEW MARKS
GALLERY, NEW YORK

À DR. : JONATHAN LASKER
FORMIDABLE EMBODIMENT
1997
HUILE, TOILE, 196 X 274
COURTESY GALERIE
THADDAEUS ROPAC, PARIS

vant aller jusqu'à 160 x 300 cm. C'est également le cas de nombre de peintures de Jonathan Lasker, produites à partir de la seconde moitié des années 1980, qui élèvent à la dimension d'icônes de l'art abstrait, à grand renfort de couleurs pop de mauvais goût (roses intenses, verts louches et autres flambants vermillons), ce qui paraît plutôt ressortir à une pratique du gribouillage. Ainsi une pièce comme *Culture for Infants* (1989) a pour arguments une série d'épaisses lignes noires sur un fond d'un vert incertain et, se détachant de l'ensemble, une infâme petite forme rose à laquelle trouverait parfaitement à s'appliquer la formule de « spontanéité gelée » employée par Hans-Michael Herzog au sujet de l'art de Lasker[11]. Ainsi un tableau comme *Between Theory and Reality* (1993), d'envergure relativement modeste, se compose-t-il de trois gribouillages, un rouge, un bleu, en à-plat, et un rose, très *painterly*, placé sur le précédent, ainsi que d'une ligne horizontale noire placée entre le rouge et le bleu. Quant à une toile comme *Formidable Embodiment* (1997), grand rectangle horizontal engageant son spectateur dans un rapport physique avec lui, elle mérite pleinement son titre en disposant sur un fond de traits curvilignes noirs trois formes, dont deux correspondent à une manière de resserrement de la maille noire du fond et la troisième consiste en épais entrelacs orangés et noirs, le tout souligné d'une pâteuse barre d'un incertain bleu clair. La genèse des tableaux de Lasker, que Camille Morineau a opportunément rappelée, confirme le sentiment du spectateur : « Sur un carton de la taille d'une main, le peintre dessine au crayon Bic, feutre, stylo, etc., des formes dont il se contente ensuite de "transposer" la spécificité avec les outils du peintre : pinceau, tubes de couleur, etc. ». La commentatrice ajoute : « La transposition d'un "modèle", structurellement inexacte parce que réalisée avec des outils forcément différents, est une procédure [...] qui sert surtout de source et de paradigme aux jeux de miroirs déformants, aux glissements et à la mécanique faussée de l'œuvre[12]. » Cette transposition semble souvent procéder d'un effet de loupe donnant à voir ce qui ne l'était pas à l'échelle d'origine. Beaucoup de tableaux de Lasker tirent bien sûr du caractère fictif de cette révélation une grande part de leur subtile saveur[13]. Ainsi tout se passe comme si l'agrandissement d'un modèle d'origine qu'est, conformément à son titre, *Formidable Embodiment* permettait de faire surgir le relief dissimulé de certains traits. Grâce à la loupe, une matérialité advient, se discrimine de son entour : de délicieuses arabesques et une magnifique droite affirment leur pâte au regard des avoisinantes formes noires restées, elles, bien planes. Dans le remarquable *Between Theory and Reality*, l'on se plaît à croire que l'agrandissement a rendu sensible la troisième dimension du gribouillis rose tranchant sur les deux seules dimensions de ses pairs, rouge et bleu. Au spectateur qui accepte le jeu, le changement d'échelle paraît l'indispensable biais d'une épiphanie des différents régimes picturaux qui polarisent le champ de la toile. Certes truqué, feint, l'effet de loupe s'accompagne toutefois d'une manière de surcroît de réel, de ce réel dont l'indice est ontologiquement porteur. Avec les *Native Drawings* de Convert, rien de tel ne se produit. La mutation scalaire n'est pas référable à une loupe — on en a vu le mécanisme. Et c'est plutôt une déréalisation qui s'éprouve. Non seulement les traits ne sont plus à l'échelle du geste qu'ils impliquent, mais au surplus leur lisse et irréprochable condition plastique a perdu toute la charge indicielle qui devait affecter le dessin natif. Avec la conversion scalaire, la transformation des indices en icônes est achevée[14]. Sous cet angle, peut-être n'est-il pas inutile de mettre en rapport ces grands *wall drawings* de Convert et les *Brushstrokes Paintings* de Roy Lichtenstein.

On le sait, l'un des grands ressorts de l'esthétique pop aura consisté en l'affirmation d'une infinie capacité à tout transformer en image, ou, si l'on préfère, à prendre acte de la transformation de tout en image. Les objets de grande consommation, bien sûr ; n'importe quel artefact, en fait ; la peinture aussi, par conséquent. Par peinture, il faut entendre les chefs-d'œuvre du passé, lointain ou récent ; on songe alors aux reproductions entreprises dès 1962 par Roy Lichtenstein, dans l'idiome de la bande dessinée, d'œuvres de Cézanne, Picasso ou Mondrian ; on pense également aux reprises par Andy Warhol, de 1963 jusqu'aux années quatre-vingt, des peintures de Uccello, Botticelli, Léonard, Piero, Cranach, Munch, De Chirico, Matisse ou Picasso. Mais par peinture, comme objet de l'universelle conversion en image, il convient encore de comprendre deux choses : une pratique générique, celle, par exemple,

ROY LICHTENSTEIN
BIG PAINTING N° 6, 1965
HUILE, MAGNA, TOILE, 233 x 328
DÜSSELDORF
KUNSTSAMMLUNG
NORDRHEIN-WESTFALEN
PHOTO WALTER KLEIN

de la peinture abstraite (les *Abstracts* de Warhol[15] et tout ce que l'on pourrait nommer l'abstraction post-pop, avec des peintres aussi divers que, parmi de multiples autres, Olivier Mosset, Jonathan Lasker, Peter Halley, Christopher Wool ou Steven Parrino) ; mais aussi le matériau pictural, la trace qu'en laisse le pinceau sur la toile ; c'est là que prennent place les *Brushstrokes Paintings* (1965-1966). Celles-ci, à la différence des précédentes peintures de peintures de Lichtenstein, ne se réfèrent pas aux œuvres d'un artiste donné, mais renvoient, génériquement, à un style, celui de l'expressionnisme abstrait, dont le parangon pourrait être la peinture de Willem de Kooning. Ces pièces, qui, pour la plupart, dans la tradition de l'expressionnisme abstrait, du reste, sont de grand format, représentent une ou plusieurs traces de pigment laissées par un pinceau hâtivement appliqué et déplacé sur la surface d'une toile. Deux éléments interdisent que le spectateur entretienne, ne fût-ce qu'un instant, l'illusion d'avoir affaire à de réels coups de pinceau. D'une part, la technique utilisée produit une représentation précise mais stylisée ; en effet, les traces picturales, sur un fond consistant en une trame de points, sont représentées au moyen d'à-plats de couleur que cernent et divisent des traits noirs de façon à restituer les effets de relief de l'épaisse pâte qui est celle qu'affectionne l'expressionnisme abstrait. D'autre part, l'échelle de la représentation est si grande que l'hypothèse de l'œuvre d'un pinceau, même géant, ne saurait être envisagée. Pareille représentation dégage une évidente ironie. L'empreinte d'un pinceau chargé de pigment, instrument d'une gestualité rapide qui s'exhibe, se voit, ici, représentée selon une technique minutieuse qui est à l'opposé des procédés de l'*action painting*. Et, pour accroître encore cette contradiction, le mime des dépôts picturaux s'étend jusqu'aux plus accidentels de ceux-ci, dégoulinements et autres déperditions pigmentaires. En d'autres termes, les *Brushstrokes Paintings* tirent leur attrait d'une ironie sémiologique : un indice y devient l'objet d'une icône, le coup de pinceau, une image de coup de pinceau.

L'activité représentative est certes moins délibérée dans les *Native Drawings* que dans les *Brushstrokes Paintings* ; le spectateur est, face aux premiers, plus sensible à l'agrandissement qu'à la représentation, qui est le ressort des secondes. Toutefois, les deux ont en commun de livrer des transpositions impeccables, lisses, froides de ce qui, originairement, ne valait que d'être la trace d'un geste, d'un mouvement. Ce qui est donné à voir n'est plus un indice, mais l'icône d'un indice. Le gribouillage plus ou moins convulsif est devenu un ruban de couleur aux contours sûrs, arborant une surface unie où l'encre acrylique ne veut en aucun cas se souvenir des éventuels aléas de sa projection. Même les ratés du dessin natif, même les scories de sa fabrique accèdent sur la cimaise à la dignité plastique, à la pleine reconnaissance de leur être morphologique et chromatique. Les *Native Drawings* sont, à ce titre, un grand exercice de récupération iconique. En cela ils contrastent avec le reste de la production «picturale» de Convert, qui est plutôt du côté de l'exaltation de l'indice que de sa récupération iconique. L'on songe notamment à la remarquable série des *Empreintes de peinture* (démarrée en 1993), déconcertant exercice d'exaltation indicielle qui donne lieu à des moulages en laque ou en cire de peintures figuratives dont seul le relief — les indices du travail du pinceau ou du couteau — est ainsi sauvegardé, la dimension iconique étant presque définitivement perdue. Si, par leur propos plastique, ces grands dessins muraux jouissent d'une incontestable motivation ontogénétique, s'ils trouvent parfaitement leur place, contrastive ou parallèle, dans le développement de l'œuvre de Convert, ils s'inscrivent non moins dans la phylogenèse des arts plastiques, participant d'une manière d'abstraction post-pop ou postmoderne en ce qu'ils affirment la possibilité d'un devenir-image de ce qui ne songeait à y prétendre — le

PASCAL CONVERT
EMPREINTE, CORAIL, 1992
CUIVRE, 19 x 20 x 21
FONDS NATIONAL D'ART CONTEMPORAIN
DÉPÔT AU CHÂTEAU D'OIRON
PHOTO FRÉDÉRIC DELPECH

petit, innocent et hâtif dessin d'enfant converti en vaste fresque murale grâce à des techniques sophistiquées —, bref en ce qu'ils sont des images de peintures plus que des peintures.

Que la double mutation scalaire et iconique apparente les *Native Drawings* à l'esthétique pop et, consécutivement, à certaine abstraction d'après l'iconoclasme moderniste, il est toutefois impossible d'amortir leurs effets dans ce seul apparentement. Et cela, tout simplement parce que les dessins d'origine ne sont pas uniquement agrandis et délestés de leur teneur indicielle. Ils sont aussi soumis à un traitement qui délivre d'eux d'insolites anamorphoses.

2001, Matrix, Terminator

À propos de la *Pièce rouge*, déjà évoquée, Georges Didi-Huberman écrit dans l'ouvrage qu'il a consacré à Convert : « Opération étrange : précise, elle déconstruit cependant l'illusion référentielle, défie toute perception optique, réunit ses points de vue comme une tête serait capable de superposer son visage avec sa nuque[16] ». L'historien de l'art est ainsi amené à évoquer quelque bouleversement anatomique et mental pour relever le défi visuel proposé par ce savant empilement de plans architecturaux. Quel cerveau serait capable de tels exploits scopiques ? Celui dont l'*Empreinte* (1992) cuivrée d'un corail délivre l'image — l'image des circonvolutions cérébrales de quelque androïde ? Peut-être faudrait-il mettre la remarque de Didi-Huberman en rapport avec telle autre formulée naguère par Jean-Pierre Criqui à propos de l'une des pièces de la série dite de l'*Appartement de l'artiste*. La pièce concernée, qui date de 1990, se présente comme un parallélépipède impénétrable, inaccessible, dont les parois externes reproduisent, en marmorite noire et bois peint en blanc, le décor mural d'un appartement. S'agissant de cette singulière sculpture, le critique se souvenait de *2001. L'odyssée de l'espace* (1968) de Stanley Kubrick et, plus particulièrement, du décor de la chambre que les souvenirs de l'astronaute David Bowman engendrait probablement et où, en tout cas, ce dernier finissait un fort périlleux et irréversible voyage interplanétaire, vers Jupiter et au-delà de l'infini[17]. Il serait d'ailleurs loisible de pousser plus avant l'examen des liens de *2001* et de l'œuvre de Convert, pour, par exemple, rapprocher les courbes de polysomnographie du sommeil des astronautes en hibernation que les écrans du vaisseau spatial arborent et celles dont Convert a choisi de faire des tableaux ou des *wall drawings*. Mais il est vrai que le voyage interplanétaire entrepris par les astronautes de Kubrick n'est pas sans rapport avec les arts plastiques. D'une part, une scène montre Bowman dessinant les autres membres de l'équipage dans leur caisson d'hibernation, puis soumettant ses croquis à l'appréciation du super-ordinateur Hal 9000. D'autre part, en tel moment de son voyage, Bowman va, au cours d'une longue séquence de près d'une dizaine de minutes, voir défiler, selon diverses vitesses, une série d'images fortement colorées, tourbillons de poussière et de gaz d'une explosion galactique, images quasiment abstraites, qui font aussi de cette odyssée une traversée de la peinture, avant que le parallélépipède noir à la Tony Smith ou à la John McCracken[18], après avoir inquiété une assemblée de primates au début du film, ne revienne pour opposer à Bowman et au spectateur sa sculpturale et monolithique énigme. Les liens entre « le film de science-fiction de référence » (pour reprendre les mots du réalisateur) et l'art de Convert en ses plus récents développements auraient d'ailleurs pu être encore plus forts si n'avaient été éliminés lors du montage de *2001* des plans montrant des scènes de vie familiale et sociale dans la base lunaire, au cours desquelles on apercevait des petites filles s'adonnant — il ne pouvait en être autrement — aux joies de la peinture de chevalet[19]. Mais le travail de Convert suggère bien d'autres références science-fictionnelles. Ainsi l'*Autoportrait* de 1993,

Michel
Gauthier

hallucinante empreinte négative de la tête de l'artiste, en porcelaine de Sèvres, biscuit et émail bleu, dans une urne suspendue, et, plus généralement, les empreintes négatives de Convert ont probablement autant à voir avec certaines péripéties de films de science-fiction qu'avec l'histoire de la sculpture et du moulage. Ils ont à voir notamment avec le *Matrix* (1999) des frères Wachowski, qui montre en une fameuse séquence le héros, Thomas Anderson alias Neo, toucher du doigt un miroir qui va profiter de ce contact pour s'emparer de son corps et se livrer à une totale vitrification qui s'étend par la bouche puis l'œsophage à l'intérieur de l'organisme pour y produire une manière d'empreinte négative que les nécessités de la fiction et un fondu enchaîné avec le plan suivant ne permettront pas d'actualiser. Ils ont encore plus à voir avec le *Terminator 2 : le jugement dernier* (1991) de James Cameron et ses célèbres images où les impacts des balles de gros calibre sur le corps du Terminator lancé, à travers le temps, à la recherche d'un enfant ont l'exacte apparence des empreintes négatives en argent réalisées par Convert[20]. Mais, dans le cas précis, peut-être est-ce aussi que le film en question lui-même est hanté par la sculpture. La scène finale ne se déroule-t-elle pas dans une fonderie, où, après nombre de spectaculaires métamorphoses qui l'auront fait passer, à travers divers états, de l'absolue réplique du corps humain à la flaque au sol, le métal du caméléonesque Terminator connaîtra une irrémédiable liquéfaction. La *Morphothèque 7* (1993) de Erwin Driessens et Maria Verstappen[21] — sculpturale manœuvre de *morphing* se traduisant par dix-huit petits éléments de bronze figurant une série d'états intermédiaires, parmi lesquels une informe flaque, entre deux corps distincts de femme — donne comme une version non narrative et pacifique des transformations du Terminator. D'autres occurrences que l'*Appartement de l'artiste* et les empreintes négatives peuvent encore témoigner des affinités science-fictionnelles de l'art de Convert. L'un des grands dessins muraux de la villa Belle-Rose formalise une réalité qui ne semble pas appartenir au monde qui est le nôtre : les degrés d'un escalier pris dans le trait qui sert de cadre au dessin conduisent à un étage, comme en apesanteur, aux plafonds duquel deux caissons font baroquement valoir le rouge qui les sature. De surcroît, cette vision qui réduit un objet à ces lignes est souvent celle, comme des effets ponctuels de caméra subjective chéris par la fiction hollywoodienne le révèlent, des robots évolués. Assurément, les *Native Drawings* cultivent, eux aussi, cette veine de l'art de Convert. Devant ces grands dessins muraux qui se donnent à voir sous plusieurs angles, l'on ne peut s'empêcher de rêver à quelque peintre d'un genre nouveau — l'ordinateur Hal par exemple, pour s'en tenir à la référence kubrickienne —, un peintre dont la pensée picturale en acte libérerait le trait de ses servitudes dimensionnelles. Le film de Kubrick constitue décidément un bon filon référentiel. On se rappelle qu'à la fin de la longue séquence initiale un primate jette en l'air un os. Au gré d'un saisissant raccord, ledit os se transforme en vaisseau naviguant dans l'espace intersidéral. De la même façon, le dessin primitif choisi par Convert se métamorphose, grâce à l'interface numérique, en un graphe fort évolué. Comme *2001. L'odyssée de l'espace* avec l'histoire de l'humanité, les *Native Drawings* s'adonnent, avec l'histoire de la peinture, au jeu de l'ellipse temporelle : de l'art pariétal[22] à l'image numérique, sans épisode intermédiaire ; de graphismes préhistoriques à une abstraction post-historique révolutionnante (le sens géométrique se confondant peut-être en cette occurrence avec l'autre) sous l'effet d'une intermédiation informatique ; d'un âge où la distinction entre figuration et abstraction n'est pas encore de sens à un âge où elle n'a plus cours.

Bien évidemment, si tels aspects d'un univers de science-fiction peuvent ici être évoqués à propos du travail de Convert, c'est dans la seule optique de rendre compte de l'étrangeté

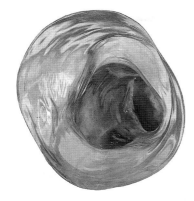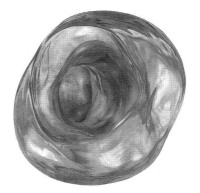

PASCAL CONVERT
AUTOPORTRAIT, SCULPTURE
NON ATTRIBUÉE
1993
EMPREINTES DE MAINS ET DE
JAMBES
JAMBES, H. : 17,5, P. : 69
MAINS, H. : 15, P. : 18
PIÈCE INCLUSE DANS LE MUR
ARGENT SUR CUIVRE
BORDEAUX, CAPC-MUSÉE DE
BORDEAUX
PHOTO FRÉDÉRIC DELPECH

de certaines œuvres. En aucun cas, ce travail n'entretient de rapport direct, thématique, avec la science-fiction. Les *Native Drawings* ou les empreintes négatives n'ont, de ce point de vue, rien à voir avec les *Große Geister* (1996) de Thomas Schütte, ces grands moulages d'aluminium, hauts de 2,5 m, représentant des êtres d'un autre monde, dont la morphologie ne peut manquer de rappeler certains des états transitoires par lesquels passe le mercure liquide du Terminator entre deux incarnations. Aucune des productions de Convert ne fait, de la sorte, explicitement référence à la science-fiction. Simplement, quelques-unes d'entre elles, déterminées par la propre logique du travail, sont tellement singulières que seuls des récits de science-fiction, libérés de la contrainte du vraisemblable, ont pu en intégrer de ressemblantes. Ce lien entre la « tératologie » de certaines productions esthétiques et la science-fiction, des romans de Claude Ollier comme *La Vie sur Epsilon* (1972) ou *Enigma* (1973)[23] l'ont pointé, en jouant de cette aptitude du récit de science-fiction à « naturaliser » des événements scripturaux auxquels répugnent les lois de la vraisemblance et du roman réaliste. Ce sont, par exemple dans le premier, d'étranges phénomènes climatiques qui, sur la planète Epsilon où le vaisseau des quatre astronautes est mystérieusement tombé en panne, motivent les inserts de corps narratifs étrangers qui brisent le fil dramatique du récit. Ce sont, dans le second, les techniques inédites expérimentées sur la planète pour soigner les astronautes frappés d'amnésie qui cautionnent l'hétérodoxe structure récitative déployée. En somme tout se passe comme si, en un moment historique donné, les intégrateurs disponibles pour accueillir des objets profondément « anormaux » étaient, soit les lieux d'exposition de l'art contemporain, soit les récits de science-fiction. Mais peut-être faudrait-il dire plus justement que l'une des rares médiations sociales possibles pour ces objets, comme certains de ceux que l'art de Convert régulièrement invente, pour ces OVNI chus en ces sites que sont la galerie ou le musée, c'est le récit de science-fiction[24].

Devenu — par sa taille, son mode d'application et ses déformations perspectives dues au traitement informatique — étranger au griffonnage natif dont il procède, le dessin mural de Convert est ainsi un être plastique plutôt étrange, celui que pourrait réaliser un peintre issu d'un monde de science-fiction. Mais si agrandir aux dimensions d'un mur un petit dessin d'enfant, si métamorphoser en à-plat méticuleux le coup de feutre hâtif, si prêter aux traits une troisième dimension pour pouvoir les observer sous plusieurs angles constituent des opérations qui génèrent de l'étrangeté, au point d'évoquer le paradigme science-fictionnel, il reste à comprendre pourquoi elles paraissent tellement étranges.

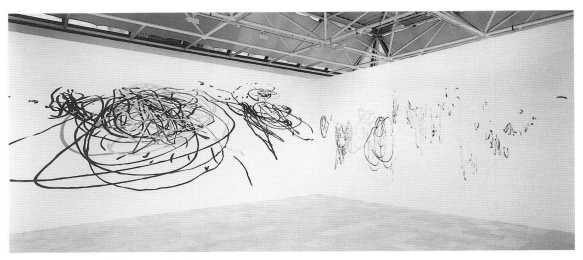

L'informe et l'informatique

On se souvient que Georges Bataille, en 1929, dans l'article « Informe » du fameux « Diction-naire critique » entrepris dans *Documents*, écrivait que « affirmer que l'univers ne ressemble à rien et n'est qu'informe revient à dire que l'univers est quelque chose comme une araignée ou un crachat »[25]. Peut-être est-il permis d'avancer que, si les *Native Drawings* de Convert s'avèrent insolites, c'est qu'avec eux quelque chose comme une araignée ou un crachat devient un univers.

Que les dessins griffonnés par Mona puissent, parmi d'innombrables autres événements formels, constituer des images informes, ou plutôt des images de l'informe, ne saurait sur-prendre. Ils ont, vus depuis la galerie ou le musée, un patent et violent caractère régressif ; petites formes misérables, ces gribouillages sont dénués de toute prétention artistique ; ils ne cherchent nullement à faire œuvre. Ils sont, en outre, sans puissance figurale, ne s'adonnant que furtivement à la représentation, et encore par le biais de ce signe le moins idéaliste, le moins élevé qui soit : l'indice ; défigurer un support, en l'incisant, en le maculant, leur importe plus que figurer. Rien, en eux, n'indique qu'ils sont finis ; rien ne témoigne en eux d'une manière de clôture de la forme sur elle-même. En cela, l'on est fondé à dire que les traits de Mona ont affaire à l'informe. C'est d'ailleurs pour cette raison que les dessins d'enfant ont intéressé Bataille. Ainsi, pour illustration liminaire à l'article consacré à l'art primitif dans *Documents*, celui-ci aura choisi une aquarelle intitulée *Pauvre girafe* et signée de Lili Masson (9 ans), fille du peintre[26]. Quelques pages plus loin, dans le cours du même article, ce seront des graffitis d'enfants abyssins relevés par Marcel Griaule qui se verront convoqués. De toute évidence, Bataille perçoit dans les dessins enfantins, dans ces *native drawings*, l'informe à la besogne.

Mais que fait Convert des informes dessins de Mona ? De quel rapport à la forme les *Native Drawings*, dans la descendance de cet informe natif, participent-ils ? Il paraît légitime d'affirmer que le traitement que l'artiste fait subir à ces dessins est de l'ordre d'une formali-sation. En effet, comme on l'a vu, chaque trait du dessin est identifié ; il se voit attribuer une identité numérique, dimensionnelle, chromatique, morphologique, temporelle, en vue du trai-tement qui le conduira à la cimaise. Or, rien n'est plus contraire au mouvement de l'informe que l'affirmation identitaire — l'informe étant précisément ce qui vient miner, menacer,

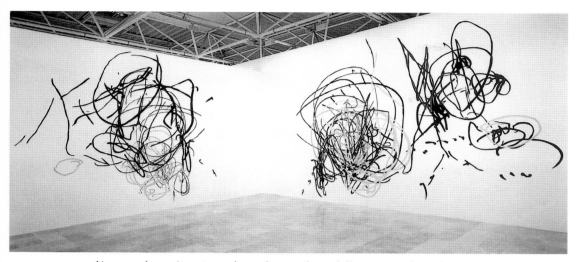

dénoncer les prétentions, de quelque ordre qu'elles soient, d'une forme à l'identité, ce qui vient récuser cette pensée « exigeant généralement que chaque chose ait sa forme », pour reprendre les mots de Bataille dans le même article. Au contraire du traitement appliqué aux dessins de Mona, l'informe procède d'un mouvement qui va du différencié à l'indifférencié. Avec les *Native Drawings*, l'informe se voit donc ramené à la raison formelle. Avec eux, l'informatique informe l'informe. Analysé, agrandi, mis en perspective, désindicialisé, peint, l'informe dessin natif fait l'objet d'une véritable formalisation, certains diraient d'une esthétisation.

À quoi, à quel geste cette formalisation correspond-elle ? Tout simplement peut-être à une inversion de perspective. L'on pourrait dire que le regard contemporain a, grâce à Bataille et *Documents*, mais grâce aussi à une exposition comme *L'Informe : mode d'emploi*[27], appris à déceler l'informe sous la forme, à observer le travail de l'informe dans la forme, le travail de la forme par l'informe. Pour lui, désormais, les perforations de Lucio Fontana, les *Liquid Words* de Ed Ruscha, les cuissons de Gordon Matta-Clark ou les *pourings* de bitume ou de glu de Robert Smithson constituent d'indiscutables emblèmes de l'informe. Mais, bien au-delà de ces références historiques, il sait détecter les basses, déclassantes, pulsantes, dégradantes menées de l'informe dans toute production artistique. L'informe a, en quelque sorte, acquis une identité, lui qui avait pour tâche de combattre toute identité. Avec une œuvre comme les *Native Drawings*, il serait demandé à ce regard de changer de perspective pour, en quelque mesure, repérer la forme dans l'informe, pour voir un univers dans ce quelque chose comme un crachat ou une araignée. Ces grands dessins muraux font effectivement naître, de ces quelques traits jetés par un enfant sur un bout de papier, un véritable univers plastique, si riche qu'il peut donner de lui-même une multitude de perspectives. La posture assurément est nouvelle ; l'œil n'est pas encore parfaitement accommodé, et non moins l'esprit. Le trouble s'explique. Mais quel sens convient-il de prêter à pareille inversion de point de vue ? S'agit-il tout bonnement d'une entreprise de réduction de l'informe ? d'un moment de relève dialectique ? ou d'une manière de contre-réforme formelle, formaliste ? La réponse n'est assurément pas aisée. Il est toutefois permis de risquer deux hypothèses.

Les anamorphoses informatiques infligées aux informes griffonnages de Mona ouvrent un champ d'interrogations. Il est en effet difficile de ne pas estimer qu'une problématique comme celle de l'informe ne soit pas affectée, d'une façon ou d'une autre, par une technologie qui

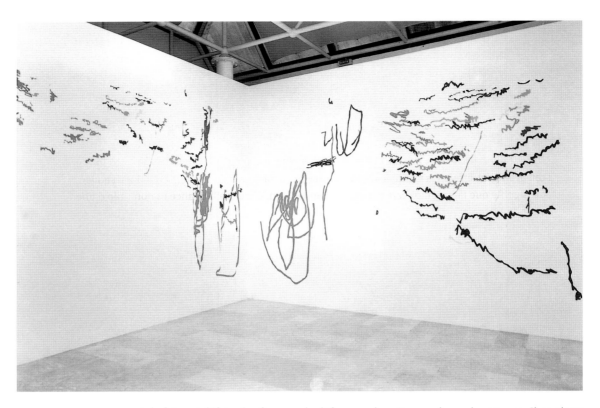

permet de faire et défaire les formes, de déformer, de métamorphoser les images. Il ne s'agit pas, on l'a compris, d'affirmer naïvement le pouvoir de l'informatique à faire naître la forme de l'informe, ou, à l'opposite, à instiller de l'informe dans la forme. Il s'agit plutôt d'entendre que ce qui définissait un régime d'exception, d'anormalité, souterrain, bref ce qui constituait un attentat à la forme est devenu ou en train de devenir un mode normal d'existence des images. Si, comme l'écrit Didi-Huberman, l'informe qualifie « un certain pouvoir qu'ont les formes elles-mêmes de se déformer toujours, de passer subitement du semblable au dissemblable »[28], si, comme l'a noté Yve-Alain Bois, la forme visuelle moderne exclut la temporalité de son champ, alors l'image de synthèse, avec son inépuisable pouvoir métamorphique et sa capacité de temporalisation, génétique ou perceptive des formes (à cet égard les battements, les pulsations chromatiques des *Native Movies* sont significatifs), semble faire de l'informe le simple effet d'une technique. En livrant ces mutants que sont les *Native Drawings*, produits formels de l'informe, l'art de Convert donne à penser qu'à l'âge du *morphing* quelque chose comme une araignée ou un crachat peut ressembler à tout aussi bien que ne ressembler à rien. À distance de toute euphorie processuelle ou techniciste, ces grands dessins pourraient bien avoir pour vertu de prendre acte de ce phénomène : la stabilité des identités figurales, à laquelle attente l'informe, tend à perdre de son autorité à l'ère du numérique.

Si l'informe est en voie de devenir, est peut-être même d'ores et déjà devenu, une catégorie esthétique, si est apparue une manière de rhétorique de l'informe (comment fomenter ou percevoir l'informe dans la forme?), s'il est possible de donner le mode d'emploi de l'informe[29], alors la formalisation de l'informe à laquelle ont donné lieu les manipulations informatiques dont résultent les *Native Drawings* prennent un tour singulier. Informer l'informe en le déformant grâce à l'outil numérique revient peut-être, très paradoxalement, à sauver l'informe d'un destin figural contraire à son mouvement. Métamorphoser le signe de l'informe en diverses figures pour qu'il ne devienne pas, comme informe, une figure. Autrement dit, en allant jusqu'à soumettre l'informe à une stratégie pop du « tout image », en formalisant, spectaculairement, manifestement, les marques de l'informe en une série, en un univers de perspectives, toutes différentes et équivalentes[30], les *Native Drawings* sont probablement, et étrangement, restés fidèles à ce quelque chose de leur extraction comme un crachat ou une araignée — en quoi ces pièces mériteraient pleinement l'adjectif de leur titre.

Et si donc les *Natives* montrent — et c'est là leur originalité — l'informe informé, là où l'œil avait peut-être pris l'habitude de voir la sape de la forme par l'informe, l'avait domestiquée, cela signifie que la vision offerte est celle d'une tension, d'une belligérance et non celle d'une nouvelle forme modélisée à partir d'un informe que les computs de l'informatique auraient totalement converti, transmué. En d'autres termes, ce qui est étrange dans le spectacle dispensé par ces spacieux graphes muraux, c'est bien, fondamentalement, la tension qu'ils installent entre l'informe qui affecte les dessins de Mona et la forme qu'exhibe *Mona*, ce mixte paradoxal de régression et de *high-tech* — sauf peut-être dans le cas de la frise, avec laquelle le traitement formel est si poussé, si métamorphique que le gribouillage initial est complètement oublié, au profit, il est vrai, d'un authentique voyage dans l'espace-temps pictural. Certes, le rapport agonistique qui structure la scène s'est inversé ; l'offensé n'est plus la forme, mais l'informe. Néanmoins, la polarité demeure. C'est elle qui garantit la réussite opérale en suscitant le trouble du spectateur, et c'est à cause d'elle, en dernière instance, que ces dessins véhiculent autant d'étrangeté. Cette polarité, c'est elle qui, grâce à l'inversion de ses termes, préserve ce principe de la lutte que les succès de l'informe, et la stase figurale qui en résulte, avaient fini par quelque peu estomper. Finalement, Convert s'avère être un dialecticien — finalement, car, à l'évidence, il est de ces artistes qui trouvent ce qu'ils cherchent en faisant, et non de ceux qui font parce qu'ils ont trouvé ce qu'ils cherchaient. En numérisant l'informe pour le déformer, il a, de quelque chose comme un crachat ou une araignée, fait un univers — un univers encore plus déconcertant que son informe origine.

*

Dans les ultimes pages du volume qu'il a consacré à Pascal Convert, Georges Didi-Huberman écrit, à propos des *Natives*, que « quelque chose d'absolument différent — mais, bien sûr apparenté — se met à naître, commence juste de surgir, et qui devrait tout relancer, tout remettre en question »[31]. Si cette série est apparentée au reste de l'œuvre, c'est à travers l'apparentement ; si elle est dans la lignée des travaux qui l'ont précédée, c'est qu'elle intéresse la question de l'origine, de la nativité. L'empreinte a constitué l'une des réponses à la question du rapport à entretenir avec l'origine, la numérisation et la mise en perspective du dessin d'enfant en sont une autre. Et si la série des *Natives* est, en même temps, différente, originale, c'est certes pour les raisons que l'on a tenté d'éclairer dans les pages qui précèdent, mais c'est aussi en ce que ces dessins muraux inaugurent, dans l'œuvre de Convert, une modalité nouvelle d'implication de la peinture. C'est avec pénétration que Didi-Huberman souligne que le paradigme dont cet œuvre « développe, non pas la nostalgie, mais simplement la perte questionnée » n'est autre que la peinture — une peinture dont le rôle est ainsi celui de « l'absente », de la « retirée », de « l'endeuillante », une peinture à « l'existence défective »[32]. Avec les *Native Drawings*, le geste pictural semble avoir cette fois scellé un pacte, en couleur, avec la positivité, la présence.

Notes

1. La technique du sablage avait déjà été utilisée par l'artiste, notamment pour une série de pièces « japonaises » comme ce *Keshiki* (1993-1994), immense mur de verre de 220 x 1782 cm dans lequel ont été gravés des motifs représentant des éléments végétaux sur un plan d'eau.

2. À l'occasion d'une exposition qui rassemblait également des œuvres de Luciano Fabro et de Robert Morris.

3. Une exposition organisée par Yves Lecointre.

4. Voir la plaquette éditée à cette occasion avec un texte de l'artiste et un autre d'Alfred Pacquement (École Alsacienne, Paris, 2000).

5. L'un d'eux a été réalisé dans la galerie carrée de la Villa Arson (Nice) à l'occasion de l'exposition *Le Monde après la photographie*, organisée par Régis Durand, du 2 février au 21 avril 1996.

6. Ce dessin mural a été réalisé à l'occasion d'une exposition au Crosby Street Space (New York), en mai 1996.

7. Ces différentes versions sont identifiées par l'artiste au moyen de numéros. À Amiens, furent montrées les *caméras 1, 2, 3, 4* de *Mona 1*, *Mona 2*, *Mona 3* et *Mona 6*. À Paris, à la galerie Site Odéon n° 5, les dessins exposés appartenaient au groupe *Mona 3* ; ils se présentaient sous les angles donnés par les *caméras 1, 4, 5, 6, 7* ; deux perspectives étaient donc communes aux deux expositions.

8. Dans le cas des *Native Drawings*, l'espace à trois dimensions dans lequel se déploie le dessin est virtuel, c'est celui de l'image de synthèse sur l'écran. Un travail récent — l'installation réalisée par Simone Decker, sous le titre de *White Noise*, durant l'hiver 1999, au centre d'art de la Synagogue de Delme (Lorraine) — s'est proposé de tenter une tridimensionnalisation du dessin dans le réel. En effet, avec des bandes de ruban adhésif de différentes couleurs tendues en tous sens (50 km de ruban furent au total utilisés), l'artiste tirait en quelque sorte des traits dans l'espace, des traits visibles de devant, de derrière, de profil, de

dessus, de dessous, etc. Le public pouvait s'aventurer au cœur même du dessin, à ses risques et périls d'ailleurs, compte tenu de l'adhésivité des traits. Bien sûr, le dessin de Decker était formellement plus simple que ceux de Convert ; il ne connaissait que des droites, ce qui rendait plus aisé son déploiement dans l'espace réel.

9. Pour une analyse plus complète de *Leçon de choses*, je renvoie au volume des *Cahiers de l'Ircam* consacré à Philippe Hurel (collection « Compositeurs d'aujourd'hui », Ircam, Centre Georges Pompidou, Paris, 1994) et, plus particulièrement à l'entretien de Guy Lelong avec le compositeur (voir p. 39-41), et à l'étude de Catherine Tognan, « *Leçon de choses* — Analyse » (voir p. 59-61).

10. Georges Didi-Huberman, *La Demeure, la souche / Apparentements de l'artiste*, Paris, Éditions de Minuit, 1999, p. 26.

11. C'est ainsi que Hans-Michael Herzog intitule une étude sur la peinture de Lasker (« Eingefrörene Spontaneität », *Jonathan Lasker, Gemälde / Paintings 1977-1997*, Ostfildern-Ruit, Cantz, 1998, p. 7-9).

12. Camille Morineau, « Jonathan Lasker : Mécaniques d'une intimité perdue », catalogue *Abstraction / Abstractions-Géométries provisoires*, Saint-Étienne, Musée d'Art moderne, 1997, p. 52.

13. En effet, les « modèles » de Lasker contiennent la quasi-totalité des effets matériologiques que les toiles donnent à voir. Cet effet de loupe est donc purement imaginaire. Il n'en est pas moins actif. Sur les maquettes du peintre, voir l'ouvrage de Rainer Crone et David Moos, *Jonathan Lasker : Telling the Tales of Painting (About Abstraction at the End of the Millenium)*, Stuttgart, Edition Cantz, 1993. Cinquante-deux maquettes y sont reproduites à l'échelle 1.

14. On se souvient que Charles Sanders Peirce classe les signes en trois catégories : l'icône, l'indice et le symbole. L'icône est ce qui exhibe la même qualité, ou la même configuration de qualités, que

l'objet dénoté — étant entendu que cette qualité peut relever de n'importe quel paramètre matériel et non du seul paramètre morphique, comme on le croit trop souvent. L'indice est un signe qui se trouve lui-même en contiguïté avec l'objet dénoté, comme, par exemple, la girouette qui montre la direction du vent ou les empreintes de pas qui attestent le passage d'un individu. Le symbole se réfère à quelque chose par la force d'une convention ; c'est le cas des mots de la langue.

15. *Oxydation Paintings* (1977-1982), *Shadow Paintings* (1978-1979), *Egg Paintings* (1982), *Yarn Paintings* (1983), *Rorschach Paintings* (1984) et *Camouflage Paintings* (1987).

16. G. Didi-Huberman, *op. cit.*, p. 145.

17. Jean-Pierre Criqui, « L'appartement, la fabrique », catalogue *Pascal Convert*, Rome, Villa Médicis ; Clisson, La Garenne Lemot, 1990, p. 15.

18. Un John McCracken qui déclare d'ailleurs que « son travail est en partie inspiré par les OVNI et les réalités qu'ils impliquent » (catalogue *John McCracken. Sculptures 1994*, Genève, Art & Public, 1994, p. 48).

19. Voir l'ouvrage de Piers Bizony, *2001, le futur selon Kubrick*, traduit de l'anglais par O. Guéret et C. Tatum, Jr, Paris, Cahiers du Cinéma, 2000, p. 70.

20. Convert a d'ailleurs lui-même pointé cette ressemblance dans un entretien avec J.-P. Criqui contenu dans le catalogue de l'exposition organisée par le Kunstverein de Bonn de décembre 1992 à février 1993 (*Pascal Convert*, Bonner Kunstverein / Institut français de Bonn, 1992, p. 12).

21. Voir sur cette pièce le catalogue *Erwin Driessens & Maria Verstappen*, Chapelle du Genêteil, Le Carré, centre culturel des Ursulines, 1997. À propos du travail de ces deux artistes, je me permets de renvoyer à mon article « À cire perdue », *Omnibus*, n° 31, janvier 2000, p. 4-5.

22. Voir sur ce thème l'étude de Michel Menu, « L'empreinte mystérieuse », catalogue *Pascal Convert - Native Drawings*, Amiens, Fonds régional d'Art contemporain de Picardie, 2000, p. 65-77.

23. Ces deux livres ont été publiés par les Éditions Gallimard, Paris.

24. Il y aurait une passionnante enquête à mener sur le rôle de passeur joué par la science-fiction pour certaines productions plastiques particulièrement hétérodoxes. De la même façon, pareille enquête conduite à propos de la musique confirmerait sans doute l'hypothèse selon laquelle c'est à travers la bande-son de films de science-fiction, voire d'horreur, que les courants sériel ou spectral, pour ne citer que ceux-là, se diffusent dans la société au-delà du premier cercle de leurs amateurs.

25. Georges Bataille, *Œuvres complètes*, tome i, Paris, Gallimard, 1970, p. 217.

26. *Documents* n° 7, 1930, vol. 2 de la réimpression des Éditions Jean-Michel Place (Paris, 1991), réimpression préfacée par Denis Hollier, dont le recueil d'essais *La Prise de la Concorde* (Paris, Gallimard, 1974) demeure la référence des études batailliennes. S'agissant de *Documents*, de ses illustrations et du rapport qu'elles entretiennent avec les textes, je renvoie à l'ouvrage de Georges Didi-Huberman, *La Ressemblance informe ou le gai savoir visuel selon Georges Bataille* (Paris, Macula, 1995).

27. *L'Informe : mode d'emploi*, une exposition conçue par Yve-Alain Bois et Rosalind Krauss et présentée par le Centre Georges Pompidou de mai à août 1996.

28. G. Didi-Huberman, *La Ressemblance informe*, op. cit., p. 135.

29. Il faut reconnaître que Y.-A. Bois, dans l'introduction de l'ouvrage qui accompagnait l'exposition « L'informe : mode d'emploi », pointait ce possible destin de l'informe : « cela comporte un risque, celui de transformer l'"informe" en figure, de le stabiliser », («La valeur d'usage de l'informe », *L'informe : mode d'emploi*, Paris, Centre Georges Pompidou, 1996, p. 37).

30. On aurait presque envie de dire que les différentes perspectives d'un dessin doivent être tenues pour équivalentes de la même façon que Lawrence Weiner indiquait, en 1969, que les différents états de ses pièces (i. réalisation par l'artiste, 2. par un autre que l'artiste, 3. non-réalisation) s'équivalaient.

31. G. Didi-Huberman, *La Demeure, la souche, op. cit.*, p. 164.

32. *Ibid.*, p.130 et 131.

Michel Gauthier a récemment publié « Passage in het werk / Passers-by at work », *Krijn De Koning — Binnen Buiten / Inside Outside* (Rotterdam, Nai Uitgevers / Middelburg, De Vleeshal, 2000), et « Chromochronie (Laurent Saksik, *a parte coloris)* », *Art Présence*, n° 37, janvier 2001. Paraîtra prochainement un recueil d'essais, *L'Anarchème* (Genève, Mamco). Sa précédente publication dans *Les Cahiers du Musée national d'art moderne* est «Vues imprenables sur readymades (La photographie selon Andreas Gursky) », n° 67, printemps 1999.

RÉMY ZAUGG
VOIR MORT, 1991, BERNE
19 OCTOBRE 2000, 15 H 30
ENSEIGNE LUMINEUSE
117,0 x 250,0 x 13,5 CM
BERNE, FONDATION KUNSTHALLE
PHOTO ROLAND AELLIG

Bernard Fibicher

Conversation avec Rémy Zaugg

Un dialogue assorti de quatre incises

De l'auteur

Fibicher : Dans les *Conversations avec Jean-Christophe Ammann*[1], tu t'étais proposé de brosser le portrait de ce que vous appelez, d'un commun accord, un « promoteur d'art ». Aujourd'hui tu acceptes, toi, l'artiste, qu'un promoteur d'art fasse ton portrait et t'expose. Les rôles s'inversent. Comment te sens-tu « de l'autre côté de la barrière » ?

Zaugg : Pour moi c'est la même chose. Simplement, mon rôle est plus passif. C'est toi qui poses les questions et qui fais le travail, tu décides quand nous travaillons et tu fixes les règles du jeu. Bref, tu es le responsable de l'entreprise. Tu as et tu prends l'initiative. Moi, je réponds à tes questions. Les responsabilités sont réparties autrement. Cela mis à part, je ne me sens pas moins impliqué aujourd'hui face à toi que je ne l'étais à l'époque avec Jean-Christophe Ammann. La situation actuelle est seulement plus classique. On la rencontre fréquemment dans les catalogues d'exposition et dans les livres d'art : l'organisateur de l'exposition interroge l'artiste exposé, il ne se contente pas d'exposer les œuvres, il expose aussi leur auteur dans le texte. Ce que j'ai fait avec Jean-Christophe est exceptionnel. J'ai rompu avec la tradition. L'organisateur de l'exposition s'est retrouvé exposé par celui-là même qu'on s'attendrait à trouver exposé. Il fallait soit vouloir oser, soit devoir oser. Mais tu le sais, l'artiste se doit d'oser.

F. Tu considères tes *Conversations avec Jean-Christophe Ammann* comme un travail artistique à part entière, dont le statut ne diffère pas d'une peinture. Cependant, est-ce à tes yeux encore un travail artistique lorsque c'est moi qui fais ton portrait ?

Z. Là, tu joues un peu sur les conventions. La question me paraît assez secondaire. Peu importe que tu te déclares artiste ou non, dès l'instant où ton travail s'avère exemplaire. Les *Conversations* s'inscrivent dans un œuvre, l'œuvre de Rémy Zaugg. Elles en sont un élément constitutif à part entière. Au même titre qu'une suite de tableaux. Je bâtis mon œuvre non pas seulement avec des tableaux, mais par exemple aussi avec des textes. Telle est mon intention. C'est en ce sens que les *Conversations* ont le même statut que les tableaux ou les autres travaux. Les éléments constitutifs de l'œuvre peuvent aussi bien être appelés *art* ou *chou rave*, c'est de peu d'importance. L'essentiel est, encore une fois, que j'écris consciemment des textes, textes que j'intègre non moins consciemment dans l'ensemble de mon œuvre. À toi, Bernard, de savoir dans quel contexte tu veux situer le travail que tu viens de commencer avec moi. Personnellement, il m'est indifférent d'être considéré comme un artiste ou de ne pas l'être. Je ne m'appelle pas « artiste ». Je m'exprime à l'aide de divers moyens d'expression, je réalise des tableaux, je fais des expositions, je m'explique dans le domaine public... Pourvu que le travail accompli soit pertinent.

F. Pourquoi cette réticence à accepter d'être appelé artiste alors que tu entends cette désignation de manière tout à fait positive dans certaines circonstances ?

Z. Je me méfie de la connotation très forte de ce mot. « Artiste » n'est pas plus un label de qualité qu'une garantie d'intelligence, de créativité ou d'esprit prospectif.

F. Toujours dans les *Conversations*, tu dis à un moment donné que Kasper König est bien plus artiste que beaucoup d'artistes...

Z. Je l'ai vu en action. Il me semblait plus créatif, plus courageux, plus engagé que d'aucuns avec qui il travaillait dans le domaine public. Quand un artiste voulait reproduire une solution ancienne dans un cadre nouveau, Kasper le harcelait, le provoquait et le

poussait à se dépasser. Effectivement, je le trouvais plus audacieux, plus exigeant que certains artistes, qui sont parfois démunis face à de nouveaux contextes ou à de nouveaux problèmes.

F. Tu ne me contrediras pas si je dis que tu aimes à te cacher derrière tes travaux ?

Z. Rémy Zaugg est parfaitement inintéressant en tant que personne. Il faut regarder les œuvres, pas leur auteur.

F. Je crois que l'anonymat n'est pas possible, et encore moins souhaitable. D'ailleurs, tu signes tes œuvres.

Z. À treize ou quatorze ans, je signais les choses que je faisais. Et c'était bien ainsi, puisque j'en étais fier. « Regardez, c'est moi qui ai fait ça. » La signature, visible et lisible sur le recto, était aussi un acte politique. « Regardez ce que j'ai peint, voilà ce que je pense. » Je sortais de l'anonymat, je prenais position, j'affirmais. Une remarque encore à propos de la signature de l'adolescent. Je ne signais pas avec mon nom, c'est-à-dire le nom de mon père et de ma famille, mais avec mon prénom, qui m'était propre et était bien à moi, qui appartenait à moi seul et me distinguait de tous les autres du clan. Pour qui comprenait, je prenais là aussi position avec la signature. Lorsque j'ai commencé à étudier la peinture, je n'ai plus signé. Je n'étais plus fier de mes tableaux — ce n'étaient plus que des travaux d'étudiant sans importance. Plus tard, mes tableaux épurés ne toléraient pas la signature classique qui eût ruiné leur expression picturale. La signature est un univers à elle seule. Une chose complexe qui vient se greffer sur l'expression artistique et qui, visuellement comme sémantiquement, la parasite. Pourquoi un tableau devrait-il exhiber une signature ? Est-ce que chaque chose du monde est signée ? La pierre, au bord du chemin, a-t-elle besoin d'être signée pour être ? Sans signature, elle est ce qu'elle est : une pierre. Brute, nature. Imagine qu'elle soit signée. L'horreur. La pierre disparaîtrait derrière et dans le paraphe. C'est sous la pression du social que j'en suis venu à signer systématiquement mes œuvres — certes, pas sur la partie visible, mais sur la partie invisible de l'œuvre, dans l'obscur de son revers. Mes œuvres commençaient à circuler dans le marché de l'art et à entrer dans des collections, on m'apportait des œuvres pour que je les signe, cela devenait embêtant et lassant. La signature que j'appose sur l'envers du tableau relève du social et de l'économique. Elle certifie que l'objet en question est bien ce que l'on croit qu'il est. Elle identifie et authentifie. Mais elle n'est en aucun cas un fait artistique. Elle reste étrangère à l'expression singulière de l'œuvre.

F. Admettons. Pourtant les galeries nous envoient des cartons d'invitation où figure ton nom. On sait à chaque fois qu'il s'agit d'une exposition de Rémy Zaugg et non pas de Monsieur X ou Madame Y. Et de même dans les musées : on trouve à côté de tes tableaux des étiquettes où sont mentionnés ton nom, le titre de l'œuvre, la ou les dates de réalisation, la technique.

Z. Mais ce n'est là rien de plus que l'information minimale à laquelle le public a droit. Remplace le nom de Pierre par celui de Paul, et l'attente du public sera autre. Peu de gens se déplaceront pour Pierre mais quand Paul expose, on vient. Le nom est une information importante. Souvent, même, on appelle le produit du nom de son auteur. On dit, par exemple : « J'accroche un Cézanne » ; ou bien, à propos d'un livre : « Je lis du Stefan Zweig. » Le nom de l'auteur situe l'œuvre isolée dans un œuvre, une démarche, une recherche. Il est une manière simple d'inscrire un élément dans un ensemble, lequel donne tout son sens à l'élément. L'étiquette indiquant le nom de l'auteur à côté de l'œuvre exposée est partie intégrante de l'acte d'exposition, car exposer, c'est mettre en relation des choses les unes avec les autres.

F. Je ne peux m'empêcher de penser que le nom a toute son importance, surtout quand il est question de marché. Si je déclare avec fierté : « J'ai acheté un Zaugg », j'indique en même temps que le nom, pour moi, compte plus que le contenu.

Z. Pas forcément. Lorsque tu dis : « J'ai acheté un Zaugg », tu définis l'espèce d'objet que tu viens d'acquérir : tu n'as pas acheté des légumes, mais de l'art ; tu n'as pas acheté une nature morte hollandaise du XVIIe siècle, mais une œuvre contemporaine ; et enfin, tu n'as pas acheté une œuvre tournée vers le passé, mais une œuvre qui interroge le présent et ouvre sur un futur indécis et incertain. Quant au symbole social, je ne peux pas empêcher qu'on achète mes tableaux pour le prestige et je ne suis pas gêné si on le fait, car je peux imaginer que la personne qui vivra avec eux finira bien par s'en imprégner, peut-être même malgré elle, et par dialoguer consciemment ou inconsciemment avec ce qu'elle voit. D'autre part, toute personne achetant un de mes tableaux pour des raisons sociales plutôt qu'artistiques n'en aura pas moins financé ma recherche. Toutefois, les choses sont souvent moins simples que ce qu'on croit. On peut toujours imaginer qu'on achète une œuvre pour sa seule aura sociale, alors qu'en réalité on l'achète pour d'autres raisons encore. On a pratiquement toujours le choix entre plusieurs œuvres. Pourquoi, dans ce cas, achète-t-on par exemple celle-ci plutôt que celle-là, alors même que toutes sont susceptibles d'être un symbole social ?

F. Non, pas toutes les œuvres, certaines seulement. Celles notamment qui sont considérées comme typiques, qui correspondent à ce qu'on croit être l'image de marque d'un artiste.

RÉMY ZAUGG
VOIR MORT, 1989
ACRYLIQUE, LETTRES
SÉRIGRAPHIÉES, TOILE
44,0 X 39,0 CM
COURTESY MAI 36 GALERIE
ZURICH

Ces paramètres sociologiques sont essentiels pour le public autant que pour l'artiste, qui n'a pas intérêt à ce que son travail soit anonyme.

Z. Je ne recherche pas l'anonymat à tout prix. Le bouddhisme enseigne que tout ce qui est personnel est une faiblesse. Chez nous, en Europe, la personnalité seule compte. Tout est centré sur l'individualité. Or l'individualité est ce qu'il y a de moins intéressant. Elle n'est qu'anecdote et l'art n'a rien à faire de l'anecdote. Aussi le type de travaux qui m'intéresse tente-t-il d'écarter et de gommer cette notion de personnalité et d'auteur. Je veux imposer non pas une subjectivité, mais un fait ou une réalité sensible qui ne renvoie pas à son auteur et ne soit pas parasité par des anecdotes privées ou des accidents futiles. Mes travaux s'attachent à mettre le percevant au pied du mur, et ce aussi littéralement que possible : que le sujet soit là, face à un mur, et qu'il fasse quelque chose de ce mur s'il ne veut pas juste être resté là, tout bêtement, face à un mur.

Image / texte

C'est Dieu seul qui peut prétendre être objectif. Tandis que dans nos livres, au contraire, c'est un homme qui voit, qui sent, qui imagine, un homme situé dans l'espace et le temps, conditionné par ses passions, un homme comme vous et moi. Et le livre ne rapporte rien d'autre que son expérience, limitée, incertaine. C'est un homme d'ici, un homme de maintenant, qui est son propre narrateur, enfin. Alain Robbe-Grillet, « Nouveau roman, homme nouveau », 1961.

À la recherche du temps perdu (1913-1917) de Marcel Proust, *Impressions d'Afrique* de Raymond Roussel, *Ulysses* (1922) et *Finnegan's Wake* (1939) de Joyce ainsi que *Les Faux-Monnayeurs* (1925) de Gide sont les déclencheurs reconnus d'une révolution du roman, surtout français, qui s'est opérée dans les années cinquante et soixante. Ce nouveau roman, né dans l'ère du soupçon et des remises en question fondamentales, voulait surtout éliminer : la narration, l'intrigue, la représentation, le personnage, la psychologie, la chronologie, la linéarité, la causalité, le dialogue, la métaphore, le passé simple, le « je » du narrateur, et ainsi de suite. Ce parti pris d'élimination présente quelques analogies avec le modèle perceptif établi par Rémy Zaugg. Précisons toutefois d'emblée que parler de *ressemblances* ne signifie pas supposer des *influences*. Les relations qu'il pourrait y avoir entre l'utilisation du langage chez Zaugg et certaines techniques ou pratiques des nouveaux romanciers nous serviront avant tout à éclairer les relations image-texte dans l'œuvre de Zaugg.

Les nouveaux romanciers se sont d'abord attaqués à la notion d'auteur. Ils ont mis fin au mythe de l'artiste génial, inspiré et tourmenté en rejetant le dogme expressif, l'épanchement de l'âme romantique. Ils affirmaient que la grande Littérature devait être relayée par la « pratique de l'écriture » et que l'écrivain était avant tout un « écrivant », un « scripteur », une personne dont le travail consiste à produire laborieusement, le plus consciemment possible, du texte. Pour Claude Simon, la tâche de l'écrivain consiste à s'imposer des règles tout en sachant accepter les surprises qui peuvent en jaillir : «[...] si je compare ce "ferment" qu'étaient mes "intentions premières" avec ce qui, finalement, grâce à cet ensemble de contraintes, *s'est produit* au cours de mon travail, je suis de plus en plus à même de constater à quel point ce *produit* élaboré mot à mot va finalement bien au-delà de mes intentions. Si l'on me demandait pourquoi j'écris, je pourrais répondre que c'est pour voir se produire chaque fois ce curieux miracle[2] ». Cette aventure («ce qui advient», comme «ce qui se produit» chez Simon), qui consiste à explorer le seul espace du langage, ne doit pas pour autant favoriser l'interprétation du roman comme un système clos et autosuffisant. Le nouveau roman ne voulait pas représenter le monde, mais faire découvrir le monde dans et par la lecture / ou l'écriture.

De même, Rémy Zaugg ne veut livrer ni une représentation du «monde extérieur», ni une expression du «monde intérieur». Il cherche à comprendre dans l'œuvre d'art sa relation au monde. En même temps, il nous donne l'occasion de clarifier *notre* relation au monde. L'espace du tableau, de la gravure, a beau être artificiel, un espace de fiction : il n'en est pas autosuffisant pour autant. Il est accordé au monde, au monde que je puis y projeter, au monde à créer. Alain Robbe-Grillet revendique un réalisme à la fois autonome et engagé en déclarant : «Au lieu d'être de nature politique, l'engagement c'est, pour l'écrivain, la pleine conscience des problèmes actuels de son propre langage, la conviction de leur extrême importance, la volonté de les résoudre de l'intérieur. C'est là, pour lui, la chance de demeurer un artiste et, sans doute aussi, par voie de conséquence obscure et lointaine, de servir un jour peut-être à quelque chose — peut-être même à la révolution[3]. »

Rémy Zaugg partage avec les nouveaux romanciers — corollairement à la «pleine conscience» revendiquée — le fréquent recours à la technique de la mise en abîme qui place le problème de la création (et de la créativité, ou de l'imagination) au centre de l'œuvre : «Aurions-nous oublié, une fois de plus, que l'art est un problème de conscience [...] ? Et n'est-ce pas face à sa propre œuvre, où il est vital de rester vigilant et réflexif pour ne pas confondre ce qu'on a voulu faire avec ce qui a effectivement été fait, que l'on a le plus de chance d'étendre sa conscience, puisque affronter sa propre œuvre c'est se mettre en quelque sorte face à soi-même[4]... » L'écrivain / artiste qui se veut pleinement conscient de ses actes recourt donc à toutes sortes de jeux autoréflexifs, dont l'écrit théorique. Chez Zaugg comme chez la plupart des nouveaux romanciers, ces écrits accompagnant sans cesse la *praxis* sont abondants, précis, intelligents et pertinents. Zaugg toutefois ne considère pas ses textes comme théoriques, mais comme «implicitement *méthodologiques*»[5]. Pour lui, il n'y a pas de différence entre l'objet de perception appelé «tableau» et un texte relatant le travail de perception sur un tableau donné. La «pratique de l'écriture» chère au nouveau roman doit s'exercer à tous les niveaux.

Le concept d'auteur étant aboli, le lecteur / percevant peut accéder à un nouveau rôle, nettement plus valorisant — ou plus inquiétant, selon le point de vue adopté. André Gide s'était déjà insurgé contre «le public [qui] préfère qu'on le rassure » : «Tant pis pour le lecteur paresseux : J'en veux d'autres. Inquiéter, tel est mon rôle ». Dans un essai sur la critique de la représentation dans le nouveau roman, Michel Mansuy, adoptant une approche bachelardienne, note «[...] que pour une imagination qui se protège du monde, l'image, la gravure ou le tableau sont particulièrement sécurisants. Passant par la conscience et l'industrie de l'homme, toute figuration du réel débarrasse celui-ci de son étrangeté agressive. Elle le

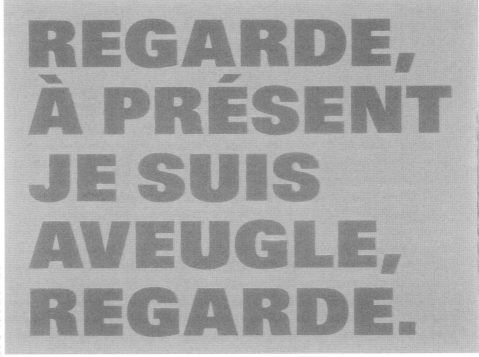

RÉMY ZAUGG
*REGARDE, À PRÉSENT JE SUIS
AVEUGLE, REGARDE.*
1997
ALUMINIUM, PEINTURE AU
PISTOLET, LETTRES
SÉRIGRAPHIÉES, VERNIS
TRANSPARENT
106,6 x 85,0 x 2,7 CM
COURTESY MAI 36 GALERIE,
ZURICH

domestique. Un monde qui ne serait ni rectifié, ni ratissé, ni policé, ni embelli, ni commercialisé, ni banalisé, bref, un monde vierge serait aussi odieux que la surface de la lune. L'image ouvre les voies d'une aventure sans risques[6]. » L'œuvre (lunaire ?) de Rémy Zaugg qui ne montre jamais d'image, ou qui remplace l'image par la peinture ou le texte, a décidément tout pour inquiéter et insécuriser le spectateur «paresseux». Ce dernier, tout comme le lecteur du nouveau roman, doit aiguiser ses facultés perceptives (et donc critiques) s'il veut participer de manière productive à l'actualisation d'une œuvre.

Le travail de Rémy Zaugg a la réputation d'être froid, analytique, intellectuel, bref : inhumain. (Depuis quand la réflexion passe-t-elle pour être une activité inhumaine ?) On lui prête toutes les apparences d'une production stérile de laboratoire, d'une entreprise hygiénique de réduction au «degré zéro». Ce sont exactement les mêmes reproches qui furent faits aux nouveaux romanciers. Alain Robbe-Grillet se défendit en 1961 dans un article au titre évocateur «Nouveau roman, homme nouveau » : «L'homme y est présent à chaque page, à chaque ligne, à chaque mot. Même si l'on y trouve beaucoup d'objets, et décrits avec minutie, il y a toujours et d'abord le regard qui les voit[7]... » Et Zaugg clôt un texte au titre manifestement anonyme («Personne») par cette adresse au lecteur : «Vous comprenez donc à présent pourquoi le manque habite non seulement le tableau, mais aussi le texte qui naît de la perception de l'œuvre. Travail, donc, à jamais inachevé. Présence continuelle du manque. Mais présence, aussi, du devenir ou d'un à venir. Ma peinture n'est en rien pessimiste : vous le constatez, elle est tout sauf cela[8]. » Quand le contenu, ou l'image, n'est plus une barrière entre l'auteur et le lecteur / spectateur, une complicité peut s'établir entre ces deux partenaires. Comme ces lignes de Zaugg le montrent, l'auteur n'hésite pas à interpeller le lecteur / spectateur directement, à la deuxième personne du singulier ou du pluriel. « On vous parle » est le titre d'un roman de Jean Cayrol. « Regarde, tu es aveugle », nous « dit » une peinture de Rémy Zaugg.

Zaugg, nous l'avons constaté, réfute le principe de la représentation illusionniste de *la* réalité et propose *une* réalité que chacun peut créer et sans cesse recréer, donc sans cesse remettre en question. En lieu et place d'un univers stable, il nous fait découvrir une série de visions, toutes également incertaines, qui nous renseignent davantage sur la faculté de percevoir et de comprendre que sur une prétendue « réalité ». Zaugg ne veut pas nous montrer une image, et encore moins nous raconter une histoire : le titre du chapitre XI, « Histoires », dans *Réflexions sur et d'une feuille de papier*, est tout aussi trompeur que celui du roman *Histoire* de Claude Simon. Que reste-t-il à faire ? Réfléchir sur l'impossibilité de présenter une image aujourd'hui ? Raconter une histoire impossible ? Montrer une histoire possible ? Raconter une image virtuelle ? Les multiples relations entre l'iconique et le textuel autorisent en effet de fort salutaires glissements à l'intérieur d'un autre cadre de référence. L'une des techniques qui a fait la gloire du nouveau roman est la longue description superficiellement détaillée d'un objet. On a appelé le nouveau roman « objectal », seule la surface des objets ou des personnes étant décrite ; chez Zaugg, rien de particulier n'est jamais « décrit », aucun objet, aucun personnage ; la peinture ou la gravure, la toile tendue sur un châssis ou la feuille de papier s'autofigurent et s'autodécrivent. Le langage minutieusement descriptif des nouveaux romanciers ne restitue cependant jamais une image complète, mais plutôt un fragment d'image jouissant ainsi d'une sorte d'hyperprésence. Zaugg, en écrivant un livre entier sur la perception d'une seule sculpture (de Donald Judd), ne fait autre chose que de pratiquer, à l'instar d'Alain Robbe-Grillet par exemple, la description répétée et minutieuse d'un objet (d'art en l'occurrence) qui finira par se transformer en un motif obsédant. La description et l'objet n'arrivent toutefois jamais à se substituer l'un à l'autre, ils ne révèlent que leurs lacunes respectives.

Si « la description est une machine à désorienter ma vision » (Jean Ricardou), la présence de l'image en revanche parvient sérieusement à inquiéter le texte. Les auteurs du nouveau roman affichent tous une prédilection manifeste pour l'image (fixe ou mouvante : Robbe-Grillet et le cinéma). Le nouveau roman ne fut-il pas également appelé « école du regard » ? Claude Simon, dont l'intérêt pour la photographie est bien connu, a souvent eu recours à la pratique du « collage ». Tom Bishop écrit au sujet de son *Orion aveugle* : « Dans ce livre, où en partant de la page blanche, l'auteur cherche les possibilités multiples de l'écriture qui s'impose sur ses propres intentions d'auteur, Simon accepte une "règle du jeu" : laisser l'écriture et la pensée suivre leur propre trace à partir de tableaux, objets, images vécues ou remémorées[9]. » Le sous-titre du roman *Le Vent* de Claude Simon est significatif : *Tentative de restitution d'un retable baroque*. Le narrateur de ce roman constate : « [...] cette connaissance fragmentaire, incomplète, faite d'une addition de brèves images, elles-mêmes incomplètement appréhendées par la vision, de paroles, elles-mêmes mal saisies, de sensations, elles-mêmes mal définies, et tout cela vague, plein de trous, de vides, auxquels l'imagination et une approximative logique s'efforçaient de remédier par une suite de hasardeuses déductions — hasardeuses mais non pas forcément fausses [...][10] »

La déconstruction de l'image en fragments et sa substitution par le texte (lui-même aussi fragmentaire), l'image fragmentée comme point de départ d'une « description » et le texte comme critique du « visible », cette dialectique est au cœur même du travail de Rémy Zaugg : « Se pourrait-il que je cherche à travers le mot et le texte à combler une lacune dans le tableau ? Oui. Il n'y a que des manques. [...] Mon tableau se donne explicitement pour ce qu'il est :

un manque. Même, il exhibe ce manque[11]. » Le tableau en tant que *topos* du manque nous fournit rétroactivement des indices (critiques) sur son cadre spécifique : « Pourquoi montrer ce manque ? Justement pour affirmer la nature de l'œuvre[12]... » Ce que Zaugg constate par rapport au travail visuel peut également s'appliquer au domaine de la littérature. Jean Ricardou note en effet : « Si donc [...] la littérature nous fait mieux voir le monde, nous le révèle, et, d'un mot, en accomplit la critique, c'est dans l'exacte mesure où, loin d'en offrir un substitut, une image, une représentation, elle est capable, en sa textualité, de lui opposer la différence d'un tout autre système d'éléments et de rapports[13]. »

Sur ce « système » précisément, sur la « nature de l'œuvre », sur la spécificité du cadre de référence, il ne peut y avoir — en raison de ce manque justement — que des spéculations. Le travail de Rémy Zaugg pose des questions du type : Le texte fonctionne-t-il comme parasite et / ou comme stimulant pour la « lecture » du tableau ? La peinture ne serait-elle qu'un fond susceptible de créer une impression, une attente qui préexisterait à la lecture des mots ? La peinture comme une sorte d'infratexte ? Le texte surdétermine-t-il la peinture ? Mais en réalité, le texte n'est-il pas moins concret que la peinture ? N'est-ce pas la peinture qui confère au texte son statut d'œuvre d'art et donc une « lecture » particulière ?

Rémy Zaugg partage le doute des nouveaux romanciers à propos de l'image ainsi que leur conscience des limites du langage, et se livre à un double travail d'abstraction : abstraction de l'image et abstraction du langage. L'image une fois évacuée, c'est-à-dire remplie d'une substance *autre*, in-définie, il ne reste que le texte qui s'avère n'être autre chose qu'un tissu de *non-dit*[14]. Il incombe donc au lecteur / sujet percevant de combler le vide laissé par l'image éliminée, de « dire » ce que le texte dissimule. Umberto Eco formule ainsi le travail du lecteur : « "Non-dit" signifie non manifesté en surface, au niveau de l'expression : mais c'est précisément ce non-dit qui doit être actualisé au niveau de l'actualisation du contenu. Ainsi un texte, d'une façon plus manifeste que tout autre message, requiert des mouvements coopératifs actifs et conscients de la part du lecteur[15]. » Tout ce qui nous reste à faire, la seule chose qui peut conférer une quelconque « valeur » à l'œuvre, c'est de nous placer dans le présent, dans la durée de la « lecture » du tableau / texte.

Du sujet percevant

Fibicher : Tu considères que tes travaux sont des instruments de précision utiles au développement des facultés perceptives. Ces instruments ne sont néanmoins pas anonymes. Ils ont un auteur. Tu ne proposes pas une longue-vue ou un microscope, mais une peinture, une sérigraphie ou une intervention dans le domaine public qui sont précises et qui ne sont pas interchangeables.

Zaugg : La longue-vue a-t-elle un auteur ? Oui. Le microscope a-t-il un auteur ? Oui. Ils ont été conçus par un être humain ou par une intelligence créatrice collective. Ils ne sont pas tombés du ciel, pas plus que le théorème de Thalès, le calcul différentiel ou l'un de mes tableaux. Pourquoi, dès lors, faire une différence entre le microscope, qui serait un objet anonyme, et l'œuvre d'art qui, elle, serait un objet personnel ? Une loi de la physique a-t-elle un auteur ? Bien sûr, pas plus pas moins qu'un tableau. Pourquoi le physicien travaillant à sa science n'est-il pas d'emblée et constamment obnubilé par les auteurs des diverses lois et ne mêle-t-il pas sans cesse la psychologie anecdotique des faits divers biographiques avec l'espace purement scientifique de sa discipline ? En art, il est apparemment difficile d'oublier l'auteur de

RÉMY ZAUGG
FATIGUÉ (3), 1987-1999/2000
ALUMINIUM, PEINTURE AU
PISTOLET, LETTRES
SÉRIGRAPHIÉES, VERNIS
TRANSPARENT
241,0 x 187,7 x 4,0 CM
ICH DAS BILD ICH FÜHLE
[MOI/LE TABLEAU/JE SENS]
1998/2000
ALUMINIUM, PEINTURE AU
PISTOLET, LETTRES
SÉRIGRAPHIÉES, VERNIS
TRANSPARENT
112,7 x 100,6 x 3,0 CM
BERNE, FONDATION
KUNSTHALLE
PHOTO ROLAND AELLIG

l'œuvre. Œuvre et auteur semblent inextricablement emmêlés. Ce phénomène m'agace. Pourquoi peut-on utiliser une longue-vue sans penser à son auteur ? La longue-vue est aujourd'hui un objet produit en série. C'est un objet utilitaire dont la fonction spécifique exclusive est précise. Lorsque je l'utilise, j'agis à travers cet objet, je me concentre sur mon acte en me dissolvant dans ce que je suis en train de faire. L'œuvre, elle, est en revanche singulière et unique. On admet dans notre culture occidentale contemporaine que seul un certain individu bien défini peut produire une certaine œuvre bien précise. Le consensus veut donc que l'œuvre singulière et unique renvoie à un sujet singulier et unique. Quant à la fonction de l'œuvre d'art, elle est de susciter une explication avec le sujet qui la perçoit. Soit. Mais les différences que je viens d'énumérer entre la longue-vue et l'œuvre d'art peuvent-elle expliquer deux attitudes aussi différentes : l'auteur de la longue-vue n'a guère existé et n'existera pas davantage ; l'auteur de l'œuvre d'art semble prendre l'ascendant sur l'œuvre. La présence irréelle, impalpable, non-localisable et non-identifiable de l'auteur semble au moins aussi prégnante, pour ne pas dire plus obsédante, que la présence réelle, concrète et sensible de l'œuvre ancrée dans l'incontournable et irréductible ici et maintenant. Pourquoi donc ? L'œuvre parle à l'homme. Elle actualise qui la fraie et qui la pratique. Si la longue-vue est dirigée vers le lointain, l'œuvre est une longue-vue tournée vers nous-mêmes pour nous mettre à portée de nos propres mains. L'œuvre implique l'homme. L'œuvre parle de l'homme à l'homme. Mais de quel homme parle-t-elle à l'homme ? Quand je dis d'elle qu'elle «parle de l'homme à l'homme», s'agit-il deux fois du même homme ou de deux hommes différents ? Est-ce que l'œuvre s'adresse au sujet percevant pour lui parler de lui, sujet percevant, ou bien pour lui parler de l'auteur de l'œuvre ? Le sujet qui perçoit l'œuvre veut croire que l'auteur, en faisant l'œuvre, y a mis ses désirs et ses fantasmes, qu'il s'est de ce fait trahi et que, par conséquent, l'œuvre parle essentiellement *de* l'auteur. Ainsi, à l'entendre, l'auteur serait plus concerné que lui-même. Le sujet percevant ne serait que le témoin du geste expressif commis par l'auteur. Voilà qui est commode. Face à l'œuvre, le sujet ne veut pas être impliqué ni porter la responsabilité. Par lâcheté ? Peut-être aussi. Due à une impuissance ou à une habitude ? Dans ce scénario, l'auteur est le maître de cérémonie. C'est de lui que tout dépend. Finalement, c'est lui qui a voulu s'impliquer. N'est-ce pas lui l'artiste ? Moi, sujet percevant, je suis son jouet — par ailleurs complaisant. Je n'y suis pour rien, je ne suis concerné en rien, sinon tout au plus en tant que victime. Je pense que c'est à un mécanisme psychologique de cette espèce que nous devons de voir, même dans des tableaux tenant de l'équation mathématique, c'est-à-dire qui sont épurés, réduits au strict minimum nécessaire, qui sont d'une beauté froide, distante, dure, en un mot *inhumaine*, c'est donc à un mécanisme psychologique de cette espèce que nous devons d'être confrontés à l'omniprésence de l'auteur, alors même qu'une œuvre ayant la physionomie d'une dalle en béton ne saurait évoquer une subjectivité, si l'on excepte le fait qu'une œuvre ne saurait exister sans la volonté d'un sujet. La production d'une œuvre-équation exige une précision diabolique. Aussi la précision n'est-elle pas une marotte. Elle est une nécessité pour qui veut déjouer les ruses interprétatives et empêcher le sujet percevant de faire de l'œuvre une auberge espagnole où l'on trouve ce qu'on vient d'apporter. Moins une œuvre a de paramètres, et plus chaque paramètre doit être précis. Un seul élément imprécis parmi deux cent cinquante-huit autres peut passer inaperçu. Mais un élément imprécis ou indécis sur quatre, je t'assure que ça compte et que ça se remarque. La précision est synonyme d'efficacité.

F. Tu sembles si persuadé de la nécessité de tels instruments de précision que, dans les *Conversations avec Jean-Christophe Ammann*, tu dis : « Mon travail se veut un dévoilement. Il est un essai de mise à nu. Il prétend permettre aux choses de se donner telles qu'elles sont et aux êtres de se montrer ainsi qu'ils sont, dans leur grandeur comme dans leur petitesse. » Je te soupçonne d'être assez peu intéressé par la grandeur. Le sujet percevant que tu interpelles semble être le plus souvent un aveugle, un malade ou un moribond, en tout cas c'est un handicapé.

Z. Mais... pourquoi as-tu cette impression ?

F. Non. Demande-toi plutôt : Pourquoi *donnes*-tu cette impression ? N'est-il pas vrai qu'un grand nombre de tes travaux jouent sur le manque ? Et qu'ils s'adressent par conséquent à quelqu'un dont la perception doit, elle aussi, être structurée par le manque — faute de quoi le manque ne serait pas perçu en tant que tel ? Le message que tu m'adresses à moi, sujet percevant, prétend que face à tes travaux, je ne jouis pas de toutes mes facultés et que je suis un handicapé.

Z. Mais toi, te sens-tu handicapé ?

F. Bien sûr, et aveugle, et muet, incapable de répondre à tes travaux. Oui. Et aussi invalide, et infirme, et insuffisant. Je ne peux résister à la tentation de m'identifier avec ce type de personnage que tu projettes dans tes œuvres. Je ne peux me soustraire à l'image que ce miroir me renvoie.

Z. L'être humain est un handicapé de la première heure. Dès notre naissance — et déjà avant celle-ci peut-être —, nous apprenons. Notre savoir se commue fatalement en certitude ; nous devons bien avoir des repères pour pouvoir nous orienter. Or toute certitude est un handicap dès l'instant où elle se pétrifie et devient un lieu commun ou évidence. Être, c'est devenir. On ne peut pas en rester au statu quo. Les préjugés et les a priori sont ce qui nous limite. Ils sont les vrais handicaps. L'art peut nous aider à les déconstruire ou, du moins, à prendre conscience de leur existence et de leur pouvoir.

F. Est-ce que l'art, en invitant les gens à se prendre en charge eux-mêmes, fonctionnerait à la manière d'un médicament homéopathique mobilisant les forces du corps pour en éliminer les insuffisances ?

Z. Notre société, du fait même qu'elle prend l'individu en charge, le prive d'une partie de ses responsabilités. L'art serait une sorte d'antidote. Il rendrait l'individu responsable. Ce serait là sa fonction. Au vrai, je n'en vois pas d'autre. Tu parles d'éliminer des insuffisances. Je préférerais dire non pas les, mais certaines insuffisances, car aussitôt qu'on en élimine une,

RÉMY ZAUGG
TABLEAU AVEUGLE, 1986-1991
ACRYLIQUE, LETTRES SÉRIGRAPHIÉES
TOILE, 65,0 X 52,5 CM
COURTESY MAI 36 GALERIE, ZURICH

une autre ou d'autres surgissent. On ne peut ni agir ni vivre sans un minimum de connaissances et de certitudes. Or toutes les connaissances et toutes les certitudes sont susceptibles, à un moment ou à un autre, de dégénérer et de devenir des préjugés. C'est en cela que réside la difficulté de l'homme. Et c'est là aussi mon travail : empêcher que ne durcissent les connaissances ou les certitudes. Travailler à un équilibre entre savoir et non-savoir. Etre un naïf à l'extrême professionnalisme, être un technicien de haut niveau séduit par l'enfant qui regarde le monde avec de grands yeux tout ronds.

Aveugle

Figure-toi, le tableau te voit, mais toi tu ne le vois pas.   Rémy Zaugg

Nous proposons dans ce qui suit une histoire raccourcie de la *cécité* dans l'art *visuel* à travers l'analyse — assez sommaire — de trois peintures : *Paysage avec Diane et Orion aveugle* de Nicolas Poussin, *Bélisaire demandant l'aumône* de Jacques-Louis David et *Tableau aveugle* de Rémy Zaugg. C'est aussi l'histoire de trois personnages qui ne voient pas mais qui sont

NICOLAS POUSSIN
*PAYSAGE AVEC DIANE ET
ORION AVEUGLE*, 1658
HUILE, TOILE, 119 x 183
NEW YORK, METROPOLITAN
MUSEUM OF ART

regardés d'autant plus volontiers : Orion (personnage mythologique, évoluant donc en dehors du temps), Bélisaire (personnage « historique », donc lié au passé) et le sujet percevant (personnage réel et présent, je dirais même : personnage en devenir).

En fait, l'histoire de la cécité dans l'art devrait commencer par les écrits de Léonard de Vinci — son *Journal*, son *Traité* — et son éloge de l'œil. Poussin nous propose cependant un raccourci en nous projetant tout de suite dans le XVIIᵉ siècle. Il a, en effet, illustré l'édition française du *Trattato della Pittura* de Léonard de Vinci. L'une des gravures contenues dans cette édition de 1651 montre un homme marchant contre la tempête, figure que l'on rencontrera dans plusieurs peintures de Poussin et, notamment, dans le *Paysage avec Orion aveugle* où l'on retrouve, comme dans la gravure, des troncs d'arbre arrachés sous les pieds du marcheur. L'*Orion* du Metropolitan Museum of Art à New York a été interprété comme une allégorie de la tempête. Ce qui nous intéresse davantage, ici, est le fait que Orion est aveugle. La peinture nous montre le géant en train de marcher vers l'Est, en direction du soleil levant, croyant que Hélios peut l'aider à recouvrer la vue. De sa main gauche, Orion désigne la direction que lui indique son compagnon de voyage juché sur son dos. Rien ne peut arrêter sa progression, pas même les nuages sombres autour de sa tête. D'un pas ferme, il fuit l'obscurité de la nuit (Diane le contemple depuis les nuages). Ce géant qui relie la terre et le ciel — préfigurant ainsi la constellation qui portera son nom — est avant tout une allégorie de la vision prospective. D'aveugle, Orion veut devenir voyant. Après la nuit, il a hâte de voir le jour.

Dans une fameuse lettre à Sublet de Noyers, Nicolas Poussin avait introduit le concept de *prospect*, du regard attentif et actif qu'implique le principe du rayonnement optique entre l'œil et l'objet. Le regard prospectif, c'est le désir de voir, la quête de la lumière, la volonté de percer les ténèbres. C'est le regard que le sujet percevant *devrait* porter sur une peinture. *Paysage avec Orion aveugle* montre littérairement et littéralement le passage de l'état aveugle à l'état voyant, des ténèbres à la lumière : le cheminement du travail perceptif, pas à pas. La peinture ne se révèle pas d'un coup, elle ne raconte pas d'histoire (le mythe est secondaire), elle ne montre même pas un paysage, mais fait apercevoir entre les rideaux que constituent les imposantes frondaisons des arbres un *fragment* de paysage. Sa tonalité très sombre force notre œil à s'adapter *progressivement*, son minimum de « contenu » vient voiler la certitude de notre savoir. À l'instar d'Orion qui possède un potentiel, (celui de retrouver l'usage de ses yeux), *Paysage avec Orion aveugle* est une peinture « virtuelle », une peinture qui *se forme* lentement sous nos yeux — pour autant que nous voulions bien nous y efforcer. Rien n'est jamais *fait*, même pas une peinture, dont aucun détail n'est pourtant laissé au hasard. *Paysage avec Orion aveugle* est une sorte de *pictura picturans*.

Au Salon de 1781, Jacques-Louis David fit sensation avec son *Bélisaire demandant l'aumône* qui se trouve aujourd'hui au musée des Beaux-Arts de Lille. Le vaillant général Bélisaire, faussement accusé de conspiration, fut disgracié par l'empereur, aveuglé et contraint à la mendicité. David nous le montre au moment où il est reconnu par l'un de ses

anciens soldats. Dans son étude sur la « place du spectateur », Michael Fried souligne le double rôle héroïque de Bélisaire comme « image de la vertu (*exemplum virtutis*) » et comme « objet particulier et presque sacré du regard »[16]. Selon Fried, David inaugure avec le *Bélisaire* — justement avec le *Bélisaire !* — un travail systématique sur les relations entre le tableau et le spectateur : « Là où la perspective tradition-nelle projette une illusion spatiale dont la cohérence d'ensemble dépend de la présence du spectateur en un point déterminé face au tableau, la perspective et l'illusion spa-tiale dans le Bélisaire contribuent au contraire à projeter le spectateur dans le tableau[17]. » Le soldat au deuxième plan qui découvre son ancien général désormais aveugle et dont le « regard » se perd dans les pro-fondeurs de l'espace du tableau, force le spectateur à mettre fin au simple et traditionnel vis-à-vis entre lui et la peinture en faisant « basculer » l'espace du tableau. Un élément « invi-sible » (puisqu'il ne joue apparemment aucun rôle dans la narration) contribue à faire « pivoter » le tableau : le gros cube, dans le coin inférieur droit de la peinture, dans lequel est gravée l'inscription « DATE OBOLUM BELISARIO », est la pierre d'angle du tableau. Ce bloc indique la profondeur et fonctionne comme un module pour l'organisation horizontale et verticale de l'espace fictif du tableau[18] ; il balise les dalles sur lesquelles se déroule la scène ; sa largeur correspond *grosso modo* à celle de la base des colonnes du temple. Dans le *Bélisaire*, soit dit en passant, David inaugure aussi la géométrisation systématique, rigou-reuse et signifiante de l'espace, technique qui sera épurée au maximum dans le stupéfiant *Marat* de 1793 (Bruxelles, Musées royaux des Beaux-arts). Grâce à l'inscription gravée sur l'une de ses faces, le bloc de pierre aide non seulement à identifier la scène représentée et ses protagonistes ; mais il est aussi ce sur quoi s'appuie toute l'organisation spatiale du tableau — sans parler du bâton de Bélisaire.

Ce dernier « détail » a, semble-t-il, échappé aux yeux vigilants des historiens de l'art : le motif du bâton posé sur l'arête d'un bloc en pierre de forme cubique est tiré en fait de la seconde peinture de Nicolas Poussin dont le thème manifeste est la cécité : *La Guérison des aveugles devant Jéricho* (1650, Paris, Musée du Louvre). Dans ce tableau également, le « peintre-philosophe » utilise l'image de l'aveugle recouvrant la vue pour signifier l'accès à la visibilité à travers la lumière et la couleur. Le cube en pierre remplit aussi bien chez Poussin que chez David un rôle symbolique. C'est sur ce corps parfait et parfaitement stable que s'appuie en effet le bâton, instrument destiné à assurer la stabilité du corps « imparfait » de l'aveugle. Au bâton penché, à la canne de l'aveugle, David oppose en plus l'obélisque dressé à l'horizon, l'objet dont le but est de faire converger tous les regards.

Chez Rémy Zaugg, le bâton censé nous faire tenir debout, tout droit, bien verticalement, nous les aveugles, ce bâton n'a plus besoin d'être peint. Il est intégré au tableau. *Tableau aveugle*, comme d'ailleurs tous les tableaux de Rémy Zaugg, réclame un percevant vertical et debout. « Pourquoi ? Pour être *mobile*. Le tableau, une expression perceptive dont tous les éléments, avec toutes leurs qualités sensibles, conceptuelles et physio-psychologiques, sont inextricablement liés, aussi bien les uns aux autres qu'à l'ensemble unitaire auquel ils participent et dont procèdent leurs efficiences singulières respectives, implique, non moins que la sculpture, un percevant mobile capable d'occuper n'importe quel point de vue[19]. » L'*Orion* de Nicolas Poussin nous a permis d'exercer un regard dynamique, prospectif, en profondeur, tourné vers l'éclaircie. David nous a projetés à l'intérieur du tableau, offrant ainsi au moins deux vues sur son personnage principal, Bélisaire. Rémy Zaugg, enfin, voudrait que nous puissions occuper « n'importe quel point de vue » devant un tableau.

Le chasseur géant Orion et l'ex-général Bélisaire, tous deux *devenus* aveugles, n'en conservent pas moins un corps tout à fait vigoureux et valide. Il ne leur reste que le langage du corps pour s'exprimer dans le médium « muet » de la peinture. Assisté en paroles et gestes par Cédalion juché sur ses épaules et Héphaïstos au sol, Orion, de sa main gauche, semble palper l'espace devant lui tout en indiquant énergiquement la direction du soleil levant. Le centre du *Bélisaire* est occupé par une chorégraphie gestuelle très étudiée impliquant Bélisaire, son jeune guide et une dame en train de faire l'aumône. Zaugg, à son tour, nous enjoint de mettre en œuvre tous les sens et tout notre corps dans la perception d'un tableau : « Ce n'est pas parce qu'il a des yeux que le corps peut être aveugle et est aveugle, mais c'est parce que le corps était aveugle et qu'il désirait voir, que les yeux sont. Voir le monde, en somme, c'est ouvrir le corps perceptif au monde en ouvrant l'œil comme par inadvertance[20]. »

Dans *Paysage avec Orion aveugle* de Poussin, c'est la figure d'Orion qui organise la lecture du tableau en suggérant au spectateur de s'identifier avec le personnage principal sur son chemin vers la voyance. Dans le *Bélisaire* de David, c'est le cube avec le texte gravé qui constitue le pivot et la clé de la composition. Chez Rémy Zaugg, toute figure a disparu : il ne reste que le médium de la peinture et le texte comme indice minimal pour guider notre perception sensitive. Face au tableau aveugle de Zaugg, c'est le sujet percevant qui devient la figure principale, le principal figurant : « Figure-toi, le tableau te voit, mais toi, tu ne le vois pas. »

De l'exemplarité

Fibicher : Tu parles souvent de Giacometti, de Barnett Newman et d'autres artistes très connus : Cézanne, Mondrian..., des artistes qui appartiennent à l'histoire et au passé, si récent soit-il. N'existe-t-il aucun artiste, *aujourd'hui*, qui corresponde à ton idéal d'exemplarité ?

Zaugg : Cézanne a fait un œuvre aujourd'hui terminé, exposé et documenté, sur lequel on peut porter un regard. Je ne sais quant à moi pas encore ce que j'ai fait et je ne le saurai peut-être jamais ou, du moins, je n'aurai jamais le recul réflexif nécessaire me permettant de savoir ce que j'aurai finalement accompli. À moins, bien sûr, que je n'interrompe un jour définitivement ma recherche et ne me mette à observer les choses faites dans un silence actif. Pourquoi voudrais-tu que l'on ait du respect pour mon œuvre, alors que celui-ci n'est encore qu'une chose en devenir ? On peut tout au plus respecter les efforts que j'accomplis au jour le jour pour faire progresser ma démarche et apprécier les œuvres déjà réalisées. Il serait imprudent d'éprouver un respect inconditionnel pour un œuvre qui est en train de se constituer et qui existera au plus tôt après la mort de l'auteur à travers le regard perceptif que d'autres porteront sur lui. Je suis très prudent face au travail des artistes vivants. Il arrive si souvent qu'on déchiffre à un certain moment des choses dans l'œuvre d'un artiste contemporain et qu'on croie saisir une position nouvelle, pour remarquer finalement qu'on a bêtement projeté des intentions et des significations dans le travail proposé. Les éléments positifs qu'on croyait distinguer peuvent se trouver tout à coup complètement ruinés par ce que l'artiste a produit ultérieurement.

F. Comme chez Malevitch, par exemple ?

Z. Oui. Je ne cite plus Malevitch parmi les artistes exemplaires. Je le faisais il y a vingt-cinq ans. Son carré noir me subjuguait, je lisais tous les textes que je pouvais trouver. Mais aujourd'hui, je ne comprends plus ce qu'il a voulu faire. Son œuvre, de lumineux qu'il était pour moi, est devenu obscur. Son carré noir est une ouverture sur un monde nouveau, qui annonce un horizon révolutionnaire et promet un homme ou un imaginaire jusqu'alors insoupçonnés. Comme un rêve ou, mieux, une promesse fabuleuse. Mais après son carré noir, que nous propose-t-il, Malevitch ? Des peintures plates et naïves, qui renvoient à son passé, à sa jeunesse, bref, à un temps révolu. Imagine que tu aies été son contemporain, que tu aies attendu de lui qu'il te fasse découvrir l'univers que laisse pressentir son tableau où un carré noir occupe la presque totalité de la toile vierge, et imagine quelle serait ta déception devant la peinture grossière et rurale qu'il a faite ensuite. Certes, il y très peu d'artistes exemplaires par siècle, il faut en être conscient, et il faut donc être extrêmement prudent dans les jugements qu'on porte sur le travail de ses contemporains. On ne peut en fait vraiment commencer à discuter un travail que lorsque celui-ci est achevé — ce qui ne veut pas dire pour autant qu'il faudrait ignorer ce qui se passe en son temps, bien au contraire. Si je trouve demain, dans le monde, un artiste qui travaille dans la même direction que moi et qui le fait mieux que moi, alors je n'aurai plus rien à faire. Et ce sera très bien ainsi. Seulement, cet artiste, je ne l'ai pas trouvé jusqu'à présent et, selon toute apparence, il n'existe pas, si bien que, pour moi, tout reste à faire. Sais-tu pourquoi j'ai commencé à écrire ? Parce que je ne trouvais pas les textes dont j'avais besoin. Alors je les ai écrits. Ma peinture, c'est un peu la même chose.

F. Donc, un problème de concurrence ! Chacun travaille pour son compte et garde jalousement ses secrets d'atelier, tout en observant ce que font les concurrents afin de s'en protéger, mais sans vraiment s'y intéresser. N'y a-t-il vraiment pas de solidarité ou, au moins, de complicité entre les artistes ?

Z. Tu ne vas tout de même pas me reprocher de ne pas m'intéresser à ce que font mes collègues. Je crois avoir bien servi Pierre Klossowski et bien servi Balthasar Burkhard et bien servi Donald Judd. Je passe sous silence Alberto Giacometti, puisque tu pourrais me faire remarquer qu'il est mort depuis quelques décennies. Non, vraiment, je ne m'enferme pas dans

EXPOSITION « ALBERTO
GIACOMETTI, SCULPTURES
PEINTURES, DESSINS »
1991-1992
MUSÉE D'ART MODERNE DE
LA VILLE DE PARIS
SCÉNOGRAPHIE DE
RÉMY ZAUGG
PHOTO D.R.

une tour d'ivoire. Et lorsque j'imagine un nouveau musée, c'est pour que puissent y être présentées les œuvres de tous les artistes qui nous préoccupent. Encore une fois, non, je ne travaille pas dans une tour d'ivoire. Je suis très conscient du fait que, si je peins aujourd'hui — et je ne suis pas le seul à peindre aujourd'hui —, c'est parce que d'autres ont peint avant moi. Je dois par exemple beaucoup à Cézanne, qui n'a pas peint des pommes, contrairement à ce qu'on croit volontiers, mais les perceptions qu'il avait des pommes. Et je dois beaucoup aussi à Giacometti, qui a beaucoup thématisé, dans ses sculptures, la relation perceptive qu'il avait avec une personne marchant dans la rue ou traversant une place et, dans ses peintures, la relation perceptive qu'il avait avec la personne assise en face de lui observant comment, lui, Giacometti, l'observait. Je reconnais que ce sont là des travaux qui me touchent et m'apprennent énormément de choses. Pas les œuvres seulement, mais aussi les hommes que sont leurs auteurs : ils m'encouragent dans mon effort, me servent d'exemple et me montrent ce que peut être un homme. En ce sens, il existe une solidarité entre artistes. Et quelle solidarité : une solidarité essentielle. Parfois, le soir, je m'habille, je prépare la table, je dresse le couvert et reçois le convive qui sonne à ma porte : parfois c'est Rembrandt, d'autres fois Jean-Paul Sartre, ou plus souvent Mondrian, Cézanne, Giacometti. Nous parlons, ils racontent, et moi j'écoute et je questionne. Comment crois-tu, sinon, que j'aurais pu survivre et faire mon travail au milieu de l'indifférence ou, plutôt, de l'incompréhension la plus complète ? L'indifférence tue à petit feu, elle assassine. Ce sont mes hôtes du soir qui m'ont aidé, encouragé, et m'ont permis de poursuivre. Ce sont eux aussi qui m'accompagnent aujourd'hui encore. Ils sont mes points de repère. Ce ne saurait être le bruit de la foule.

F. Un œuvre ne devient exemplaire, dis-tu, qu'à condition de pousser jusqu'à la conclusion, même si cette conclusion devait consister en une simple question posée de manière pertinente. Le travail doit être achevé et appartenir nécessairement au passé.

Z. Ce n'est pas exactement ce que j'ai dit. Tu mets cependant le doigt sur un problème difficile à cerner. Le psychanalyste dirait que les années de jeunesse sont décisives. Mais moi, parce que je suis un artiste et que j'ai toujours quelque chose à apprendre, je suis comme un enfant et je ne peux pas, pour me former, faire appel à ces autres enfants que sont mes collègues. Il me faut me tourner vers les adultes, vers les artistes qui sont susceptibles de devenir des modèles pour moi.

F. Le psychanalyste dit aussi qu'on passe sa vie à s'expliquer avec ses parents. Le but de l'existence serait finalement de se libérer de son père — les frères, les sœurs, les cousins ne jouent qu'un rôle très secondaire.

Z. La métaphore me convient. On ne peut pas ignorer son père ou sa mère. C'est différent avec un frère, une sœur ou un cousin. Ceux-ci ne sont pas traumatisants. Ils ne comptent pour ainsi dire pas. Ils sont dans le même pétrin que toi, ils barbotent dans la même mare. J'en dirais autant de mes contemporains artistes. Nous débattons de problèmes semblables, l'un de façon plus pertinente que l'autre, celui-ci avec plus de force que ceux-là. Mais dans l'ensemble, nous sommes tous attelés à une œuvre collective et, tous, nous sommes solidaires presque malgré nous. Quant à cette œuvre communautaire à laquelle nous travaillons, je dirais qu'elle sera faite des quelques œuvres exemplaires qui se dégageront du magma de l'immense effort collectif des frères, des sœurs et des cousins. Oui, tu dis vrai, le père, c'est autre chose. Le père est celui qui est en face et qu'on regarde. Il est proche et, malgré tout, distant, autre, différent, incompréhensible. Il est ce qui obsède. D'où, peut-être, sa fonction référentielle et paradigmatique.

F. Que devient pour toi, par exemple, Andy Warhol mort ?

Z. C'est étrange. Je n'ai plus la même relation avec lui depuis qu'il est mort. Il n'est plus un frère aîné ou un collègue prestigieux que je pourrais rencontrer et avec qui je pourrais parler. Mais si Warhol ou Joseph Beuys ont cessé d'être des frères aînés, ils ne sont pas non plus devenus des pères pour moi depuis leur mort. La mort les a comme exclus de ma structure parentale. Ni frères, ni pères, je ne sais pas ce qu'ils sont. Ils ne sont plus ce qu'ils étaient et ne sont pas encore ce qu'ils devraient être. Des sortes d'esprits errants. Je peux dire à présent face à l'œuvre de Warhol, achevé et clos, que je respecte énormément certains de ses premiers travaux, par exemple les portraits de Marilyn Monroe ou les soupes Campbell. Cependant, je suis incapable d'en dire plus.

F. Mais un œuvre peut-il jamais être achevé ? Est-ce que l'œuvre d'un artiste devient définitif avec la mort de cet artiste ? Quand tu parles de l'œuvre tardif de Rembrandt...

Z. ... Je parle de l'œuvre qui naît du regard d'autrui, du tien, du mien, ici, ailleurs, hier, aujourd'hui, demain. La mort interrompt la démarche de l'artiste, elle y met un terme. Le peintre ne peindra plus jamais aucun tableau. Mais la réception de son œuvre ne cesse pas pour autant. Elle est, elle, en continuelle évolution. Les autoportraits tardifs de Rembrandt n'étaient pas du tout appréciés à son époque. Ils sont devenus des chefs-d'œuvre au début du XXe siècle, probablement sous l'influence des impressionnistes. En ce sens, on peut dire que Rembrandt a peint des projets d'œuvres dont nous avons fait, nous, plus que des œuvres, des chefs-d'œuvre. Qu'en restera-t-il demain? Ces chefs-d'œuvre perdureront-ils? Je ne saurais dire, rien n'est jamais stable. Il serait illusoire de prétendre pétrifier la perception du travail d'un artiste une fois pour toutes.

F. Illusoire et impossible. L'activité des récepteurs, concrétisée par les publications, avec leurs reproductions, ne le permet pas. La dissemblance des images représentant une même œuvre, imprimées dans les catalogues d'exposition, les livres d'art et les revues spécialisées, est frappante. Ce n'est jamais deux fois la même œuvre. Pour ton explication avec Cézanne, par exemple, tu as utilisé des reproductions...

Z. Non, *une* reproduction, qui se trouvait dans une monographie consacrée à Cézanne.

F. D'accord, mais n'était-ce pas un paradoxe total? La reproduction ne rend pas avec précision les «demi-teintes» et les «reflets», c'est-à-dire justement les qualités auxquelles Cézanne s'intéressait lorsqu'il peignait ce qui est *entre* les objets. Comment as-tu pu travailler sur une chose qui passe si complètement à côté de l'original et donc aussi de ce qui fait la qualité picturale d'une peinture? Tu connaissais le tableau?

Z. Non, à l'époque, je ne le connaissais pas.

F. C'est d'autant plus grave.

Z. Mais qu'est-ce qui est grave? Je n'ai rien confondu. Je n'ai pas pris la reproduction pour le tableau, ni le tableau pour la reproduction. Mon but n'était pas de retrouver la peinture à travers la reproduction. Encore une fois, je ne connaissais pas la peinture, je connaissais seulement l'image du livre et c'était elle que je percevais. Cela, je le faisais consciemment. C'est ainsi que, dans certaines esquisses perceptives, je décris le papier de la page du livre et la qualité du papier de la reproduction collée sur cette même page. C'est clair, non? Je pense que si j'avais connu le tableau, la confusion aurait été possible puisque j'aurais pu, inconsciemment, chercher à percevoir le tableau dans la reproduction. Non, je me suis bien gardé d'aller voir la peinture aussi longtemps que j'ai travaillé avec la reproduction. En fait, je cherchais autre chose : je voulais regarder une reproduction et essayer de comprendre ce qui se passe lorsque j'accomplis cet exercice perceptif. Une reproduction, parce qu'on peut l'avoir à portée de main à tout moment, était l'objet adéquat. Il me fallait beaucoup de temps et une reproduction me donnait tout le temps dont j'avais besoin, à l'inverse du tableau accroché au musée. Je n'ignorais pas que le passage du tableau à sa reproduction est une perte immense. Mais une reproduction d'un tableau, si tronquée et réductrice sa parole soit-elle, parle malgré tout de ce tableau. Pour l'étudiant qui débute, c'était mieux que rien. C'était même tout à fait suffisant, car l'étudiant ignorait tout des tableaux. Il avait tout à apprendre. J'ai passé des heures et des heures devant cette reproduction. De jour, de nuit. Il était exclu que je passe des mois devant l'original. Le tableau était à Paris, moi, à Bâle. Mais même s'il avait été à Bâle, je n'aurais pu le voir qu'à certaines heures du jour. Or j'avais besoin d'une chose toujours disponible. Et une reproduction l'était. Une reproduction, on peut la glisser dans sa poche, on peut l'avoir toujours avec soi, à portée de main. D'ailleurs, aurais-je pu regarder ce tableau des heures et des heures durant dans un musée? Les gardiens se seraient rapidement posé des questions. Qu'est-ce qu'il cherche, celui-là? Que veut-il? Est-ce un maniaque? S'est-il échappé d'un asile de fous? Que guette-t-il? Le moment propice pour poignarder le tableau? Je serais bien vite devenu suspect. On m'aurait ordonné de déguerpir, on m'aurait chassé, ou du moins prié de circuler, de ne pas accaparer le tableau, etc. Je ne voulais pas de toutes ces complications. Je voulais pouvoir me concentrer sur mon travail. J'ai bien évidemment aussi étudié la peinture devant des peintures. Je n'étais pas fou. Le travail devant la reproduction n'était qu'une possibilité parmi d'autres. Si l'on en fait grand cas aujourd'hui, c'est parce qu'il reste des traces de cet effort précis accompli devant une reproduction et aucune trace de tous les efforts accomplis devant des tableaux. Et lorsqu'on dit aujourd'hui que ce que j'ai fait là était de purs exercices perceptifs, comme j'aurais pu en faire avec n'importe quel objet, on se trompe. Ce que je voulais, c'était étudier la peinture, entre autres par l'entremise d'une reproduction précise d'une peinture donnée. Si je n'avais voulu tester que le mécanisme de la perception, j'aurais aussi bien pu porter mon regard sur autre chose, le coin de ma chambre, par exemple, et noter avec le même soin ce que je percevais jour après jour. Mais je n'étais pas prêt à faire ce genre d'exercice à l'époque. Pour moi, tout était encore un peu mêlé. Il ne s'agissait pas encore du phénomène de la perception, mais bien plutôt de peinture ou, plus précisément, de découvrir, décrypter et apprendre la syntaxe picturale, le lexique pictural, etc. C'est dans un deuxième temps, et comme malgré moi, que la perception s'est imposée en tant que telle. Mais revenons au tableau de Cézanne. L'original que je suis allé voir beaucoup plus tard au Jeu de Paume m'a déçu. Il était en piteux état. Comparé à la reproduction sur papier glacé, il m'apparut grisâtre, fade et encroûté. La peinture me fit l'impression d'un bout de crépi sale. À partir de la reproduction, je m'étais fabriqué l'idée d'un tableau possible. J'avais, par exemple, spéculé sur les difficultés rencontrées par le peintre à tel endroit de la toile ou sur les superpositions successives de matière colorée à tel autre. J'étais, à l'époque, complètement engagé dans les problèmes de peinture, ce qui explique, encore une fois, que j'aie choisi comme point de départ de mes réflexions une reproduction d'une *peinture* et non pas, mettons, l'image photographique d'une tasse.

F. Mais pour quelle raison as-tu choisi précisément la reproduction de ce tableau-là ? Il y avait sans doute encore d'autres illustrations dans ta monographie. Et plus tard, pourquoi t'es-tu intéressé aux six cubes de Donald Judd et non à un autre travail de cet artiste ? Je crois savoir que tu n'aimes pas particulièrement ces cubes de Judd.

Z. Ce que tu penses savoir n'est pas exact. Il y a un malentendu. C'est plus complexe. D'où, certainement, l'imprécision. En 1972, lorsque j'ai commencé à m'intéresser à eux, les six cubes étaient disposés le long du parapet du grand hall d'entrée, au deuxième étage du musée des Beaux-Arts de Bâle. Les six objets usinés s'y trouvaient parfaitement intégrés dans leur environnement. Objets et environnement formaient un tout. Les objets en acier, le parapet de pierre surplombant le vide, les arrivées des deux rampes d'escalier, les grandes dalles du sol, le grand volume des escaliers avec sa large baie vitrée, les petites niches donnant sur les toilettes, les vantaux de bois des grandes portes ouvrant sur les salles d'exposition proprement dites, les extincteurs rouges et, bien sûr, les autres œuvres également présentées en ce lieu, à savoir les tableaux à l'iconographie triviale de Andy Warhol, les plaques carrées en acier posées à même le sol de Carl Andre, un grand travail de Joseph Beuys fait d'éléments non moins vulgaires tels que des batteries suintantes, d'énormes plaques d'acier portant encore les références d'origine ou de stockage chez le grossiste peintes en blanc sur le métal brut légèrement rouillé et posées sur le sol, de grands morceaux de feutre sombre fixés à l'aide de planches pendant le long des murs, l'odeur rance de la graisse emballée dans le

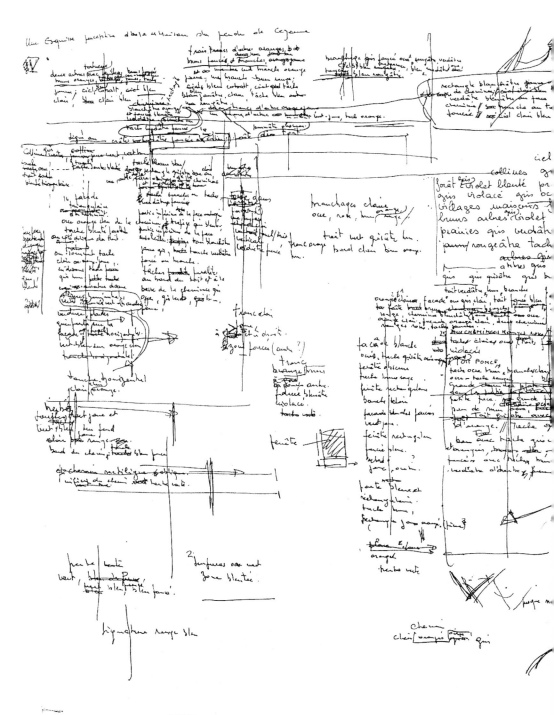

RÉMY ZAUGG
CONSTITUTION D'UN TABLEAU
1963-1968
EAU-FORTE, PAPIER
71,0 x 92,5 CM
COURTESY MAI 36 GALERIE
ZURICH

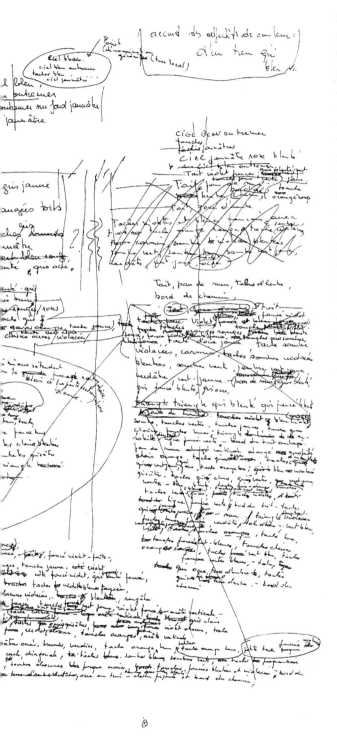

feutre, bref, toutes ces choses du commun, cubes de Judd inclus, constituaient un ensemble insécable, cohérent, évoquant plus l'atmosphère d'un chantier que celle de la salle d'exposition dans un musée. C'est dans ce hall, dont la fonction première est de servir de lieu de passage, et entourée de tous ces objets renvoyant au monde laborieux, que l'œuvre de Judd m'a fasciné. L'œuvre en tant que telle ou, dit plus précisément, l'œuvre telle que l'a voulue son auteur, ne m'intéressait pas et ne m'intéresse toujours pas aujourd'hui, elle m'intéresse peut-être même moins aujourd'hui qu'à l'époque. Comprends-tu à présent pourquoi j'ai choisi les six cubes plutôt qu'une autre œuvre de Judd ? C'est parce que c'étaient eux, et pas autre chose, qui étaient là, dans ce contexte, le long du parapet. En fait, je n'ai pas choisi une œuvre, j'ai choisi une situation. J'ai choisi un tout, un tout précis dans lequel étaient intégrés les cubes. Dans ce contexte, l'œuvre conçue par Judd avait changé d'identité. Elle n'était plus *l'œuvre d'origine*. Elle était tout à fait autre chose. L'œuvre autour de laquelle j'ai tourné était une œuvre différente de celle voulue par son *auteur d'origine*, à savoir Donald Judd. L'œuvre qui m'intéressait était en fait due à Franz Meyer, le directeur du musée, qui avait réuni et mis en place les œuvres dans le hall d'entrée. Cette présentation n'existe plus aujourd'hui, ni donc non plus l'œuvre qui m'intéressait, non, elle ne subsiste plus que sous la forme de mon livre *La Ruse de l'innocence*[21]. Les six cubes sont présentés actuellement au musée d'art contemporain en compagnie d'autres œuvres de Judd et d'un grand tableau de Frank Stella. L'ambiance feutrée, propre, bien élevée, soignée et agréable de la salle d'exposition classique qui se veut neutre, distante et impersonnelle, comme aussi la contagion stylistique des œuvres avoisinantes, font des six objets cubiques une œuvre « géométrique constructive » préservée de toute ambiguïté sémantique. En ce sens, tu as raison, telle qu'on peut la voir aujourd'hui, cette œuvre m'ennuie et je ne saurais l'aimer.

F. Et le Cézanne ? Qu'est-ce qui t'a fait prendre celui-là ? Il y en a de plus beaux que *La Maison du pendu*.

Z. Pourquoi ce Cézanne précisément ? C'est difficile à dire, il y a si longtemps de cela. C'était en 1963. Je venais de décider d'étudier la peinture. Pourquoi fait-on une chose plutôt qu'une autre ? La question est peut-être essentielle. Pourquoi me suis-je arrêté à cette reproduction précisément au lieu d'une autre en feuilletant le livre ? J'ai découvert plus tard seulement que *La Maison du pendu* était un tableau charnière dans la démarche de Cézanne. Cette peinture était vraiment un nouveau début. Les derniers tableaux faits de taches et de facettes étaient trop ardus pour moi. En comparaison, *La Maison du pendu* me semblait claire et évidente. Il y avait là le ciel, là un arbre, là un toit. Il n'en fallait pas plus à l'étudiant pour pouvoir reconstruire un tableau à l'aide de mots et de phrases. Une telle peinture, avec son équilibre entre la facture picturale moderne et le motif, m'était familière. Elle était proche des reproductions de paysages d'Utrillo et de Van Gogh accrochées sur les murs blancs des salles de classe du lycée, comme aussi des tableaux des peintres locaux ou régionaux présentés dans les vitrines des deux encadreurs de la petite ville. Quant aux six cubes de Judd, pour en revenir à eux, je dois dire que, dans leur contexte le long du parapet, ils se prêtaient parfaitement à une mise en cause de la thèse en vogue du *what you see is what you see* que tout le monde s'appliquait à répéter à l'envi comme des idiots. J'avais remarqué que les cubes de Judd, qui se voulaient des objets spécifiques, pouvaient parfaitement, selon le point de vue mental adopté, devenir soit un objet d'art faisant référence à Mondrian, Rodtchenko, Tatlin, Vantongerloo, soit un élément commun tels ceux qu'on peut trouver sur un chantier, ou encore un objet utilitaire tel qu'une table ou une chaise. Chaque nouveau point de vue leur prêtait à chaque fois une nouvelle signification, une nouvelle apparence et un nouveau sens qui, en conditionnant à leur tour mon comportement, faisaient par exemple de moi soit un ouvrier qui manipule des choses, qui s'appuie contre elles ou y dépose des objets, soit un amateur d'art qui observe avec retenue, à distance et en silence.

F. Tu as donc pris le plus simplement du monde ce qui était à ta disposition : une reproduction dans un livre sur Cézanne trouvé à la bibliothèque de l'université et une sculpture exposée dans le musée de la ville où tu habitais.

Z. Exactement. Si j'avais habité Düsseldorf ou Paris, j'aurais pu entrer en possession du livre sur Cézanne, mais je n'aurais certainement pas fait le travail sur les six cubes. Je dois toutefois ajouter qu'au moment où j'ai commencé à m'intéresser aux objets cubiques de Judd, j'étais en train de travailler sur le cube en tant que modèle ou structure pour mes peintures. J'ai environ deux cents travaux sur le cube que je n'ai jamais montrés.

Pré-textes

La rhétorique classique considérait l'art du discours selon les critères de l'efficacité. Afin d'avoir un impact maximal sur les destinataires de ses paroles, l'orateur idéal devait pouvoir jouer sur trois plans : ceux du *plaire*, du *toucher* et du *persuader*. Jusqu'au XVIIIᵉ siècle, ces trois fonctions de l'art oratoire, via l'analogie *art = langage* (ou bien *ut pictura poesis*), furent également appliquées à la peinture. S'il fallait classer l'art de Rémy Zaugg dans l'une de ces catégories, ce ne serait en tout cas pas dans la première. L'aspect fruste de ses peintures n'a décidément rien pour plaire. De plus, l'artiste ne cherche pas à manier les sentiments, et encore moins les passions : *permovere*, toucher n'est pas son propos. C'est bien la troisième catégorie qui lui convient : convaincre.

Zaugg s'adresse à nous en ces termes :

Regarde, tu es aveugle, regarde.

Figure-toi, le tableau te voit mais toi, tu ne le vois pas.

Regarde

Ici[22]

L'artiste veut nous persuader du fait que nous sommes là, à regarder, à nous constituer *sujet percevant. Sujet* parce que nous sommes au / le centre de la perception, *percevant* puisque l'acte de perception est actualisant, présent éternel, création en constant devenir. « Regarde, tu regardes » : paroles de moraliste. Loin de s'offusquer de ce qualificatif, Zaugg va jusqu'à le revendiquer : « Morale et art sont liés. C'est la morale qui donne son assise à l'homme et un sens à ses actes. Or, l'art est un acte, et l'artiste, un homme[23]. »

La motivation *morale* sous-tend l'œuvre de tous les artistes conscients d'accomplir un travail *exemplaire*. Zaugg en fait partie — tout comme Jean-Luc Godard et Stéphane Mallarmé. « La morale, pour moi, c'est le comportement juste et vrai » avoue Godard, qui ajoute : « Pour moi, la morale définit les rapports de l'homme avec le monde[24]. » La nécessité d'instaurer une morale découle toujours de la constatation d'un manque ou, comme le formule Simone de Beauvoir : « Sans échec, pas de morale ». On a besoin de lignes de conduite *pour* que tout aille bien, non pas *parce que* tout va bien. Mallarmé expliquait dans un entretien célèbre : « De cette organisation sociale inachevée, qui explique en même temps l'inquiétude des esprits, naît l'inexpliqué besoin d'individualité dont les manifestations littéraires présentes sont le reflet direct ». Du côté du « destinataire » de l'œuvre, la constatation du manque se traduit par un sentiment de frustration, première incitation à (ré)agir. Rémy Zaugg va jusqu'à fonder la nature de l'œuvre d'art sur l'insuffisance : « Vous n'ignorez pas que maintes œuvres, par l'extraversion, le spectacle, la séduction, simulent la suffisance. De telles œuvres, à mon sens, nient la nature même de l'œuvre d'art, qui se confond avec le manque propre à mettre en cause le sujet percevant[25]. » L'on comprendra aisément que dans ce contexte, le *plaire* et le *toucher* n'aient plus droit de cité. Or le manque dont il était question doit être intégré dans (thématisé par) l'œuvre d'art — qui aura un caractère volontairement et rigoureusement « lacunaire ».

Le doute au sujet des possibilités de l'art constituera le sujet même de l'œuvre d'art. Le fameux « Qu'est-ce que j'peux faire, j'sais pas quoi faire ! » dans *Pierrot le fou*[26] et la non moins célèbre interrogation de Mallarmé : « Véritablement, aujourd'hui, qu'y a-t-il ? »[27] sont autant d'aveux d'impuissance : tout a été montré, tout a été dit. Que reste-t-il à faire ? Rémy Zaugg quant à lui constate : « Le monde est ; l'homme est ; les dés sont jetés ; il reste à saisir par les sens et par l'esprit. Il n'y a [...] peut-être rien à inventer. Il n'y a que des choses à comprendre[28]. » C'est dans cette logique que s'inscrit son premier projet pour l'exposition *Skulptur Projekte '87* à Münster sous forme de texte-manifeste : « De l'inutilité de la sculpture en l'an 1987 dans la ville de l'an 1987 ». Ce qu'il reste à faire, c'est formuler cet échec, ce manque, cette inutilité, les formuler et les reformuler sans cesse : tâche surhumaine, existentielle, non pas empreinte de fatalisme, mais porteuse d'un projet. L'art considéré comme un « travail de deuil »[29] reste décidément un *travail*, une *élaboration*. Et Zaugg d'insister :

« Travail, donc à jamais inachevé. Présence continuelle du manque. Mais présence, aussi, du devenir ou d'un à venir[30]. » Ce travail de Sisyphe n'est pas sans rappeler, bien sûr, le projet utopique de Mallarmé, son *Livre* « à venir », resté forcément fragmentaire. C'est bien parce qu'un travail n'est jamais terminé que l'effort mis à l'accomplir se trouve valorisé ; c'est bien parce que le projet s'efface continuellement qu'il parvient à mobiliser l'artiste ou le poète. Il faut, en effet, imaginer Sisyphe heureux. Pour Roland Barthes, le « texte de jouissance » est « celui qui met en état de perte, celui qui déconforte (peut-être jusqu'à un certain ennui), fait vaciller les assises historiques, culturelles, psychologiques, du lecteur, la consistance de ses goûts, de ses valeurs et de ses souvenirs, met en crise son rapport au langage[31] ».

Comment le manque peut-il être mis en scène ? Comment le lecteur / spectateur peut-il être mis en « crise », en « état de perte » ? Par la mise en œuvre de techniques de *rupture*. Chez Godard, ce sont des raccords « imprécis », le montage heurté, le décalage entre image et son (parole, musique), le carambolage des images entre elles. Mallarmé déconstruit la phrase, cultive l'« infraction volontaire » et les « savantes dissonances » : « L'œuvre pure implique la disposition élocutoire du poète, qui cède l'initiative aux mots, par le heurt de leur inégalité mobilisés[32] ». Rémy Zaugg met du blanc entre la toile ou la feuille de papier et le sujet percevant, des blancs entre les mots. Il saute de l'écart minimal à l'écart maximal, de l'aphorisme à l'ellipse. À la phrase, il préfère la juxtaposition de mots : « Voir mort », « Peindre, fatigué, sans sel, étouffé, effacé, délavé »... Les éléments « manquants » de la « phrase » doivent être restitués — ou plutôt *constitués* — par le sujet lisant et percevant. Dans sa *Généalogie de la morale* (« Avant-propos » 2,7), Nietzsche — autre grand moraliste — plaide pour des structures ouvertes, polysémiques : « un aphorisme, si bien frappé soit-il, n'est pas « déchiffré » du seul fait qu'on le lit. C'est alors que doit commencer son interprétation, ce qui demande un art de l'interprétation ». Dans la grammaire générative, la notion d'ellipse est intégrée aux règles de transformation (d'une structure profonde en une structure de surface) sous le nom d'*effacement*. Effacer, recouvrir, cacher pour mieux laisser apparaître, aller aux limites du visible pour aiguiser la perception, voilà le projet de Rémy Zaugg. Le raccourci, l'omission, le fragment, le manque sont préférables à la structure achevée, fermée, prédicative de la phrase. Barthes cite Julia Kristeva : « Toute activité idéologique se présente sous la forme d'énoncés compositionnellement achevés » et ajoute : « tout énoncé achevé court le risque d'être idéologique »[33]. Tout l'art de l'orateur qui se veut convaincant, du moraliste qui veut faire accepter les règles qu'il préconise, consiste à donner au public l'impression d'avoir découvert par lui-même les arguments essentiels. Le dogmatisme exclut la participation active, l'« art de l'interprétation » que réclame Nietzsche. Malgré son aspect extrêmement précis (« aphoristique »), la sculpture de Donald Judd que Rémy Zaugg analyse longuement dans un important ouvrage[34] n'est pas un objet donné, mais un objet à créer à travers l'acte perceptif. De même, chez Mallarmé, *Un coup de dés jamais n'abolira le hasard*, malgré une typographie et une mise en pages maintes fois remaniée en vue de la plus grande pertinence, est un texte en constant devenir, réclamant à chaque lecture une nouvelle interprétation. Dans sa préface au *Coup de dés*, le poète met l'accent sur l'importance des « blancs » : « Le papier intervient chaque fois qu'une image, d'elle-même, cesse ou rentre ».

La conscience du support — de la base — force l'artiste à recommencer sans cesse à zéro, à remonter toujours et encore aux origines. Et puisqu'il n'y a plus rien de nouveau à faire, prenons comme point de départ la feuille de papier, la toile vierge, l'écran blanc ! Avant qu'un film ne soit projeté, il n'y a effectivement que l'écran : blanc virtuel. « Ce n'est pas par hasard si l'écran est blanc. Comme le linge de Véronique. Ça garde la trace, quelques traces du monde »[35]. Godard filme le commencement des images, les prémices de la création : les murmures qui précèdent le « spectacle » (le *pré-texte*), l'annonce, le *Je vous salue Marie*. Pendant deux décennies, Rémy Zaugg réfléchit sur une feuille de papier et fait réfléchir celle-ci au sujet d'elle-même. « On le voit, cette feuille-là, une simple feuille de papier, est à la fois la chose essentielle, l'origine et le début de l'histoire ; elle met, de par sa simple présence, le peintre face à tous les problèmes et à toutes les questions développées par la suite[36]. » Or méditer sur une feuille de papier est en fait une activité essentiellement *littéraire*, activité que Mallarmé décrit comme suit : « Ton acte toujours s'applique à du papier ; car méditer, sans traces, devient évanescent, ni que s'exalte l'instinct en quelque geste véhément et perdu que tu cherchas[37]. » Répétée, la méditation réclame une *séquence* de feuilles de papier : le livre, ou le *Livre* mallarméen. Dans sa jeunesse, Jean-Luc Godard s'était dit « que l'idéal serait de publier un roman chez Gallimard »[38]. En fait, le cinéaste est un écrivain raté — comme il est d'ailleurs un peintre raté et un musicien raté. Le livre est resté un idéal pour lui, comme le démontre l'importance de la littérature (du texte et du « commentaire » en voix *off*) dans sa production post-*nouvelle vague*. Chez Rémy Zaugg également, tout converge vers le livre (y a-t-il d'ailleurs écrivain plus prolifique parmi les artistes contemporains que lui ?).

RÉMY ZAUGG
N.B.85A, 1999-2000, DÉTAIL
[ET SI/LA MORT/J'ÉTAIS]
18 ÉLÉMENTS : ALUMINIUM
PEINTURE AU PISTOLET
LETTRES SÉRIGRAPHIÉES
VERNIS TRANSPARENT
125,9 x 112,4 x 3,3 CM CHACUN
PHOTO ROLAND AELLIG

Les *Réflexions sur et d'une feuille de papier* sont divisées en chapitres. Leur publication a pris non point la forme d'un catalogue d'exposition, mais celle d'un livre (Zaugg parle d'un « roman » sur l'histoire de la peinture moderne), d'un objet autonome qui pousse la logique de la réflexion et de la reproduction (de la mise en abîme) juste un peu plus loin. L'ouvrage de Rémy Zaugg *La Ruse de l'innocence* a été exposé à la *Documenta* de 1982 en tant qu'œuvre d'art (dans une vitrine). Le livre est l'œuvre d'art idéale — parce que démocratique ; il permet une diffusion beaucoup plus large que toute œuvre multipliée (une sérigraphie par exemple). Persuader, c'est aussi viser le plus grand nombre de gens possible.

Même si tout aboutit au livre, le livre en soi n'est rien. Il n'existe qu'en fonction du lecteur. L'art considéré comme un instrument de *connaissance* (et non pas d'*expression* ou de *communication*) abolit le statut de destinataire et opère un transfert des responsabilités créatives sur le sujet percevant / lisant. Dans le cinéma de Godard, l'important, « ce n'est pas l'identification avec les personnages de Godard, c'est de se projeter comme metteur en scène, à la place de Godard »[39]. Mallarmé conçoit le poème comme une partition musicale qui reste abstraite, lettre morte, tant qu'elle n'est pas jouée ou interprétée. Pour Rémy Zaugg, les rôles traditionnels peuvent être inversés : lire peut devenir un acte d'écriture, celui qui regarde une peinture peut être vu par le tableau, le public peut devenir auteur : « Le tableau tel que je l'imagine est [...] un instrument perceptif. C'est l'homme, le sujet percevant, qui en est l'auteur[40]. »

L'univers de Rémy Zaugg (de Jean-Luc Godard et de Stéphane Mallarmé), c'est celui où aucun sens définitif, aucun rôle rassurant n'est délivré au lecteur / spectateur qui, littéralement déboussolé, oscille ainsi entre séduction et frustration ; c'est celui qui permet « une réflexion des images du monde sur l'écran de nos consciences »[41] L'univers de Rémy Zaugg, c'est le nôtre.

De la méthode

Fibicher : Ces travaux sur le cube, que tu évoquais précédemment, existent encore ?

Zaugg : Certainement. Comme aussi le manuscrit de 1000 pages, dont les 200 pages de *La Ruse de l'innocence*, le livre sur les cubes de Judd, est un chapitre. Ce corpus traite justement des sens différents pris par une même chose placée dans des contextes différents. Cette question m'intéresse énormément. Comment un chat peut-il avoir l'air d'un chien dans certaines circonstances et comment, dans d'autres, un chien peut-il être tenu pour un éléphant ou pour un chat ? Il y a là de quoi ébranler nos certitudes. Soit l'exemple type de cette recherche. Voici un carré. Ce carré est un carré. Bien. Il n'y a pas là de quoi fouetter un chat. Face à ce carré, je peux dire : « C'est ce que c'est » sans risque de passer pour stupide. Mais si, à présent, mon objet de référence est un cube, je veux dire, si ma conscience est obsédée par le cube, que devient ce carré que je suis en train de percevoir ? Il cesse d'être une figure géométrique repliée sur elle-même, autarcique, pleine d'elle-même, qui ne renvoie qu'à elle-même et qui se présente elle-même, bêtement, littéralement, à la lettre. Dans le carré, je perçois un cube. La figure géométrique naïve n'est plus elle-même, elle s'est dédoublée, elle est devenue comme folle ou schizophrène. D'une part elle présente un carré qui est ici ; d'autre part elle représente un cube qui est ailleurs, quelque part. Elle est ce qu'elle est, à savoir un carré, mais elle prétend être aussi autre chose : un cube, un cube vu strictement de face et dont la face frontale antérieure empêche de voir les autres faces. Le carré est à présent un dessin figuratif, comme le dessin d'une tête, d'un arbre, d'un visage. La même chose est perçue de deux manières différentes. La même chose a deux identités distinctes. Jamais plus je ne verrai dans le carré un simple carré. Poursuivons la mise à mort par complexification de nos certitudes et de nos évidences. Le cube a six faces. Il a six mêmes faces carrées. Mettons sept mêmes carrés sur une paroi, à hauteur d'yeux, alignés sur une horizontale à intervalles réguliers. Le premier carré représente le cube vu de face ; les six autres mêmes carrés suivants représentent le cube vu de face ; les six autres mêmes carrés suivants représentent les six faces carrées du cube, ils constituent ce qu'on appelle le « développement du cube dans le plan ». Chaque carré représente une des faces du cube. La simple figure géométrique, le carré, possède à présent sept identités différentes. Ce qui était un et indivisible a proliféré. De fait, le carré a huit et non pas sept identités sémantiques : figure géométrique, cube vu de face, une des six faces du cube, une des six faces du cube, une des six faces du cube, une des six faces du cube, une des six faces du cube, une des six faces du cube. Dans le carré, je perçois huit choses différentes. Revenons à la paroi aux sept mêmes carrés. Le premier carré représente donc le cube. C'est clair, univoque et ne pose aucun problème particulier. Quant aux six carrés suivants, chacun d'eux représente une face du cube. Mais quelle face particulière représente chaque carré en particulier ? Les six faces du cube sont mêmes, les six carrés sont mêmes. Faudrait-il en conclure que n'importe quel carré représente n'importe quelle face ? Vu de face, le cube possède quatre faces verticales, soit une face antérieure, une face postérieure, une face latérale gauche et une face latérale droite ; et il possède deux faces horizontales, soit une face supérieure et une face inférieure. Les six mêmes faces sont singularisées et chacune est distincte de l'autre et de toutes les autres. Cette singularisation est due à la relation perceptive de qui voit le cube strictement frontalement. Comment chacun des six carrés strictement mêmes pourrait-il représenter une des six faces différentes du cube vu frontalement ? Puisque rien ne distingue les six mêmes carrés, n'importe lequel d'entre eux pourrait représenter une des faces singulières du cube vu. Le système de représentation serait aléatoire. Mais est-ce bien vrai ? Est-il exact que rien ne distingue les six carrés ? Les six mêmes carrés fixés à la paroi sont ordrés : celui de gauche est le premier carré, le carré perçu en premier, puisque nous lisons de gauche à droite. Les cinq autres suivent à la queue leu leu : le deuxième, le troisième, etc., le dernier, tout à droite, étant le sixième. Les six mêmes carrés sont ainsi singularisés par l'acte perceptif qui les numérote : carré 1, carré 2, carré 3..., jusqu'à carré 6. Carré 1 signifie face 1 ; carré 2, face 2 ; etc. Relativement au cube vu, face 1 se substitue à carré 1, face 2 à carré 2, face 3 à carré 3, etc. Existe-t-il une correspondance entre les carrés numérotés et les faces de la représentation du cube vu frontalement ? Est-ce que les six faces de la représentation du cube vu frontalement sont susceptibles d'être numérotées ? Quelle est la face 1 ? La face 1 pourrait être la face frontale antérieure, qui est la seule à être effectivement donnée à voir dans la représentation du cube. Et quelle est la face 2 ? Et la face 3 ? Etc.

F. Ces travaux sur les cubes ne datent-ils pas de l'époque de *Dedans-dehors. Dehors-dedans*, l'exposition que tu as faite au musée des Beaux-Arts de Bâle en 1972 ? Comment a-t-elle été reçue ?

Z. Oui. Après l'exposition, j'ai poursuivi ma réflexion et je me suis demandé pourquoi les visiteurs de l'exposition étaient restés perplexes et muets. L'absence totale de réponse ou de dialogue m'a interpellé. Il me fallait comprendre quelle avait été mon erreur. J'ai commencé par analyser le dernier des travaux réalisés qui figurait dans l'exposition. Il en résulta une critique constructive. De cette critique constructive, j'induisis un nouveau travail visuel. J'analysai à son tour ce nouveau travail visuel. À partir de la nouvelle critique contructive, je refis un nouveau travail, et ainsi de suite, pendant trois à quatre ans d'affilée. La méthode était aberrante : elle rendait impossible la création avec ses étonnements, ses surprises et ses découvertes imprévues. Mais enfin, je m'y suis astreint et j'ai appris énormément. Comme l'exercice était particulièrement pénible, je faisais encore d'autres travaux en parallèle, les tableaux bleus par exemple, pour lesquels j'usais d'une méthode de travail ouverte, plus subjective et plus intuitive. J'ai l'intention de ressortir prochainement ces travaux sur le cube et le manuscrit qui va avec. J'aimerais les terminer, c'est-à-dire les percevoir à nouveau, et publier les textes et les travaux perceptifs correspondants.

F. Tu as toujours recours à cette distance particulière que crée l'écrit pour analyser les choses, pour voir le monde et ton propre travail. Tu fais toujours tout passer par l'écriture.

Z. J'ai effectivement besoin de passer par le concret, et le texte est un témoin concret posé là, en face de toi, impitoyable. Une impression reste toujours vague et évanescente. La rêverie n'a jamais été un moyen actif et agressif ni un outil précis. L'écriture me permet de préciser les choses, de fixer les traces du parcours cognitif et de jauger la consistance d'une idée ou d'une réflexion. Elle m'aide à préciser mes pensées en me contraignant à insister, à ruminer, à remâcher, encore et encore, sans relâche.

F. Si j'ai dit que tout, chez toi, passe par le texte, j'aimerais quand même faire la part des choses. Dans tes textes — tes articles et tes livres —, le langage utilisé est très simple, précis. Tu dissèques une chose ou un phénomène comme ferait un chirurgien. Dans tes peintures incluant des textes, c'est le contraire. Les tableaux sont volontairement elliptiques ou ouverts.

Z. J'utilise l'écriture pour comprendre les choses, le tableau, lui, me sert à provoquer mon être perceptif, lequel s'aidera de l'écriture pour y voir plus clair. Il y a des gens qui trouvent ma méthode très rébarbative. Je les comprends. Il n'en va pas autrement pour moi. C'est difficile.

Rébarbatif, effectivement. Il est très peu agréable de recommencer à se poser toutes sortes de questions chaque fois qu'il faut se remettre à l'ouvrage. Mon travail d'artiste n'est pas une balade. Entretenir, développer, questionner sa relation perceptive avec le monde demande un effort. C'est un travail ingrat qu'il faut reprendre sans cesse et dont il faut accepter de n'en pouvoir apercevoir la fin. La relation perceptive avec le monde est un travail jamais terminé. On ne peut même pas parler d'échec, l'absence de fin est dans la nature de la chose : aussi longtemps que je vivrai, je percevrai et, ce faisant, je devrai prendre en compte les problèmes liés à ma perception. Dans les écrits, le verbe est discursif, cognitif, analytique, logique, rationnel ; il se constitue dans le temps, il est lent dans son devenir, il est patient, laborieux, assidu, humble. Dans les tableaux, le verbe est poétique, il se souvient du mythe ; il ne se constitue pas, il est. Il est et tout est dit dans la fulgurance de l'ici et maintenant et dans un désir irrationnel de la plénitude achevée et instantanée.

F. Tes écrits sont donc un prolongement de ton œuvre artistique. Dirais-tu que dans tes peintures, sérigraphies, objets, projets d'urbanisme etc. tu poses des questions, tandis que dans tes écrits tu proposes des réponses ?

Z. On peut voir la chose ainsi : les tableaux fonctionnent comme une provocation, le texte est le moyen d'en découdre. Les expériences faites durant ce va-et-vient incessant peuvent être extrapolées et appliquées à d'autres champs, au domaine de la ville, par exemple, ou à

EINEN APFEL BETRACHTEN,
EIN BILD VERDAUEN.

EIN SELBSTBILDNIS

la vie en général. C'est le but de l'art, je pense. L'art en soi n'est pas important. Il n'est qu'un terrain d'exercice pour la perception prise dans son sens le plus large. La perception n'est en effet pas que visuelle. Loin s'en faut. Le toucher, l'odorat, y jouent aussi un rôle déterminant. Et à côté des sens — non, pas « à côté », l'expression « à côté » pourrait donner à croire que c'est une chose accessoire et secondaire qui pourrait être ou ne pas être —, je dirai donc, pour être plus précis, qu'avec les sens il y a l'esprit, je dirai que corps et esprit sont confondus, je dirai que, dans la perception, corps et esprit copulent et forniquent dans un enlacement passionné où l'esprit semble se confondre avec le corps et le corps avec l'esprit. Voilà qui est plus juste et plus clair. La perception relève autant des sens que de l'esprit, de la mémoire, du contexte social, des intentions, des désirs, des fantasmes, bref, de tout ce qui distingue l'homme. La perception est l'expression par excellence de l'homme. Et l'œuvre d'art est ce qui exprime, mais aussi interroge et provoque la perception humaine. L'œuvre d'art sert à bâtir et à développer ma présence face à un objet, à une personne ou à une situation. L'œuvre d'art est pour moi un objet éminemment utilitaire, un objet de première nécessité.

F. L'ethnologue dirait que la tasse ou le chapeau servent aussi à gérer nos relations avec le monde, avec les choses et les hommes qui nous entourent.

Z. Avec la différence essentielle que nos relations, dans le cas de la tasse ou du chapeau, sont codifiées. L'œuvre d'art contemporaine, elle, ne propose pas de code connu a priori, même si l'observation de mes contemporains me prouve le contraire. L'œuvre d'art exige un engagement total de qui la perçoit, plus, elle force à *inventer* la relation avec elle. L'absence de code préétabli fait appel à la responsabilité du sujet percevant. D'où le musée tel que je l'imagine : un lieu d'apprentissage de la responsabilité.

Reflets

Le regard et la mort forment un couple indissoluble, comme la thèse et l'antithèse. Ne ferme-t-on pas les yeux à un mort ? Ne considère-t-on pas la mort comme un monde invisible ? Dans l'oxymoron VOIR MORT, la mort n'est pas, comme dans la philosophie déterministe, le contraire de la liberté ou du libre-arbitre, ni le contraire de l'individualité (la mort étant considérée comme un facteur de nivellement total) ; la mort n'est pas non plus le contraire de la vie (ou de la survie — *Fortleben* —, au sens de vie éternelle), mais bien l'envers de la vision.

Michel Foucault, dans la préface de son ouvrage sur la naissance de la méthode clinique en médecine, lie d'emblée de manière fondamentale les deux concepts : « Il est question dans ce livre de l'espace, du langage et de la mort ; il est question du regard[42]. » Et d'expliquer plus loin : « La constitution de l'anatomie pathologique à l'époque où les cliniciens définissaient leur méthode n'est pas de l'ordre de la coïncidence : l'équilibre de l'expérience voulait que le regard posé sur l'individu et le langage de la description reposent sur le fond stable, visible et lisible, de la mort[43] » Le dynamisme du regard scrutateur — la curiosité clinique — impliquerait donc, pour des raisons d'« équilibre », un objet facilement observable, c'est-à-dire divisible en ses moindres composants et à cet effet surtout *immobile*. Une perception visuelle efficace ne peut s'opérer que sur un objet préalablement mortifié.

L'opposition entre projet et inertie, entre VOIR et MORT rappelle enfin, sous la forme la plus condensée qui soit, l'organisation dualiste des pulsions selon Freud : *Eros*, libido, pulsion de vie et *Thanatos*, pulsion de mort, anti-sexuelle, destructrice. L'on sait que Freud n'a développé le second concept que fort tardivement (après 1920), probablement sous l'influence de la Première Guerre mondiale et suite à différents décès dans sa famille ; cette notion s'imposa néanmoins à son système de pensée pour des raisons d'« équilibre » avant tout. Le concept de *Todestrieb* fut tout de suite largement contesté ; très peu de psychanalystes l'ont repris et développé. André Green a récemment établi un lien entre la théorie du narcissisme et celle des pulsions de mort, en postulant un narcissisme négatif qui tendrait à l'abolition du Moi dans l'aspiration au néant[44]. Il rappelle très justement que le narcissisme est d'abord un problème lié au *regard*. L'image (dans le contexte du rêve), le regard et toutes les sortes de pathologies de la vision sont en effet au centre des préoccupations de Freud. Faut-il insister sur le fait que l'un des textes à son avis le plus satisfaisant était « Un souvenir d'enfance de Léonard de Vinci » ? André Green écrit que chez Freud, « [...] l'opposition de deux types de choix d'objet et le matériel qui fournit au narcissisme sa justification sont liés au regard : conflit de Léonard entre son activité de peintre liée à la scopophilie et son extraordinaire curiosité intellectuelle dérivant de l'épistémophilie, elle-même un avatar de la précédente. Le regard de la Joconde serait alors d'une tout autre importance que le vautour trompeur (dont Freud ne fut d'ailleurs pas le découvreur). Les yeux d'Argos vous suivent partout au-dessus du ténébreux sourire[45]. » Freud veut nous montrer que ce sourire accueillant de la mère s'accompagne toujours de la peur de perdre la mère, que la contemplation se heurte à l'objet contemplé qui nous renvoie son regard inquisiteur. Voir est toujours assorti de la peur de ne pas pouvoir *tout* voir ou de ne *plus* voir. Voir et mort sont toujours interdépendants. Dans le narcissisme se rejoignent justement le désir (de voir et de connaître) et l'immobilité, l'imagination centrée sur elle-même et l'imagination ouverte.

Si le principe de la mort comme degré zéro d'excitation postule l'érotisation du regard, une telle affirmation de Rémy Zaugg ne paraît nullement surprenante : « Le sexe nous travaille de part en part, partout et toujours, le jour et la nuit, à tout instant. Nous lui appartenons, il nous habite, nous sommes son lieu, sa maison et les serviteurs de cette maison, que nous *regardions* une pomme posée sur une table, les branches tortueuses d'un arbre, le bleu du ciel ou un sexe érigé. L'ignorer, c'est nous refuser nous-mêmes à nous-mêmes[46]. » Quant à la pulsion de mort, nulle trace explicite dans les écrits de Zaugg : « refoulement », dirait le psychanalyste. Le parcours de son œuvre par contre est jalonné d'images ou d'évocations de mort — depuis l'étude faite en 1970 sur l'extermination des sorcières jusqu'aux différents VOIR MORT dans les années quatre-vingt-dix, en passant par la fascination obsessionnelle par un tableau de Cézanne portant le titre *La Maison du pendu* !

Les pulsions de vie et de mort sont synthétisées dans le mythe de Narcisse. Étymologiquement, Narcisse vient de *narké*, engourdissement, sommeil, mort (narcose). Narcisse, c'est surtout l'histoire d'un regard érotico-intellectuel. La figure de Narcisse est indissolublement liée aux notions de réflexion, de découverte « voyeuriste » et de connaissance (de soi). Le miroir n'est qu'une surface réfléchissante ; il ne fait que refléter une image, passivement ; il n'existe qu'en fonction de la personne qui s'y projette. Mais face à cette image de soi-même, on ne peut rester indifférent. Une interaction s'instaure entre Moi et l'image d'un Autre dont les identités finiront fatalement par se confondre. Le miroir (dont l'analogie avec l'eau est tout à fait explicite dans le mythe de Narcisse) s'ouvre donc sur les profondeurs du Moi, devient espace de réflexion et de réflexivité. Dans le chapitre V des *Réflexions sur et d'une feuille de papier* intitulé « Alberti II », où apparaissent les premiers textes, les allusions — non seulement au verre de la fenêtre d'Alberti (le tableau en tant que fenêtre ouverte sur le monde), mais surtout au miroir — sont on ne peut plus évidentes : « Verre, air, transparence, présence » puis « Reflet ». La liste des dix métaphores qualifiant le « flatteur » tirées d'un essai de Plutarque dans le chapitre XIX des *Réflexions*, intitulé justement « Le flatteur », contient deux termes (« l'eau » et « un miroir ») qui affichent clairement le caractère auto-réflexif non seulement de ce long exercice que constitue la suite des *Réflexions*, mais la démarche de Rémy Zaugg tout court. Pour Zaugg, l'œuvre d'art est un instrument devant permettre la perception et donc la connaissance de soi et du monde : « Le sujet ne perçoit pas seulement l'objet auquel il fait face. Il saisit également, dans un mouvement de dédoublement réflexif et critique, sa propre perception de l'objet en tant qu'acte et en tant que résultat. Il perçoit l'objet, il perçoit l'objet perçu en devenir dans son acte perceptif, mais pour y parvenir, il se perçoit nécessairement lui-même en tant que sujet singulier percevant un objet, lui, également singulier[47]. » L'œuvre d'art fonctionnerait donc comme un miroir, surface réfléchissante dont le but serait d'instaurer un travail de prise de conscience. L'œuvre d'un autre artiste peut tout aussi bien remplir cette fonction. En 1984, Rémy Zaugg observe Ulay et Abramović lors de leur performance *Nightsea Crossing* au Forum à Middelburg tout en s'observant en tant qu'observateur observé à son tour par le public qui se trouve dans son dos. Cet acte d'observation a donné lieu à un travail intitulé *The Observer* qui existe sous forme d'une vidéo et d'un texte. Dans ce texte, Zaugg écrit : « L'œuvre [...] possède une conscience, et une conscience semblable à celle de l'observateur. Cette conscience, inhabituelle et inattendue dans une œuvre d'art, surprend. Elle contraint. La conscience de l'observateur se heurte à la conscience de l'œuvre. Elle s'y réfléchit. Elle prend, de par elle, en elle, conscience de ce qu'elle est elle-même, comme elle prend conscience de la conscience de l'œuvre, dont la présence consciente est obsédante. L'observateur voit dans la conscience de l'œuvre non seulement un reflet de sa propre conscience, mais aussi le reflet de la conscience des spectateurs présents dans son dos, qu'il entend et dont il n'ignore pas qu'ils regardent, qu'ils observent, qu'ils l'observent observer, et dont il sait qu'ils observent ce que lui, l'observateur exposé, observe[48]. » Par rapport aux expositions de Balthasar Burkhard à la Kunsthalle de Bâle et de Pierre Klossowski que Zaugg a choisies comme matière première pour y exercer son (fonctionnement du) regard, l'artiste avoue : « Dans les tableaux de Pierre et de Balthasar, je ne peux pas me *reconnaître,* je peux me *connaître*[49] ». La relation *regardant-regardé,* le couple *voir-être vu* est une composante fondamentale de la constitution du Moi, du sujet percevant conscient. Cette relation passe inévitablement par le stade « narcissique » du miroir.

Le miroir, disions-nous, est une surface de projection du Moi et du monde. Bachelard a superbement décrit le « narcissisme cosmique » en s'imaginant que Narcisse ne se contemple pas tout seul dans l'eau, mais qu'il se voit entouré des reflets de l'univers. De même, la perception subjective et réflexive est considérée par Maurice Merleau-Ponty comme une modalité fondamentale de l'existence, de l'inscription au monde : « La tâche d'une réflexion radicale, c'est-à-dire de celle qui veut se comprendre elle-même, consiste, d'une manière paradoxale, à retrouver l'expérience irréfléchie du monde, pour replacer en elle l'attitude de vérification et les opérations réflexives, et pour faire apparaître la réflexion comme une des possibilités de mon être. Qu'avons-nous donc au commencement ? Non pas un multiple donné avec une aperception synthétique qui le parcourt et le traverse de part en part, mais un certain champ perceptif sur fond de monde[50]. »

Les œuvres peintes (et sérigraphiées) de Rémy Zaugg présentent mainte analogie avec le miroir. De même que le miroir est d'abord l'absence d'une image propre, de même les peintures de Zaugg se caractérisent d'emblée par l'absence d'une « image » donnée. Elles ne représentent rien — pour n'être que pure présence. « Mon tableau soi-disant vide veut être un écran de projection pour l'imaginaire en train de devenir » ou se propose « comme un lieu de projection à l'imaginaire de l'homme qui lui fait face »[51], déclare Zaugg. Rappelons à cet égard que pour Jacques Lacan, le « stade du miroir » a pour fonction l'instauration du monde de l'imaginaire. Et « l'homme qui fait face » au tableau vide d'images de Zaugg ne peut qu'éprouver un sentiment similaire à celui qui se produit devant un miroir. Pour André Green, il existe un narcissisme (« négatif ») qui investit dans le « blanc », notion « qui signifie espace inoccupé (non imprimé, par exemple pour la signature d'un formulaire ou la somme, pour un chèque en blanc, carte blanche), vide. »[52]. C'est là le potentiel contenu dans le miroir, le regard projeté sur cette image virtuelle. Dans l'œuvre de Rémy Zaugg se dissimule la figure de Narcisse. Chaque peinture ou sérigraphie révèle un miroir dans lequel s'abîme un regard sur fond de néant et de mort.

Ces conversations et commentaires, tenus et rédigés originellement en français, ont paru en allemand dans le livre de B. Fibicher et R. Zaugg, Reflexionen von und über Rémy Zaugg *(Berne, Kunsthalle, 2000).*

RÉMY ZAUGG
N.T.85A, 1999-2000
(ÉLÉMENT D'UN TRIPTYQUE)
*[ET SI /LA MORT /J'ÉTAIS //
YEUX /AVEUGLES]*
ALUMINIUM, PEINTURE AU
PISTOLET, LETTRES
SÉRIGRAPHIÉES, VERNIS
TRANSPARENT
268,8 x 240,0 x 4,0 CM
PHOTO ROLAND AELLIG

Notes

1. Rémy Zaugg, *Conversations avec Jean-Christophe Ammann*, Dijon, art et art, 1990.

2. Claude Simon, « La fiction mot à mot », *Nouveau Roman : Hier, aujourd'hui* (Actes du colloque de Cerisy), tome 2 : *Pratiques*, Paris, Union générale d'Édition, 1972, p. 97.

3. Alain Robbe-Grillet, *Pour un nouveau roman*, Paris, Gallimard, 1963, p. 42.

4. Rémy Zaugg, *Personne*, Dijon / Paris, Les Presses du réel, 1990, p. 58.

5. *Ibid.*, p. 59.

6. Michel Mansuy, « L'imagination dans le Nouveau Roman », *Nouveau Roman : hier, aujourd'hui, op. cit.*, tome 1 : *Problèmes généraux*, p. 83.

7. A. Robbe-Grillet, *Pour un nouveau roman, op. cit.*, p. 42.

8. R. Zaugg, *Personne, op. cit.*, p. 59.

9. Tom Bishop, « L'image de la création chez Claude Simon », *Nouveau Roman : hier, aujourd'hui*, tome 2 : *Pratiques, op. cit.*, p. 63.

10. Claude Simon, *Le Vent*, [1957], Paris, Minuit, 1975, p. 9-10.

11. R. Zaugg, *Personne, op. cit.*, p. 59.

12. *Ibid.*, 59.

13. Jean Ricardou, *Pour une théorie du nouveau roman*, Paris, Seuil, 1971, p. 23-24.

14. Voir à ce propos Oswald Ducrot, *Dire et ne pas dire, principes de sémantique linguistique*, Paris, Hermann, 1972.

15. Umberto Eco, *Lector in fabula ou la coopération interprétative dans les textes narratifs*, traduit de l'italien par M. Bouzaher, Paris, Grasset, 1985, p. 65.

16. Michael Fried, *La Place du spectateur*, traduit de l'anglais par C. Brunet, Paris, Gallimard, 1990, p. 149.

17. *Ibid.*, p. 156.

18. Il est important de noter que le *Bélisaire* figurait au livret du Salon de 1781 avec l'indication de ses dimensions : « dix pieds carrés ».

À l'origine, il fut donc de format carré (314 x 324 cm).

19. Rémy Zaugg, « Construire un lieu public de l'œuvre d'art », *Cahiers du Musée national d'art moderne*, n° 17 / 18, Paris, Centre Georges Pompidou, 1986, p. 43.

20. *Ibid.*, p. 45.

21. Rémy Zaugg, « La ruse de l'innocence, chronique d'une sculpture perceptive », *Écrits complets*, Dijon / Paris, Presses du réel, 1997, vol. 5.

22. Textes de peintures de Rémy Zaugg.

23. Rémy Zaugg, « Der Ort des Kunstwerks », in : *Rémy Zaugg. Vom Bild zur Welt*, éd. Eva Schmidt, Cologne, Verlag Walther König, 1993, p. 24.

24. Alain Bergala (dir.), *Jean-Luc Godard par Jean-Luc Godard*, Paris, Cahiers du Cinéma, 1985, p. 289.

25. Rémy Zaugg, « Berlin / Fragments, 1987-1988 », reproduit au verso de la couverture du catalogue *Rémy Zaugg. Réflexions sur et d'une feuille de papier*, éd. Theodora Vischer, Bâle, Öffentliche Kunstsammlung, 1993.

26. A. Bergala (dir.), *Jean-Luc Godard par Jean-Luc Godard, op. cit.*, p. 265.

27. Stéphane Mallarmé, « Conflit », *Œuvres complètes*, éd. Henri Mondor et G. Jean-Aubry, Paris, Gallimard / Pléiade, 1945, p. 358.

28. Rémy Zaugg, *Conversations avec Jean-Christophe Ammann, op. cit.*, p. 190.

29. Voir à ce sujet Yve-Alain Bois, « Painting : The Task of Mourning », *Painting as Model*, Cambridge, Mass., The MIT Press, 1990, p. 229-244.

30. Rémy Zaugg, « Berlin / Fragments, 1987-1988 », *op. cit.*

31. Roland Barthes, *Le Plaisir du texte*, Paris, Seuil, 1973, p. 25-26.

32. Stéphane Mallarmé, « Crise de vers », *Œuvres complètes, op. cit.*, p. 366.

33. R. Barthes, *Le Plaisir du texte, op. cit.*, p. 80.

34. Rémy Zaugg, « La ruse de l'innocence... », *op. cit.*

35. Jean-Luc Douin, *Jean-Luc Godard*, Paris, Rivages, 1989, p. 47.

36. Rainer Borgemeister, in *Rémy Zaugg. Réflexions sur et d'une feuille de papier, op. cit.*, p. 252.

37. S. Mallarmé, « Quant au livre », *Œuvres complètes, op. cit.*, p. 369.

38. J.-L. Douin, *Jean-Luc Godard, op. cit.*, p. 11.

39. *Ibid.*, p. 8.

40. Rémy Zaugg, *Voir mort. 28 tableaux*, Lucerne, Galerie Mai 36, 1989, p. 65.

41. Selon une expression de Jean-Luc Douin dans *Jean-Luc Godard, op. cit.*

42. Michel Foucault, *Naissance de la clinique. Une archéologie du regard médical*, Paris, P.U.F., 1963, p. V (introduction).

43. *Ibid.*, p. 200.

44. L'ouvrage de André Green (*Narcissisme de vie, narcissisme de mort*, Paris, Minuit, 1983) fait le point sur vingt ans de recherches autour de ce problème.

45. A. Green, *Narcissisme de vie, narcissisme de mort, op. cit.*, p. 33.

46. R. Zaugg, *Conversations avec Jean-Christophe Ammann, op. cit.*, 1990, p. 222 ; c'est moi qui souligne. Notons au passage que Rémy Zaugg « souffre », selon des critères freudiens, des mêmes symptômes que Léonard de Vinci : scopophilie, épistémophilie.

47. *Ibid.*, p. 168.

48. R. Zaugg, *L'Observateur*, 1985, texte original inédit.

49. Catalogue *Balthasar Burkhard*, Kunsthalle de Bâle, 1983, p. 30.

50. Maurice Merleau-Ponty, *Phénoménologie de la perception*, Paris, Gallimard, 1953, p. 278-79.

51. R. Zaugg, *Personne, op. cit.*, p. 56.

52. A. Green, *Narcissisme de vie, narcissisme de mort, op. cit.*, p. 155.

Bernard Fibicher, historien de l'art, a été conservateur du musée cantonal des Beaux-Arts de Sion, puis conservateur au Kunsthaus de Zurich. Il est depuis 1997 directeur de la Kunsthalle de Berne.

FRANCIS PICABIA
UDNIE, 1913
HUILE, TOILE, 300 X 300
PARIS
CENTRE GEORGES POMPIDOU
MNAM-CCI

Arnauld Pierre

Picabia, danse, musique : une clé pour Udnie

La remarque n'est bien sûr pas à prendre trop au sérieux, mais on pourrait se dire que c'est en partie par l'effet d'une heureuse consonance que la critique *moderniste* a longtemps réussi à imposer sa construction historique comme le reflet le plus fidèle de l'entier projet de la *modernité* artistique, ce tour de passe-passe sémantique ayant peut-être été un moyen, délibéré ou non, de suggérer que le modernisme recouvrirait idéalement toute l'histoire de l'art dit moderne. Le discours moderniste a ainsi décrit le processus par lequel la peinture, depuis Manet et l'impressionnisme, s'est faite de plus en plus abstraite afin d'affirmer plus fortement les limites matérielles inéluctables de son médium spécifique, et avant tout sa planéité, assurée par l'inscription strictement optique de la couleur, à l'exclusion de toute suggestion d'espace tactile et tri-dimensionnel. En décrivant la peinture retranchée sur son domaine de compétence propre, conquérant de cette manière son autonomie et sa pureté quintessentielle, le modernisme s'appuyait en outre sur une conception de la perception située dans le droit-fil de la tradition de la « pure visibilité »[1] inaugurée par Konrad Fiedler, qui fait un partage sévère entre les différents cantons de la sensorialité, réservant la peinture à la prise visuelle et à elle seule : « Que l'art visuel se confine exclusivement à ce qui est donné dans l'expérience visuelle et ne se réfère à rien qui soit donné dans des expériences d'un autre ordre[2]... »

Ce faisant, la théorie moderniste barrait le chemin à la compréhension d'une tout autre tradition du développement de l'art moderne, et de la peinture abstraite en particulier, qui se fonde au contraire sur l'essentielle solidarité des formes d'expression artistique entre elles et, corrélativement, sur la collaboration de toutes les composantes du *sensorium* dans l'élaboration de la perception. Cette solidarité pouvant connaître plusieurs degrés d'accomplissement, depuis la simple reconnaissance théorique d'une possible analogie d'un art à l'autre (entre la peinture et la musique dans le cas le plus fréquent) jusqu'à l'établissement de correspondances étroites entre les sensations elles-mêmes, sans oublier le stade suprême de la véritable synesthésie, à savoir la faculté, éventuellement pathologique, de percevoir simultanément, accompagnant la sensation première, une sensation en provenance d'un autre domaine sensoriel — par exemple la vision d'une couleur éveillant une sensation auditive, ou inversement. Quelle que soit l'intensité de ces solidarités, et les modalités qu'elles revêtent, le plus important dans ce domaine étant bien d'admettre, avec Baudelaire, qu'en tout état de cause «ce qui serait vraiment surprenant, c'est que le son *ne pût pas* suggérer la couleur, que les couleurs *ne pussent pas* donner l'idée d'une mélodie, et que le son et la couleur fussent impropres à traduire des idées; les choses s'étant toujours exprimées par une analogie réciproque, depuis le jour où Dieu a proféré le monde comme une complexe et indivisible totalité[3]. »

Arnauld
Pierre

Musique

Le modernisme dans sa version greenbergienne n'est cependant pas entièrement dépourvu de fondements dans la réalité historique du développement de la modernité ; le thème de la « peinture pure », prégnant dans les premières années du xxᵉ siècle, est là pour le rappeler. Il est prépondérant dans la critique d'Apollinaire, où sa progressive élaboration trahit tout l'ascendant intellectuel de Robert Delaunay ; celui-ci, après en avoir brièvement discuté avec Kandinsky qui lui avait envoyé un exemplaire de son *Über das Geistige in der Kunst*, paru en 1912, écarte volontairement l'hypothèse des synesthésies son-couleur pour se recentrer sur l'invention d'un langage coloré spécifiquement destiné à l'approfondissement des phénomènes lumineux et visuels, un art fondé sur « la primauté sensitive de l'œil »[4]. Il n'en reste pas moins, pour ajouter à la confusion qui entoure cette notion à l'époque, que le vocabulaire de la « pureté », de l'« art pur » et de la « peinture pure » est aussi abondamment mobilisé par les adeptes des correspondances et les tenants de la fusion des arts lorsqu'ils mesurent leurs propres moyens à l'aune de la pureté idéale du matériau musical — c'est-à-dire lorsqu'ils désignent ses qualités abstraites, non précisément évocatrices d'images figuratives, et qu'ils en cherchent l'équivalent pictural : *ut musica pictura*. C'est le cas, exemplaire, du peintre Henri Valensi demandant en 1913 dans un texte qui ne constitue chez lui qu'une première étape vers la fondation de sa doctrine musicaliste : « Pourquoi ne pas concevoir alors une "peinture pure" ? De même que le musicien a ses notes, pourquoi ne pas supposer que la couleur, par sa force intrinsèque, puisse exprimer la pensée du peintre ? [...] Il faut (comme en musique) rechercher l'harmonie des couleurs qui traduisent la pensée[5]. »

Cette interrogation, beaucoup de ses contemporains étaient alors capables de la formuler — et en termes souvent fort proches. Ainsi Max Goth dans *Les Hommes du jour* en date du 26 octobre 1912 : « Pourquoi n'affranchirait-on pas la peinture de l'obsédante reproduction des formes matérielles ? Oui, pourquoi ? Mais, d'abord, jugez-vous possible un rapprochement, une identification même de la peinture et de la musique ? Si vous voulez bien admettre que la peinture peut ne viser qu'à produire des sensations par les couleurs et les lignes, exactement comme la musique, par les sons, nous parviendrons peut-être à nous entendre[6]. » La question que pose ici cet auteur est celle d'une possible intégration des arts sous l'égide de la musique, dont l'exemple paradigmatique serait capable de redessiner les frontières traditionnelles entre les arts et surtout de les rendre plus poreuses ; elle accompagne de nombreuses recherches picturales vers l'abstraction — dont celle de Francis Picabia, à propos duquel ces lignes sont justement écrites : Max Goth poursuivait en citant l'exemple de trois toiles non figuratives de Picabia alors exposées au Salon de la Section d'or à la galerie La Boétie (du 10 au 30 octobre), dont l'une au moins portait un titre faisant explicitement référence à un thème musicaliste : *Musique de procession*[7]. Auparavant, d'autres soutiens de Picabia avaient déjà cherché à situer ses accomplissements dans le contexte d'un art de correspondances musicales ; c'est le cas du peintre Pierre Dumont, exposant lui-même de la Section d'or, organisateur des expositions de la Société normande de Peinture moderne qui accueillait les œuvres de Picabia en leur sein depuis 1909, et qui déclarait, quelques mois avant Max Goth : « M. Francis Picabia veut, parallèlement aux cubistes, nous communiquer une émotion artistique nouvelle en s'exprimant par des harmonies de couleurs et des recherches des formes ordonnées, sensation en quelque sorte proche parente de celle qui nous vient d'une audition musicale[8]. » L'existence d'une constellation Goth-Dumont-Valensi-Picabia sera d'ailleurs bientôt reconnue par Apollinaire, qui ajoutera *in extremis* dans ses *Peintres cubistes* les trois premiers noms à celui de Picabia, déjà situé en bonne place dans la tendance «orphique» du cubisme[9] — et ce en dépit de l'attitude nettement dubitative qu'il affiche à l'égard des prétentions synesthésiques de l'art de ce dernier[10].

On a beaucoup prêté, dans l'élaboration des justifications musicalistes de l'abstraction picabienne, à l'influence de sa propre épouse, la musicienne Gabrielle Buffet. Leur rencontre à la fin de l'année 1908 coïncide avec le début de l'évolution qui mène l'artiste de son impressionnisme virtuose à ses premières œuvres abstraites ; l'ancienne élève de Vincent d'Indy à Paris puis de Ferruccio Busoni à Berlin s'implique alors aux côtés de son mari et des cubistes pour l'affirmation de nouvelles valeurs esthétiques en se situant sur le terrain qu'elle connaît le mieux, la musique, dénonçant les tendances descriptives et littéraires de l'«impressionnisme musical»[11], réclamant pour le musicien qu'il découvre «la forme des sons en dehors de la convention musicale» — et, ajoute-t-elle, «ceci est, après tout, aussi vraisemblable, que de voir la peinture abandonner la représentation objective, pour s'échapper dans le domaine de la spéculation pure[12]». Car Gabrielle Buffet ne s'est pas limitée au rôle de spécialiste des questions musicales ; elles les a étroitement liées à l'évolution contemporaine de la peinture, s'attribuant rétrospectivement une part importante dans les débats esthétiques que pouvaient avoir Picabia et Apollinaire : «N'est-il pas rationnel, disais-je à mon tour, d'envisager une utilisation de la couleur et de la forme pure qui soit dans le domaine visuel ce que la musique est dans le domaine sonore[13] ?» — mais on a vu quel cas, à l'inverse de ce que laisse entendre Gabrielle à la suite de ce passage, le poète faisait de ce genre d'idées.

Quoi qu'il en soit de son rôle exact, Gabrielle est bien aux côtés de Picabia lorsque se renforce ce type d'argumentation à l'occasion du voyage qu'ils effectuent à New York au début de

FRANCIS PICABIA
PROCESSION À SÉVILLE, 1912
HUILE, TOILE, 120 x 120
NEW YORK, COLLECTION
PARTICULIÈRE

l'année 1913 (du 20 janvier au 10 avril) pour assister à l'ouverture de l'«International Exhibition of Modern Art», passée à l'histoire sous le nom d'Armory Show, où Picabia présentait quatre toiles de 1912 (*Paris, Souvenir de Grimaldi, Danses à la source* et *Procession à Séville*). Parce qu'il est le seul représentant de l'art moderne européen à avoir fait le déplacement, parce que ses toiles sont celles, avec *Nu descendant un escalier* de Marcel Duchamp, qui provoquent les réactions les plus vives dans le public, Picabia, «le plus grand esprit du nouveau mouvement»[14], est fréquemment sollicité par la presse en quête d'explications ; ce qui nous vaut aujourd'hui un très précieux et volumineux corpus de déclarations et de propos rapportés où Gabrielle, grâce à l'excellente maîtrise de la langue dont la crédite un journaliste du *New York Tribune*, occupe une position de relais privilégiée[15] — quand elle ne prend pas la parole ou la plume elle-même[16].

Nous les modernes, si c'est ainsi que vous nous considérez, nous exprimons l'esprit des temps modernes, du XXᵉ siècle. Et nous l'exprimons sur la toile de la même façon que les grands compositeurs l'expriment dans leur musique. Dans la musique, nous ressentons la tragédie de la vie, nous entendons le roulement des tambours appelant à la bataille, nous éprouvons chaque émotion humaine. Nous éprouvons ces émotions, nous n'avons pas besoin de les voir visualisées devant nous. Un spectacle d'opéra, qui matérialise à notre intention la pensée qui était dans l'esprit de son créateur, n'est pas l'expression la plus haute de la musique. Les anciennes écoles artistiques qui nous font visualiser chaque détail sont à la peinture ce que l'opéra est à la musique[17].

Si l'affirmation de cet art musicalisé prend un tour si lyrique dans de nombreuses déclarations de Picabia à New York, c'est qu'il s'agit pour le peintre de réagir à l'impact puissant du spectacle entièrement nouveau auquel il est brutalement confronté, et d'accorder ses moyens à la démesure de la réalité dont il fait l'expérience : celle de la ville moderne. Pour évoquer « la cité cubiste, la cité futuriste »[18] qu'il découvre, Picabia rappelle à lui non seulement le ton mais aussi les images et le vocabulaire de la poétique de la modernité telle que la mettaient en place dans ces années-là les avant-gardes futuristes, paroxystes ou unanimistes. Tous leurs thèmes sont présents dans l'évocation du peintre : la foule, sa fébrilité, son cosmopolitisme babélien, la nuit illuminée par l'électricité, les transports trépidants, les majestueux mouvements portuaires, l'architecture verticale :

Je vois vos formidables gratte-ciel, vos buildings colossaux, vos merveilleux métros, de tous côtés des milliers de preuves de votre immense richesse. Les dizaines de milliers d'employés et d'ouvriers, de vendeuses vives et délurées, tous se hâtant vers leur but. Je vois la nuit, la foule des spectateurs de théâtre, étincelante, frémissante, souriante de plaisir, habillée avec chic. Vous avez, là encore, l'esprit de la modernité. [...] Je remonte à pied depuis la Battery jusqu'à Central Park. Je me mêle à vos ouvriers comme à vos mondaines de la Cinquième Avenue. Mon esprit s'imprègne de chaque mouvement ; la course affairée des premiers, leur hâte fébrile, le matin, à atteindre leur lieu de travail, et, le soir, leur hâte non moins grande à regagner leur foyer. [...] J'entends parler toutes les langues du monde, le débit haché des New-Yorkais, les cadences douces des Latins, le lourd grondement des Teutons, et dans mon âme leur ensemble demeure comme celui d'un vaste opéra. La nuit, je contemple depuis votre port vos buildings géants. Je vois votre ville comme une ville de lumières aériennes et d'ombres ; vos ombres, ce sont les rues. Votre port, en plein jour, offre le spectacle de bateaux venus du monde entier, les pavillons de tous les pays ajoutent leurs couleurs à celles de votre ciel, de vos eaux, aux coques peintes de toutes tailles[19].

Or il se trouve que l'expérience de cette réalité immense et complexe, où chacun des sens s'est vu tour à tour sollicité, ne se réduit justement pas à une somme d'expériences visuelles — de toute manière trop nombreuses, trop rapides, trop fugitives pour que la conscience puisse durablement les fixer. La rétine est impuissante à enregistrer tant d'images, d'autant que la réalité de la ville moderne ne se propose justement pas seulement sous forme d'images, mais aussi de sensations d'origines diverses et d'impressions qui passent par les canaux plus obscurs de l'intuition et de la sensibilité. « Les défenseurs du nouvel art, dit ailleurs Picabia, cherchent à exprimer ce qu'il y a sous la surface, ce qui n'est pas perceptible à l'œil ni aux sens[20]. » Du reste, le peintre avait tenu, dans le passage précédent, à interrompre l'épanchement de son exaltation pour préciser : «Mais moi, je ne peins pas ce que voient mes yeux. Je peins ce que voit mon esprit, ce que voit mon âme[21]. » On pourrait dire que les motifs fournis par la ville moderne agissent un peu à la manière des stupéfiants que le peintre consommait dans les frasques où Apollinaire l'accompagnait; ils éveillent des «impressions» profondes, des «sentiments intérieurs», des «états d'âme», des «états subjectifs, émotionnels, mentaux» — le registre lexical de Picabia est très étendu dans ce domaine, et se répète de textes en entretiens — qui constituent en vérité le seul vrai sujet de l'œuvre.

Quelle peinture alors saura orchestrer les impressions et les «états d'âme» suscités par la cité futuriste ? Ce sera précisément une orchestration de tons et de formes, un art musicalisé dont la définition, si elle n'est jamais clairement exprimée chez Picabia, semble admettre implicitement que le langage musical serait le mieux à même de donner accès à la vision intérieure de l'artiste : «J'absorbe ces impressions. Je ne suis pas pressé de les mettre sur la toile. Je les laisse se déposer dans mon cerveau et puis, quand l'esprit de la création m'inonde, j'improvise mes tableaux comme un musicien improvise sa musique. Les harmonies de mes études naissent et prennent forme sous mon pinceau tout comme les harmonies du musicien naissent sous ses doigts. Sa musique vient de son cerveau et de son âme tout comme mes études viennent de mon cerveau et de mon âme[22]. » Les «études» auxquelles Picabia fait ici référence désignent l'ensemble de gouaches abstraites qu'il expose, dans la foulée de l'Armory Show, à la Little Gallery d'Alfred Stieglitz (du 17 mars au 5 avril 1913). Réalisées sur place, dans une chambre d'hôtel aménagée en atelier, elles renvoient par leurs titres, de manière très large à *New York*, ou bien à des épisodes plus particuliers de sa découverte de la ville, par exemple la fréquentation des clubs de jazz dans les deux *Chansons nègres*,

FRANCIS PICABIA
*DANSEUSE ÉTOILE ET
SON ÉCOLE DE DANSE*, 1913
AQUARELLE, PAPIER
55,9 x 76,2
NEW YORK, METROPOLITAN
MUSEUM OF ART

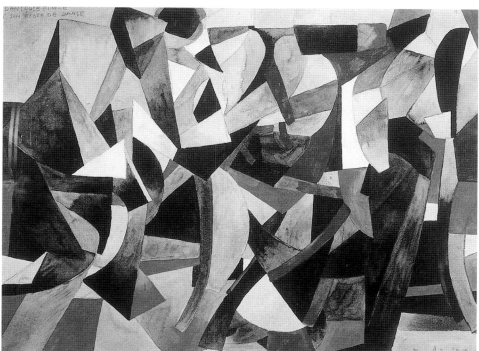

thème justement « musicaliste », voisinant avec celui de la danse dans d'autres œuvres, comme *Danseuse étoile et son école de danse* — sans perdre de vue, comme nous en prévient cette fois-ci Gabrielle Buffet dans un article de *Camera Work* qui reprend toute l'argumentation psychologisante de Picabia (à moins, bien sûr, qu'elle n'en soit l'inspiratrice...), que « le titre ne représente que l'état d'esprit, l'émotion qui a poussé l'artiste à désirer et à exprimer un certain équilibre artistique », en se fondant sur « la valeur expressive de la ligne et de la couleur », qui est « aussi logique que celle du son » ; de sorte que si Picabia « intitule quelques-unes de ses récentes aquarelles *New York* et *Chansons nègres*, c'est seulement parce qu'il transcrivit sa sensation de la ville ou les rythmes bizarres du ragtime[23] ». Quant à l'énigmatique *La Ville de New York vue à travers le corps*, si l'on peut l'interpréter, avec Linda D. Henderson, dans le contexte de la fascination des contemporains pour les rayons X[24], il est également loisible, à la lumière de ce qui vient d'être dit, d'y voir une référence à un mode élargi de la perception où joueraient plus activement l'ensemble des fonctions corporelles sensori-motrices, les sensations corporelles et musculaires excitées par le dynamisme de la ville : rappelons le long passage déjà cité où Picabia ne décrit pas à distance le spectacle de la ville, mais immerge son corps voyant en elle, « s'imprègne de chaque mouvement », en recueille toutes les sensations, telles que « l'impression des parfums subtils qui emplissent les rues où affluent vos mondaines »[25].

Dans la préface qui accompagnait la présentation de ces œuvres, Picabia réaffirme la pauvreté de l'expérience purement objective et visuelle de la réalité : « La représentation objective de la nature, à travers laquelle le peintre exprimait les sentiments mystérieux de son moi devant le "motif" ne suffit plus à traduire l'ampleur de sa nouvelle conscience de la nature[26]. » Cette réfutation est celle des approches trop exclusivement « rétiniennes », dirait Marcel Duchamp, et se fait au nom d'une problématique expérience « qualitative » de la réalité, dans la mesure où « la réalité s'impose à nous non seulement sous une forme spécifique, mais plus encore sous une forme qualitative[27] ». Or, selon Picabia, « la conception qualitative de la réalité *ne peut plus désormais être exprimée de façon purement visuelle ou optique* ; et, en conséquence, l'expression picturale a dû éliminer de plus en plus de sa convention les formules objectives afin d'établir une liaison avec la conception qualitative[28] ». Gabrielle confirmera bientôt, dans *Camera Work* : « Nous n'en sommes plus à notre premier contact sensoriel avec l'univers. [...] Le monde extérieur apparaît plus clairement sous la forme abstraite des qualités et des propriétés de ses éléments que sous la forme concrète de nos perceptions sensorielles[29]. »

Un antécédent de cette « conception qualitative » de l'expérience du réel est justement associé à l'audition musicale par le *Mercure de France* en 1909, dans un article consacré à « La musique et la renaissance de l'inconscient » dont les termes anticipent, jusque sous leur aspect le plus évidemment bergsonien, sur ceux de la préface de Picabia. L'auteur de cette étude, le psychologue J. Roger-Charbonnel, met en avant la notion de « symbolisme psychologique » pour évoquer la faculté que possède la musique de restituer « avec une fidélité parfaite et une éloquence surprenante l'image dynamique de nos sentiments et de nos émotions » ; et il ajoute : « Dans la musique pure [...] l'image auditive [...] se confond avec la *durée qualitative* de nos états[30]. » Si le détour par la musique permet d'introduire ici la notion de durée dans l'expérience, celle-ci ne semble pas avoir été non plus totalement étrangère à la conception que Picabia se faisait de sa peinture ; il réfute ainsi à l'intention de Maurice Aisen, autre collaborateur de *Camera Work*, la « fixité »[31] de l'ancienne peinture, dépendante de ce qu'il appelle la « réalité de vision », à la propagation infinie des émotions dans la peinture découlant de la « réalité de conception »[32] — dont le nom est un emprunt direct au vocabulaire d'Apollinaire[33]. L'article de Maurice Aisen est tout entier une défense des théories synesthésiques, rendues incontournables, pense-t-il, par le stade élevé de perfectionnement des sens qu'aurait atteint l'homme moderne, unifiés par les synesthésies dans une sorte de sixième sens. Celui-ci favoriserait désormais une « perception psychique » ou « psychologique » (*psychic perception*) définie par cet auteur comme une forme de « vision intellectuelle, non pas de vision optique », caractérisant « la nouvelle école *"de l'émotion de la pensée pure"* »[34]. Au nom de Picabia, qui lui fournit encore cette citation, l'auteur associe également dans cette « nouvelle école » — on n'en sera pas étonné — le nom de Marcel Duchamp, ainsi que celui du peintre abstrait américain Arthur Dove — fort justement rattaché par ce biais à ces nouveaux développements de la peinture européenne.

Picabia déclarait dans sa préface que l'artiste moderne « tend à faire reculer tout ce qui limite sa perception » : « De même que nous ne nous satisfaisons plus de la perception simple et directe du monde extérieur, et que nous tentons de percer plus profondément l'essence et la qualité de cette perception simple, nos sentiments vis-à-vis de la nature deviennent plus complexes, et l'expression de ces sentiments devient également plus complexe[35]. » Dans ces conditions, c'est bien le « symbolisme psychologique » des arts synesthésiques qui autorise ce dépassement. Les synesthésies engagent des processus plus intellectuels que purement sensuels / sensoriels ; elles élargissent et approfondissent la perception convenue des choses en permettant une restitution intégrale, la plus intense et la plus complète possible, de l'expérience du réel. C'est une première justification, essentielle, de leur nécessité.

Danse

À ce stade de l'exposé, la réflexion de Picabia — en dépit même de son intéressant degré d'élaboration — pourrait ne passer que pour l'un des apports, parmi bien d'autres, à la vogue contemporaine des théories synesthésiques de l'abstraction[36]. L'originalité de Picabia dans ce domaine — en particulier dans le parallèle peinture / musique — apparaît en fait dans la corrélation qu'il opère avec un troisième terme, celui de la danse.

Le thème de la danse fait une entrée en force dans l'œuvre de Picabia au cours de la cruciale année 1912 qui voit l'artiste engager le processus qui le mènera à la non-figuration la plus complète. Une de ses toutes premières occurrences semble se trouver dans une petite toile présentée en juin de cette année-là à la IIIe Exposition de la Société normande de Peinture moderne, *Tarentelle* (New York, MOMA). Son titre, qui fait référence à une danse

SALON D'AUTOMNE, 1912
SALLE XI
L'ILLUSTRATION
12 OCTOBRE 1912
PHOTO KEYSTONE, PARIS

populaire du Sud de l'Italie, la relie à un petit groupe de toiles, comme *Port de Naples* (1912, collection particulière), inspiré par un séjour en Italie assez mal situé dans la biographie du peintre. Guillaume Apollinaire[37] y rattachait également l'ensemble constitué par *La Source* (1912) et les deux versions de *Danses à la source* (1912), dont la première, par un heureux concours de circonstances, fut accrochée au Salon d'automne de cette même année à proximité immédiate de la toile-manifeste d'une abstraction fondée sur un semblable parallèle musicaliste, *Amorpha, fugue à deux couleurs* de František Kupka (1912, Prague, Narodní Galerie), tandis que la seconde, dans le même temps, figurait à l'exposition du groupe de la Section d'or. Dans un témoignage plus tardif mais plus circonstancié que celui d'Apollinaire,

FRANCIS PICABIA
DANSEUSE ÉTOILE SUR
UN TRANSATLANTIQUE, 1913
AQUARELLE, 75 × 55
COLLECTION PARTICULIÈRE
PHOTO CENTRE POMPIDOU
MNAM-CCI/P. MIGEAT

Gabrielle Buffet a plutôt situé l'inspiration de ces œuvres dans un épisode survenu en Espagne au printemps 1909, au cours de leur voyage de noces, où ils surprirent une petite bergère dansant pour elle seule tout en surveillant son troupeau[38]. C'est encore aux impressions et souvenirs de ce même voyage que se rattachent plus explicitement trois œuvres fondées non plus sur la danse à proprement parler mais sur un thème connexe, toujours lié à une forme codifiée d'expression corporelle : la procession religieuse — et plus particulièrement les processions nocturnes de la Semaine sainte, ce qui explique les teintes foncées, l'harmonie de bleus profonds, de gris et de noirs de *La Procession à Séville* (1912), à laquelle faisaient escorte deux toiles aujourd'hui disparues, *Musique de procession* et *Procession*. Plus tard, le

groupe des grandes gouaches exposé au début du printemps 1913 à la Little Gallery comprend trois œuvres (*Danseuse étoile sur un transatlantique*; *Danseuse étoile et son école de danse*; *Répétition d'une danse*, disparue) évoquant le spectacle donné à bord du *Lorraine*, sur lequel le couple Picabia s'était embarqué pour New York, par la danseuse excentrique Stacia Napierkowska, qui venait de s'illustrer à Paris dans la «Danse du feu» et dans l'«Abeille», et se dirigeait sur sa lancée vers une tournée américaine[39]. De retour à Paris, Picabia entreprend, pour le Salon d'automne de 1913, la réalisation de deux grandes toiles fonctionnant en pendant, *Udnie* et *Edtaonisl*, qui font la synthèse magistrale de cet épisode ainsi que de la fascination exercée sur Picabia par l'image dynamique de la jeune femme new-yorkaise, comme le suggère le double sous-titre d'*Udnie* : *Jeune Fille américaine* et *Danse*. Le thème de la danse est également dissimulé au cœur même du titre *Edtaonisl*, anagramme presque parfaite de «dans[e] étoil[e]»[40], tandis que le sous-titre *Ecclésiastique* rappelle la présence, qui avait fort amusé Picabia, d'un prêtre dominicain concupiscent ayant assisté sur le paquebot aux évolutions de la Napierkowska. Le souvenir de la danseuse, avec laquelle le peintre avait réussi durant le trajet à nouer une relation amicale[41], plane encore sur deux œuvres postérieures : *Petite Udnie* (1913-1914, collection particulière) dont les dimensions importantes démentent le titre, où il faut plutôt déceler une connotation affectueuse — tout comme dans *Je revois en souvenir ma chère Udnie* (1914), chant du cygne de l'abstraction orphique de Picabia. Enfin, bien que d'une interprétation plus ambiguë, le titre d'une œuvre comme *Révérence* (v. 1913, collection particulière) pourrait contribuer (outre certaines ressemblances stylistiques) à la faire rapprocher des préoccupations des œuvres déjà citées, tandis que *Culture physique* (1913, Philadelphia Museum of Art) et *Catch as Catch Can* (idem) étendent la question du corps en action à sa variante sportive, que Picabia ne considérait apparemment pas comme totalement étrangère à la thématique de la danse, la double inscription «Edtaonisl» et «Catch as catch can» qui encadre la composition de ce tableau étant là vraisemblablement pour suggérer cette proximité.

Pourquoi s'attacher ainsi à relever dans l'orphisme de Picabia la prégnance du thème de la danse — ou du mouvement corporel en général ? Parce que c'est à travers lui qu'il est loisible de préciser une source théorique susceptible d'expliquer certaines caractéristiques propres de son art de correspondances, et justement la place qu'y tient le thème inhabituel de la danse, venant s'immiscer dans le parallèle plus traditionnel de la peinture et de la musique. Selon une méthode témoignant d'un tour d'esprit qui ne fera que s'accentuer par la suite, Picabia a dissimulé cette possible source dans le titre à clé de la toile qui est sans doute l'absolu chef-d'œuvre de cette période de son art : *Udnie*. Ce vocable énigmatique a fait l'objet de plusieurs tentatives d'interprétation, dont aucune n'épuise le mystère — un mystère que l'artiste lui-même a contribué à épaissir en déclarant à la fin de sa vie à ses amis Henri Goetz et Christine Boumeester que la vogue des spéculations sur la quatrième dimension

FRANCIS PICABIA
CATCH AS CATCH CAN, 1913
HUILE, TOILE, 100,6 x 82
PHILADELPHIE,
PHILADELPHIA MUSEUM OF ART
THE LOUISE AND WALTER ARENSBERG
COLLECTION

l'avait poussé à proposer sa propre évocation ironique d'un espace à une dimension seulement, « udnie » pouvant alors passer pour une contraction abrégée de « unidimensionnel »[42]. Sans doute peu convaincus, et on le comprend, par ces explications, la plupart des exégètes de Picabia ont tenu à proposer la leur. Parmi les plus plausibles, figure dès 1955 celle de Philip Pearlstein qui a voulu lire en « udnie » un jeu de mot sur « nudité »[43], en référence à l'érotisme lascif des danses de Stacia Napierkowska, qui lui valurent en effet des démêlés avec la justice américaine[44]. William Camfield, quant à lui, a suggéré un rapprochement consonant avec le mythe d'Ondine, justifié par le décor marin de la rencontre avec la danseuse[45]. Mais chacune de ces explications malmène un peu trop soit le mot lui-même soit le cadre général des idées du peintre, tel que nous le laissent connaître ses déclarations de l'époque, pour emporter totalement l'adhésion.

Or il se trouve en fait que cette triple occurrence de la danse, de la musique et de la peinture-couleur, ainsi que l'exposé des correspondances qui les uniraient, se rencontrent peu de temps auparavant dans la pensée du critique musical et théoricien des synesthésies Albert Cozanet (1870-1938), mieux connu de ses contemporains et de ses lecteurs sous le pseudonyme, emprunté (très certainement dans l'intention programmatique de lier par le nom musique et peinture) à un élève de Raphaël : Jean d'Udine, dont « udnie » pourrait bien entendu constituer la forme anagrammatique. Outre qu'il se calque sur le même type de construction chiffrée qu'« edtaonisl » / « dans[e] étoil[e] », cette anagramme — plutôt rudimentaire du reste puisqu'elle n'affecte que deux lettres du nom (n et i), simplement interverties — possède aussi l'avantage d'attirer l'attention sur les termes d'un discours très cohérent par rapport à celui qui sert à justifier, chez Picabia, son abstraction orphique.

Pour Jean d'Udine en effet, « il n'existe pratiquement que des arts synesthésiques ». Il célèbre l'« extraordinaire unité » des expressions artistiques, « leur solidarité parfaite, leurs intimes correspondances » et regrette qu'il y ait des théoriciens ou des artistes assez dogmatiques pour se révolter « à la pensée que la splendeur d'un art pourrait ne pas tenir avant tout à sa *pureté* »[46]. Au contraire, reconnaître l'existence du clavier des synesthésies et jouer de ses possibilités en toute connaissance de cause serait le meilleur moyen de réussir à incarner « les formes plastiques de nos "états d'âme" »[47], dans la mesure où « ce que l'art doit imiter [...] ce sont beaucoup moins les phénomènes eux-mêmes que nos "états d'âme", que notre attitude intime en leur présence[48] ». Des convictions telles que celles-ci prépareraient déjà à admettre le subjectivisme psychologique de Picabia, lorsqu'il déclare lui-même que « l'art traite d'états d'âme profonds et simples » et que la tâche de l'artiste consiste à trouver les « moyens techniques de traduire plastiquement l'état d'âme, de l'exprimer[49] ».

M. Jean d'Udine

Dans les explications du peintre à la presse américaine, c'est alors qu'intervient généralement la référence à la musique et le parallèle son-forme-couleur — un parallèle dont Jean d'Udine avait étudié les bases théoriques dans un petit ouvrage consacré à la *Corrélation des sons et des couleurs*, en se fondant (pour le dire très brièvement) sur la commune nature vibratoire des deux phénomènes[50].

Par la suite, toutefois, la conception que cet auteur se fait des synesthésies se complexifie et débouche sur une théorie parfaitement singulière dans ce genre d'approche. Dans *L'Art et le geste*, son ouvrage majeur, publié en 1910, il décrit en effet les phénomènes synesthésiques comme étant entièrement dominés par le primat d'un seul sens, le toucher. Le toucher est, dans toutes les acceptions du terme, le sens *primordial* : dans l'évolution de la série

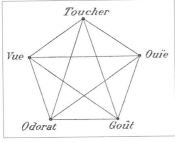
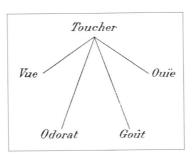

JEAN D'UDINE
L'ART ET LE GESTE
PARIS, F. ALCAN, 1910
DEUX SCHÉMAS, P. 91
PHOTO BIBLIOTHÈQUE
NATIONALE DE FRANCE, PARIS

animale, il est le premier à se développer et chacun des autres sens n'apparaîtrait que par perfectionnement et spécialisation progressive du toucher pour constituer à chaque fois une sorte de «toucher à distance»; par la suite, c'est toujours le toucher qui continuerait à éduquer les autres sens[51]. C'est à ce titre, sur cette base physiologique, que Jean d'Udine cherche à prouver que «deux sens quelconques ne peuvent jamais être solidaires l'un de l'autre, ni même raisonner sympathiquement, sans que le toucher leur serve d'intermédiaire»; ainsi «le sens du toucher entrerait chez nous en fonction chaque fois que la vie ou qu'une œuvre d'art intéresserait un ou plusieurs de nos autres sens, même quand ceux-ci nous paraissent impressionnés le plus isolément par le phénomène sensible[52]». Ce qui conduit cet auteur à passer d'un premier schéma rendant compte de l'interdépendance complète des composantes du *sensorium* humain entre elles, à un second schéma qui met en évidence le passage obligé de toute corrélation par le canton du toucher, situé au centre, carrefour ou station d'aiguillage d'un sens à l'autre.

Mais ce que Jean d'Udine appelle le toucher recouvre en fait une réalité sensorielle plus vaste, à laquelle il donne aussi le nom, tout aussi imparfait et limitatif, de «geste», apparaissant dans le titre de son ouvrage. Le «geste», tel que l'entend Jean d'Udine, intègre le sens musculaire — celui du mouvement, de l'équilibre, de l'appréciation du poids et de la résistance à la force d'attraction — c'est-à-dire l'ensemble des perceptions que la psychologie moderne appelle, d'un terme d'origine anglo-saxonne qui ne s'est imposé que plus récemment, la proprioception. Les facultés proprioceptives engagent aussi bien les capteurs tactiles à proprement parler, que les capteurs musculaires, articulaires, vestibulaires (l'oreille interne) qui transmettent à la conscience des informations sur les mouvements du corps et sa position dans l'espace[53]. C'est à ce toucher élargi que se rapporte Jean d'Udine quand il le situe au centre du fonctionnement des synesthésies : «le geste est le facteur de toute synesthésie»[54].

S'il l'est bien, c'est parce que sa position première en a fait l'éducateur des quatre autres sens, qui se souviennent de son enseignement tout au long de leur activité. Afin de le prouver, l'auteur choisit l'exemple selon lui le plus simple et le plus complet de tous : celui de la danse, qu'il appréhende comme pur phénomène de synesthésie son-mouvement. Au début, il y eut le simple mouvement de la marche qui engendra chez les premiers hommes le sens acoustique des durées, des rythmes, des cadences; ainsi la musique, qui «a dû trouver dans nos sensations musculaires les notions de durée qui lui servent d'élément primordial», serait née «des mouvements corporels accomplis par les premiers représentants de notre espèce»[55]. La réversibilité des processus synesthésiques fait qu'en retour, «à toute sensation auditive, *de quelque ordre que ce soit*, correspond un mouvement», et que la musique impose nécessairement des «images motrices», «des représentations d'efforts musculaires»; l'auteur est alors fondé à reconnaître que «entre la musique et les impressions qu'elle provoque ou rappelle (sensations ou sentiments) [...] il se cache toujours un réflexe physiologique, un geste ou un ensemble de gestes» dont la danse représente le stade ultime et le plus perfectionné[56].

Ces considérations rappellent que Jean d'Udine fut également un des plus fervents disciples du musicien et pédagogue suisse Émile Jacques-Dalcroze (1865-1950) et l'introducteur en France de sa méthode, la gymnastique rythmique, toujours enseignée dans le monde entier et dont l'influence sur la danse moderne a été prépondérante. C'est peu de temps après avoir terminé la rédaction de *L'Art et le geste*, dont Jacques-Dalcroze est le second dédicataire après Félix Le Dantec (ou comment l'artiste et le scientifique se confirment mutuellement...), que Jean d'Udine ouvrit, en octobre 1909 au 11 avenue des Ternes, l'École française de Gymnastique rythmique, fréquentée, entre autres, par Canudo et sa compagne, la danseuse Valentine de Saint-Point[57], tous deux ses amis. La méthode Dalcroze se fonde sur l'intuition que les arythmies constatées chez les élèves des classes de musique trouvent leur origine dans une arythmie corporelle correspondante, et qu'il est vain de vouloir corriger l'une sans s'attaquer à l'autre. La cause de ce défaut, selon Jean d'Udine, venant d'une éducation beaucoup trop tournée vers la spécialisation séparée des sens, ce qu'il condamne :

Les maîtres de musique et de dessin commencent et poursuivent la culture de l'ouïe et de la vue en spécialistes totalement désintéressés des manifestations générales de la vie. Ils isolent les sens de l'élève les uns des autres et ne prennent aucun soin de lui faire percevoir comment les phénomènes musicaux et plastiques se rattachent au sens musculaire, et, par lui, à l'activité humaine tout entière. Chaque organe est ainsi cultivé à part, en serre chaude. L'œil ne profite pas des indications précieuses, essentielles même, que l'oreille et le toucher pourraient lui fournir; la vue et le toucher ne contrôlent aucunement les habitudes rythmiques que l'oreille contracte en se basant sur les données fournies par quelques exercices musculaires prématurément abandonnés[58].

Les exercices innombrables de la gymnastique rythmique voulaient y remédier en habituant leurs adeptes à l'enchaînement d'un répertoire d'attitudes posturales exprimant corporellement non seulement les rythmes et les accents de la musique, mais les phrasés, les nuances :

Son principe est d'associer à chaque rythme sonore, perçu par l'oreille, un ou plusieurs mouvements qui créent, dans tout ou partie de l'organisme, un rythme musculaire parfaitement synchronique à ce rythme sonore. [...] La Gymnastique rythmique est donc l'art de représenter les durées musicales et leurs combinaisons par des mouvements et des combinaisons de mouvements corporels (musculaires et respiratoires), d'associer à chaque valeur sonore une attitude, un geste corrélatif[59].

Quoiqu'en dernière analyse l'objectif ultime de la méthode Dalcroze fût ni plus ni moins que la restauration d'un lien fluide entre les composantes physiques et psychiques de l'être, en reconnaissant de nouveau pleinement la collaboration du corps à l'expression de la pensée[60], ses exercices devaient prioritairement développer l'audition intérieure, musicaliser le corps et établir une étroite solidarité entre musique et mouvement corporel jusqu'à obtenir la synthèse harmonieuse, l'eurythmie que loue Socrate voyant danser Rhodonia, dont « l'oreille est merveilleusement liée à la cheville[61] ».

Mais la danse n'est pas la seule en cause. À partir de son exemple, Jean d'Udine étend cette loi des synesthésies fondées sur le sens musculaire à toutes les formes d'expression artistique, dont il prône l'égalité devant ce qu'il appelle aussi notre « sens rythmique »[62]. Toute émotion esthétique est liée à la motricité, tout art manifeste du geste, incarne des postures corporelles, des habitudes motrices. Il n'y a donc pas de dérogation à la règle en ce qui concerne les arts plastiques, puisque « les lignes jouent, dans les arts plastiques, exactement le même rôle que le rythme dans l'art des sons[63] ». Elles le font dans la mesure où elles ne représentent pas seulement les divisions optiques de l'espace, mais également celles du temps, elles-mêmes corrélatives aux divisions acoustiques de celui-ci; de sorte que l'auteur

peut légitimement s'interroger : « J'en suis donc venu à me demander si les lignes d'un ornement ou d'un monument ne nous affectent pas de la même manière que les rythmes d'une
sonate, non point en fonction de l'espace qu'elles occupent, mais en fonction des temps abso-
lus et des durées relatives que notre œil met à en parcourir les divers éléments[64]. » Cette vérité
ne lui paraît jamais aussi claire qu'à propos des arts décoratifs et de leur répertoire abstrait :
« Leurs arabesques, leurs semis, leurs entrelacs, leurs motifs d'apparence abstraite n'imitent
rien, pensent-ils. Je crois, au contraire, qu'ils imitent toujours des mouvements[65] », à tel point
que l'ornementation pourrait être vue comme une sorte d'équivalent pictural de la danse[66].

Dès lors, c'est à une véritable apologie des arts décoratifs et ornementaux que se livre
Jean d'Udine ; non seulement leurs productions « peuvent être belles sans exprimer aucune
idée, sans correspondre à aucun sujet littéraire et sans autre objet que de flatter notre sensibilité à la ligne, au son ou à la couleur »[67], mais elles devraient même inspirer son plus
fécond renouvellement à l'art pictural, lui proposer un nouveau paradigme de la création,
dégagé des contraintes du mimétisme et du contenu :

FRANCIS PICABIA
ANIMATION, 1914
AQUARELLE, GOUACHE, PAPIER
53 × 63
COLLECTION PARTICULIÈRE
PHOTO CENTRE POMPIDOU
MNAM-CCI/P. MIGEAT

*Loin de souffrir de l'abandon des thèmes mythiques ou des sujets concrets, dans une
humanité que ne satisferait plus l'imitation directe des phénomènes naturels et qui
peut-être même trouverait inutile [...] la représentation sur une toile d'un corps humain*

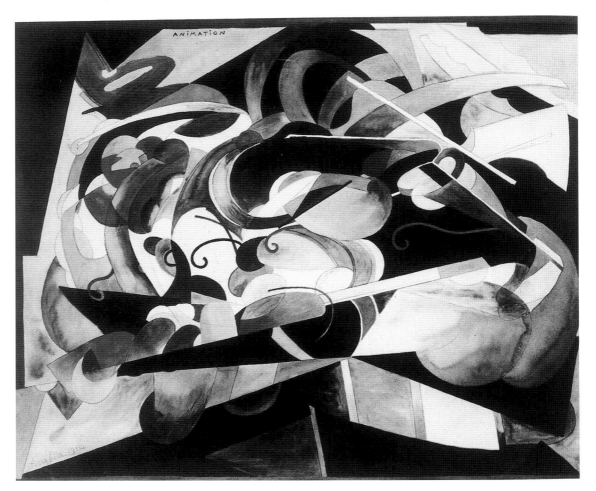

ou d'un paysage, la peinture gagnerait au contraire à cette transformation du goût
de devenir plus artistique, parce qu'elle se trouverait contrainte à des efforts exclusivement décoratifs. De même que la musique qui ne représente rien de concret, celle que
les dilettanti appellent musique pure et qu'on nommerait mieux musique décorative,
apparaît la plus artistique de toutes, parce qu'elle est une stylisation plus complète des
rythmes dictés au symphoniste par ses attitudes physiologiques, de même la peinture
et la sculpture, en s'éloignant systématiquement de la copie du monde réel et en se
stylisant davantage, acquerrait forcément aussi plus de style et, partant, un caractère
plus foncièrement artistique[68].

Écrites en 1909[69], ces lignes sont encore prophétiques ; elles justifient la possibilité d'un
art abstrait en levant l'hypothèque du décoratif qui pesait d'avance sur lui et inhibait encore
certains de ses pionniers, comme Kandinsky qui pointera le «danger de la dégénérescence
dans un art ornemental »[70]. Elles finissent d'éclairer le sens d'œuvres comme *Udnie* et
Edtaonisl qui, dans l'union que celles-ci réalisent entre le thème de la danse et son traitement à travers une forme abstraite justifiée par une théorie des correspondances entre
peinture et musique, deviennent les emblèmes de cette «solidarité entre les renseignements
qui nous sont fournis par notre sens musculaire, par nos oreilles et par nos yeux »[71] que défend
Udine / Udnie. Devant leurs formes dynamiques, où le critique Gustave Kahn était au fond
assez justifié de voir des «enrubannements de lignes » et un «tango de couleur »[72], le spectateur est danseur à son tour, sollicité dans ses réactions kinesthésiques et proprioceptives ;
le format important, la composition centrifuge, l'insertion chaotique de formes organiques
dans les plans gris d'un reste d'espace, brisé le long de lignes de force divergentes, sont bien
faits pour placer le regardeur dans le plus grand état d'esthésie et susciter chez lui entraîne-
ment et animation — *Animation* (1914) est d'ailleurs le titre d'une des œuvres qui font cortège
à *Udnie*, à laquelle elle reprend son répertoire de formes courbes et de lignes en copeaux se
déroulant en vagues successives dans un énergique mouvement orienté vers la gauche de la
composition. *Udnie* et *Edtaonisl* sont des machines esthésiques, des machines à provoquer
du mouvement émouvant chez le spectateur appelé à surmonter son état habituellement
passif et contemplatif pour entrer, littéralement, dans la danse.

Mémoire

Il y a encore, cependant, une dimension essentielle de cette peinture à considérer dans son
rapport avec les synesthésies : c'est celle qui touche aux processus de remémoration et de
surgissement des souvenirs. De *Danses à la source* à *Udnie*, pratiquement toutes les œuvres
de l'abstraction orphique de Picabia sont gouvernées par la question de la mémoire ; leur existence est entièrement motivée par le rappel des lieux, des personnes, des circonstances
rencontrées par le peintre au cours d'épisodes marquants de sa vie, accompagnés par des sentiments d'une acuité suffisamment forte pour que la trace s'en trouve à jamais gravée dans
la cire molle de son âme. D'où le constant maintien d'un sujet — même crypté ou renvoyé
en sous-titre — non par absolue nécessité de celui-ci, mais dans l'objectif de rendre sensible
le positionnement du geste créateur entre ce passé intensément conservé et l'action qui
actualise les souvenirs et les émotions remémorées. Jean d'Udine n'a fait qu'effleurer cette
question[73], qui trouve plutôt un écho dans le bergsonisme très répandu de ces années-là ; dans
un des titres de Picabia, *Je revois en souvenir ma chère Udnie*, sont même explicitement dési-
gnées la mémoire et l'affectivité, les deux éléments subjectifs dont Bergson réclamait la

FRANCIS PICABIA
JE REVOIS EN SOUVENIR
MA CHÈRE UDNIE, 1914
HUILE, TOILE, 250 x 198,8
NEW YORK, MUSEUM OF MODERN ART

réintégration dans la conscience en vue de construire un modèle plus juste de la perception. Il n'y a jamais de perception pure, en effet, ni de perception instantanée, mais toujours une perception «que gonflent mes souvenirs et qui offre toujours une certaine épaisseur de durée », au point que «percevoir finit par n'être plus qu'une occasion de se souvenir »[74]. Cette théorie de la perception fait une place inhabituelle en son temps au corps, dans la mesure où celui-ci représente justement la «limite mouvante entre l'avenir et le passé »[75], le présent consistant dans la conscience sensori-motrice que le sujet possède de son propre corps. L'expérience se dépose dans le corps, les souvenirs sont enregistrés non pas sous forme d'images mais d'habitudes motrices constituant ce que Bergson appelle déjà une «mémoire du corps »[76] autorisant ce dernier à rejouer le passé, à reprendre des attitudes où le passé s'incarnera de nouveau, retrouvera un support charnel.

Mais, cela posé, quel sera le mécanisme capable de faire resurgir la mémoire et de donner aux souvenirs la force native qui était la leur dans l'expérience vécue ? Ce sera justement celui qui préside aux synesthésies : les synesthésies ne sont en effet pas autre chose que la forme sous laquelle l'expérience s'est déposée dans le souvenir. Comme l'a bien dégagé Walter Benjamin dans son analyse des correspondances baudelairiennes, celles-ci ne sont ni plus ni moins que «les données de la remémoration » et permettent de provoquer la rencontre avec certains épisodes d'une vie antérieure ; le souvenir de l'expérience vécue a lieu de manière privilégiée dans l'exercice des facultés synesthésiques, qui donnent accès au lieu de l'expérience authentique et complète du réel[77].

Plus précisément, la partie de la mémoire activée par les correspondances est celle que Benjamin appelle, en termes proustiens, «involontaire »[78] — c'est même elle qui est à l'origine d'une de ses définitions de l'aura, comprise comme l'ensemble des images qui, surgies de la mémoire involontaire grâce aux correspondances, tendent à se rassembler «autour de l'objet offert à l'intuition »[79]. La mémoire involontaire se distingue en cela de la mémoire volontaire banale, dont l'appui privilégié serait une autre catégorie d'images, celles de la reproductibilité mécanique généralisée — de la photographie et du cinéma en particulier — que leur plate immédiateté rend inadéquates à donner accès à la densité d'expérience fournie par ces autres images où la mémoire installe la distance nécessaire à l'expérience auratique. Non seulement la photographie ne peut conduire à cette qualité d'expérience définissant l'aura, mais elle est même propre à en mettre l'existence en péril : «Si l'on admet que les images surgies de la mémoire involontaire se distinguent des autres parce qu'elles possèdent une aura, il est clair que, dans le phénomène qu'on peut appeler "le déclin de l'aura", la photographie aura joué un rôle décisif[80]. » L'image photographique ne se situe pas dans la distance auratique, mais au contraire dans l'expérience immédiate, dans ce que Benjamin appelle le «choc » — selon sa propre version d'un constat déjà fait par Baudelaire au sujet du daguerréotype, bien fait pour « frapper » le public, le «surprendre », le «stupéfier ». Or c'est justement dans le choc qu'est mise à mal l'expérience qualitative de l'aura[81].

L'aura, dans ce cas, c'est aussi bien le «sublime » dont parle Apollinaire dans une conférence donnée à Rouen pour l'inauguration de la IIIe Exposition de la Société normande de Peinture moderne en 1912 ; devant les «paysages étranges de Picabia », le poète explique : «Les efforts difficiles des peintres qui exposent ça (*sic*), tendent à éloigner le plus possible des ouvrages de l'industrie. Si le but du peintre et le but du photographe sont les mêmes, le premier doit disparaître, car pour l'exactitude, le photographe l'emporte, mais... si le but du peintre est d'exprimer le sublime, le photographe qui dispose d'une simple machine à reproduire la réalité, ne peut rivaliser avec lui[82]. » Ce n'était là, de la part d'Apollinaire, qu'anticiper de quelques mois sur les arguments que Picabia développerait à son tour en défaveur de la photographie. Il faut bien voir en effet que, dans ses déclarations de 1913, la défense d'un art de correspondances musicales s'articule systématiquement sur le contre-exemple de la photographie ; la photographie sera chez lui le constant repoussoir d'un art dégagé du primat de l'instantanéité imposé par les images mécaniques, mais doué de la faculté de rendre compte des plus profonds mouvements de l'âme[83].

Le danger aperçu par Picabia et d'autres de ses contemporains dans la photographie, faite pour le choc, privilégiant un type de réception fondé sur le mode de la distraction, c'est donc celui d'un appauvrissement irrémédiable de la perception. L'image photographique joue contre l'expérience profonde du réel et s'oppose en cela aux arts de mémoire, comme la peinture qui jamais n'épuise le regard : « pour le regard, dira Benjamin, qui, en face d'un tableau, jamais ne se rassasie, la photo est plutôt l'aliment qui apaise la faim, la boisson qui étanche la soif »[84]. La densification de l'expérience esthétique, par l'appel aux processus mnémoniques, par la démultiplication des sensations provoquée grâce au phénomène des synesthésies, constitue un moyen de répondre à cette menace. L'art synesthésique, en ancrant le rapport à l'œuvre dans une sollicitation plus complète des facultés sensori-motrices de l'observateur, doit permettre la restitution intégrale de l'expérience du réel transmise à travers le filtre du souvenir. C'était là tout le projet de l'abstraction orphique de Picabia.

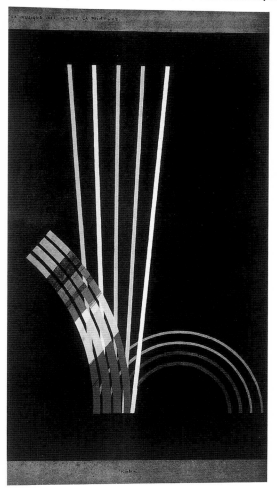

FRANCIS PICABIA
LA MUSIQUE EST COMME
LA PEINTURE, 1917
VERNIS SUR LINO, 120 x 67
FRANCE, COLLECTION
PARTICULIÈRE
PHOTO CENTRE POMPIDOU
MNAM-CCI/P. MIGEAT

Et c'est là également que l'on aimerait clore l'exposé de ces ambitions qui, aussi démesurées qu'elles puissent paraître, ont tout de même réussi à s'incarner dans ces incontestables chefs-d'œuvre que sont *Udnie* et *Edtaonisl*. Mais il n'en reste pas moins que ces tableaux portent aussi la marque annonciatrice de la destruction du système qui s'était patiemment échafaudé dans l'art de Picabia depuis sa sortie de l'impressionnisme, et que le doute — ce ver dans le fruit — semble habiter aussitôt que mûri. La chose se remarque tout d'abord dans l'effet d'étrangeté que suscite le rapprochement — ou au contraire la disjonction — des formes abstraites de ces œuvres avec leur titre énigmatique, inscrit en pleine surface ; si ces titres ne relèvent pas encore, dans le cas d'*Udnie* et d'*Edtaonisl*, du non-sens à proprement parler, leur sens est à vrai dire tellement dissimulé que c'est bien une impression de totale absurdité qui risque de surnager. L'impression s'accuse ensuite avec les derniers tableaux orphiques de l'année 1914, dont les titres sont des citations détournées des pages roses du *Petit Larousse* de 1906[85], préfigurant les méthodes « collagistes » de la période dadaïste de l'artiste. Ainsi, au moment même où Picabia atteint, avec *Udnie* et *Edtaonisl*, le sommet d'élaboration et de perfection d'un art se voulant inspiré, s'annonce également le renoncement aux plus belles constructions, et la désillusion, et la démoralisation, que l'ambiance des premiers mois de guerre contribuera encore à imposer à sa sensibilité exacerbée. La grande crise dans laquelle il s'engage alors, et qui débouchera dans le dadaïsme, finira de le confirmer dans l'absurdité des systèmes et l'inanité des théories. Lorsque, en 1917, au beau milieu de sa période mécanico-dadaïste, Picabia peint *La musique est comme la peinture*, cette profession de foi, qui avait cependant gouverné son abstraction orphique, s'est dépouillée de toute signification et ne sonne plus désormais qu'à la façon du plus creux et du plus faux des slogans. *La musique est comme la peinture* ne montre qu'un simple schéma scientifique, illustrant l'effet d'un champ magnétique sur des particules *alpha, bêta* et *gamma,* affublé d'un titre ne voulant évidemment plus rien dire dans ce contexte, et qui ne présente plus que le souvenir dérisoire des prétentions déraisonnables d'un peintre qui avait cru pouvoir rendre compte de la vie de l'âme — quand il n'y a en fait plus d'âme, ni rien.

Août 2000

Notes

Les résultats de cette étude ont été présentés le 24 février 2001 à la Journée d'étude « La Section d'or et le cubisme écartelé », organisée au Centre culturel allemand d'Histoire de l'art, Paris, par Françoise Lucbert et Cécile Debray.

1. Voir : Roberto Salvini, *Pure visibilité et formalisme dans la critique d'art au début du XXᵉ siècle*, Paris, Klincksieck, 1988.

2. Clement Greenberg, « Modernist Painting » [1960]. Traduit par. A.-M. Lavagne, « La peinture moderniste », *Peinture, Cahiers théoriques*, n° 8-9, 1ᵉʳ trim. 1974, p. 37.

3. Charles Baudelaire, « Richard Wagner et *Tannhäuser* à Paris », *Curiosités esthétiques. L'art romantique et autres œuvres critiques*, Paris, Garnier, 1962, p. 696-697. L'« indivisible totalité », qui fait ici écho à la « profonde unité » du sonnet *Correspondances* (intercalé par Baudelaire à la suite du passage cité), n'est peut-être que la préfiguration intuitive des synesthésies merleau-pontiennes découlant de l'« unité du champ perceptif » (Merleau-Ponty).

4. L'expression est de Pascal Rousseau qui a admirablement démêlé les enjeux de cette « peinture pure » : « Réalité, Peinture pure : Robert Delaunay, l'orphisme et la querelle de la poésie pure », *Energeia*, Paris, n° 2, décembre 1995, p. 94-99.

5. Henri Valensi, « La Couleur et les Formes », *Montjoie !*, Paris, n° 11-12, novembre-décembre 1913, p. 14. Il est à noter que dans « Towards a Newer Laocoon » [1940], Greenberg fait encore appel à la pureté en liaison avec l'exemple musical, mais dans un contexte qui exclut clairement la possibilité de toute confusion synesthésique, comme le traduit le curieux vocabulaire « isolationniste » employé par l'auteur (et qui n'est sans doute pas sans faire écho au contexte géopolitique et au débat américain contemporain sur l'intervention ou la non-intervention dans le conflit mondial...) : « Guidés, consciemment ou inconsciemment, par une notion de pureté empruntée à la musique, les arts d'avant-garde ont, dans les dernières cinquante années, atteint une pureté et réussi une délimitation radicale de leur champ d'activité sans exemple dans l'histoire de la culture. Les arts sont à présent sécurité, chacun à l'intérieur de ses frontières légitimes, et le libre-échange a été remplacé par l'autarcie. La pureté en art consiste dans l'acceptation, acceptation volontaire, des limitations du médium de l'art spécifique. » Cité dans : Jacqueline Lichtenstein (dir.), *La Peinture*, Paris, Larousse, 1995, p. 388 [traduction de J. Lichtenstein].

6. D'après une coupure de presse conservée dans l'un des albums où Picabia les réunissait (Bibliothèque

littéraire Jacques Doucet, AI-1, f° 111).

7. Œuvre aujourd'hui non localisée, connue par une mauvaise reproduction publiée le 8 octobre 1912 dans *Excelsior*.

8. Les Hommes du jour, 20 avril 1912. Les œuvres qui suscitent ce commentaire sont *Souvenirs d'Italie à Grimaldi, Après la pluie (Cannes)* et *Femmes sous les pins,* alors exposées au Salon des indépendants du 20 mars au 16 mai 1912 (n°ˢ 2559-2561).

9. « Le cubisme orphique qui fut défendu par M. Max Goth, et l'auteur de cet ouvrage semble être la tendance pure que suivront M. Dumont et M. Valensi. » (Guillaume Apollinaire, *Les Peintres cubistes* [1913], Paris, Berg International, 1986, p. 93-94).

10. Le passage des *Peintres cubistes* que Apollinaire consacre à Picabia les réfute même assez clairement : « Cet art a avec la musique autant de rapport que peut avoir avec elle un art qui est son contraire. On peut bien dire de l'art de Picabia qu'il voudrait être à la peinture ancienne ce que la musique est à la littérature, mais on ne peut dire qu'il soit de la musique. » (*Ibid.*, p. 80).

11. C'est le titre de l'article que publie Gabrielle Buffet dans la revue *Section d'Or* (n° 1, 9 octobre 1912, n. p.) à la suite de celui de Maurice Raynal (« L'exposition de "la Section d'Or" ») qui constituait lui aussi une attaque contre la déliquescence de l'héritage impressionniste.

12. G. Buffet, « Musique d'aujourd'hui », *Les Soirées de Paris*, n° 22, 15 mars 1914, p. 183.

13. Id., « Guillaume Apollinaire » [1936], repris dans G. Buffet-Picabia, *Rencontres*, Paris, Belfond, 1977, p. 65.

14. Selon le *New York Times* du 16 février 1913, section 5, p. 9.

15. « Mme Picabia, qui accompagne son mari au cours de sa visite, a une foi entière dans les théories et les nouveaux postulats de la peinture, comme le peintre lui-même. Elle en parle avec autant d'éloquence que lui et avec une netteté qui montre qu'elle connaît à fond son sujet et adhère pleinement au mouvement. En outre, Mme Picabia a l'avantage de parler du post-impressionnisme dans un anglais et un allemand d'une parfaite correction. Son vocabulaire technique dans ces deux langues est très étendu. Elle intervient à chaque fois que le maniement d'une langue étrangère peut susciter un malentendu ou une fausse interprétation. » Quant à Picabia, « il s'exprime fort bien, développe ses idées avec une clarté toute française, et sans la moindre confusion. Il parle, en outre, avec enthousiasme et conviction. » (« Impression de New York d'un post-cubiste », *New York Tribune*, 9 mars 1913, section 2, p. 1. Traduit dans Maria Lluïsa Borràs, *Picabia*, Paris, Albin Michel, 1985, p. 107).

16. Le *Brooklyn New Eagle* du 10 avril 1913 rend compte d'une conférence de Gabrielle intitulée : « Significance of the New Movement in Art — the Post-Impressionnist, the Cubist and the Futurist ». Son texte « Modern Art and the Public » est ensuite publié dans *Camera Work* de juin 1913.

17. F. Picabia, « How New York Looks to Me », *New York American Magazine*, 30 mars 1913, p. 11. Je modifie substantiellement la traduction dans M. L. Borràs (*op. cit.*, p. 110) qui, en rendant par deux fois *visualize* par « représenter », atténue la particularité du débat que Picabia entraîne sur le terrain de la sensorialité.

18. *Ibid.*

19. *Ibid.*

20. F. Picabia, dans Henry Tyrell, « Oh You High Art ! Advance Guard of the Post-Impressionists has Reached New York. One of Their Leaders, M. Picabia, Explains How He Puts his Soul on Canvas », *The World Magazine*, New York, 9 février 1913, p. 6.

21. F. Picabia, « How New York Looks to Me », art. cité.

22. *Ibid.* À comparer avec cette autre déclaration : « Je traduis simplement en couleurs ou en ombres les sensations que les choses font naître en moi comme s'il s'agissait de composer de la musique symphonique. » (*The World Magazine*, art. cité, traduit dans M. L. Borràs, *op. cit.*, p. 105).

23. G. Buffet, « Modern Art and the Public », *Camera Work*, juin 1913 ; repris dans G. Buffet-Picabia, *Rencontres, op. cit.*, p. 239.

24. L. D. Henderson, « X Rays and the Quest for Invisible Reality in the Art of Kupka, Duchamp, and the Cubists », *Art Journal*, vol. 47, n° 4, hiver 1988, p. 323-340.

25. F. Picabia, « How New York Looks to Me », art. cité.

26. F. Picabia, « Preface » [1913], dans *Écrits 1913-1920* (textes réunis et présentés par Olivier Revault d'Allonnes), tome I, Paris, Belfond, 1975, p. 21. Marc Le Bot tient de Gabrielle Buffet l'assurance que ce texte, bien que signé du seul nom de Picabia, fut écrit avec la collaboration de son épouse, et en accord avec Alfred Stieglitz (M. Le Bot, *Francis Picabia et la crise des valeurs figuratives*, Paris, Klincksieck, 1968, p. 77) ; on en retrouve en tout cas certains termes dans une conférence de Gabrielle intitulée « Significance of the New Movement in Art — the Post-Impressionist, the Cubist and the Futurist », et publiée dans *The Brooklyn New York Eagle* du 10 avril 1913 (Bibliothèque littéraire Jacques Doucet : AI-1, f° 157).

27. *Ibid.*

28. *Ibid.* (Je souligne).

29. G. Buffet, « Modern Art and the Public », art. cité, p. 237.

30. J. Roger-Charbonnel, « La musique et la renaissance de l'inconscient », *Mercure de France*, 16 février 1909. Cette source est mentionnée par M. Le Bot (*op. cit.*, p. 69) qui ne fait cependant pas le rapprochement avec le texte de Picabia.

31. Le terme est en français dans le texte de Aisen qui fait explicitement référence à Bergson ; il est en effet à prendre dans le sens où on le trouve dans *Le Rire* (1900), où il est défini par analogie avec l'instantanéité photographique — ce dont il faudra se souvenir lorsque l'on verra comment Picabia se sert de la photographie comme repoussoir de son abstraction orphique.

32. M. Aisen, « The Latest Evolution in Art and the Public », *Camera Work*, juin 1913 (AI-1, f° 127).

33. « Ce qui différencie le cubisme de l'ancienne peinture, c'est qu'il n'est pas un art d'imitation, mais un art de conception qui tend à s'élever jusqu'à la création. » (G. Apollinaire, *Les Peintres cubistes, op. cit.*, p. 26-27).

34. En français dans le texte.

35. F. Picabia, « Preface » [1913], art. cité, p. 21.

36. Ainsi František Kupka, qui allait à son tour, quelques mois plus tard seulement, livrer ses propres déclarations à la presse américaine : « [...] je crois que je peux trouver quelque chose entre le regard et l'ouïe et que je peux créer une fugue en couleurs comme Bach l'a fait en musique. » (W. Warshawsky, « "Orpheism", Latest of Painting Cults », *The New York Times*, 19 octobre 1913) ; pour une discussion du musicalisme de Kupka et de son entourage (Valensi, Del Marle...), je me permets de renvoyer le lecteur à mon étude : « De l'orphisme à Abstraction-Création : la réception de l'œuvre de Kupka dans l'entre-deux-guerres », *Bulletin de la Société de l'Histoire de l'Art français*, Paris, année 1995, 1996, p. 249-267. L'impact de ces idées dans le milieu critique américain se mesure à la place qu'elles tiennent dans le livre d'Arthur Jerome Eddy (*Cubists and Post-Impressionism*, Chicago, A. C. McClurg & Co., 1914) qui leur consacre de longs développements et même un chapitre entier (VIII. « Color Music ») reprenant

amplement les déclarations de
Picabia à la presse américaine.

37. G. Apollinaire, *Les Peintres
cubistes, op. cit.*, p. 82. Voir aussi
les déclarations de Picabia à Henry
Tyrrell du *World Magazine*
(9 février 1913) à propos de *Danses
à la source* : « J'attire l'attention
sur un chant de couleurs qui n'imite
ni ne rappelle rien, mais a pour but
de faire éprouver aux autres la
même sensation agréable et les
mêmes sentiments que m'ont inspi-
rés ces jours d'été, alors que je
m'étais arrêté dans la campagne,
à la frontière italienne, à un endroit
où il y avait une source d'eau claire
dans un charmant jardin. » (traduction française dans : M. L. Borràs,
op. cit., p. 105).

38. G. Buffet-Picabia, « Picabia,
l'inventeur », *L'Œil*, Paris, n° 18,
juin 1956, p. 33.

39. La carrière de Stacia
Napierkowska, liée d'amitié avec
Germaine Dulac, devait se poursuivre au cinéma ; elle a notamment
tenu le premier rôle féminin dans
L'Atlantide de Jacques Feyder
en 1921.

40. Comme l'a dévoilé Philip
Pearlstein (*The Paintings
of Francis Picabia*, M.A. Thesis,
New York University, Institute of
Fine Arts, 1955, p. 109), cité et dis-
cuté par W. Camfield dans : *Francis
Picabia, His Art, Life and Times*,
New Jersey, Princeton University
Press, 1979, p. 61.

41. Selon le témoignage de
Gabrielle recueilli en 1968 par

W. Camfield (*Francis Picabia,
op. cit.*, p. 49).

42. W. Camfield, *Francis Picabia,
op. cit.*, p. 62.

43. P. Pearlstein, *op. cit.*, p. 109
(cité dans W. Camfield, *Francis
Picabia, op. cit.*, p. 63).

44. Cf. W. Camfield, *Francis
Picabia, op. cit.*, p. 49.

45. *Ibid.*, p. 61-62.

46. Jean d'Udine, *L'Art et le geste*,
Paris, Alcan, 1910, pp. 121 & X-XI.

47. J. d'Udine, « Qu'est-ce que la
Gymnastique rythmique ? », *SIM
[Bulletin français de la Société
internationale de musique, ancien
Mercure musical]*, Paris, n° 7,
15 juillet 1909, p. 647.

48. Id., *L'Art et le geste, op. cit.*,
p. 33.

49. Propos rapportés par Hutchins
Hapgood, dans : *The Globe and
Commercial Adviser*, New York,
20 février 1913, p. 8 (traduction
française dans : M. L. Borràs,
op. cit., p. 107).

50. J. d'Udine, *De la corrélation
des sons et des couleurs*, Paris,
Fischbacher, 1897 ; et également :
*L'Orchestration des couleurs,
analyse, classification et synthèse mathématique des sensations colorées*, Paris, Joanin, 1903.

51. Id., *L'Art et le geste, op. cit.*,
p. 98. Jean d'Udine s'appuie ici sur
les analyses transformistes du bio-
logiste Félix Le Dantec (1869-1917),
attaché à l'Institut Pasteur, professeur à l'École normale supérieure,
et l'un des dédicataires de
l'ouvrage. Signalons aussi que la
contribution du toucher au phénomène des synesthésies est également abordée par la musicienne
Marie Jaëll dans : *Un nouvel état
de conscience : La coloration
des sensations tactiles* (Paris,
Alcan, 1910).

52. J. d'Udine, *L'Art et le geste,
op. cit.*, p. 90-91.

53. La voie spinothalamique par
laquelle transitent ces informations
étant celle que suivent aussi les
informations tactiles proprement
dites, leur rapprochement au sein
d'une notion élargie du toucher est
ainsi justifiée. James J. Gibson par-
lera du « système haptique » réunis-
sant toucher et proprioception (*The
Senses Considered as Perceptual

Systems*, Londres, G. Allen & Unwin
Ltd., 1966 [Ch. VI. « The Haptic
System and its Components »,
p. 97 sq.])

54. *Ibid.*, p. XVI.

55. *Ibid.*, 53-54.

56. *Ibid.*, pp. 67, 76 & 87.

57. De Valentine de Saint-Point
(1875-1953), voir le recueil de textes
rassemblés par Giovanni Lista,
Manifeste de la femme futuriste,
Paris, Nouvelles Éditions Séguier,
1996 ; on y lira notamment
sa conférence de 1913 sur
la « Métachorie », tentative de
« fusion de tous les arts » dans la
danse « en unissant la musique, la
poésie, la danse et la géométrie, car
la géométrie est la synthèse de l'art
architectural et de ses dérivés,
la peinture et la sculpture » (p. 50).

58. J. d'Udine, *L'Art et le geste,
op. cit.*, p. 208 ; l'auteur englobe
dans sa critique l'enseignement des
sports, « cultivés comme une "spé-
cialité" musculaire, sans que l'on
associe à la notion dynamique de
mouvement ni la notion du rythme
musical, ni la notion de la grâce
plastique, qui ne devraient jamais
être séparées » (p. 209).

59. *Ibid.*, pp. 209 & 211.

60. À la fin d'un paragraphe entièrement consacré à cette question
du perfectionnement du mécanisme
de la pensée par la gymnastique
rythmique, Udine déclare qu'elle
« instaure dans tout le mécanisme
moteur de celui qui la pratique,
cette force et ce calme d'où
dérivent forcément l'attention et
la volonté. » («Qu'est-ce que la
Gymnastique rythmique ? », art. cité,
p. 649) ; dans *Matière et mémoire*
[1896], Bergson avait déjà reconnu
que l'attention est « une adaptation
générale du corps plutôt que de
l'esprit. » (Paris, PUF, Coll.
« Quadrige », 1999, p. 110). *Matière
et mémoire, essai sur la relation
du corps à l'esprit*, démontrait
l'impossibilité de détacher l'activité
motrice du processus perceptif et
affirmait que « la perception [...] a
sa véritable raison d'être dans
la tendance du corps à se mouvoir »,
que le mouvement corporel est toujours une réplique à des impressions visuelles, tactiles, auditives
(p. 44-45) ; or, s'« il n'y a pas de

perception qui ne se prolonge en mouvement », alors « l'éducation des sens consiste précisément dans l'ensemble des connexions établies entre l'impression sensorielle et le mouvement qui l'utilise » (p. 101-102).

61. Paul Valéry, *L'Âme et la danse* [1923], *Œuvres*, t. II, Paris, Gallimard, Bibliothèque de la Pléiade, 1960, p. 152. L'émoi que Valéry fait vivre au philosophe dans ce passage est suscité par un exemple magistral d'expérience synesthésique : « Elle restitue si exactement la cadence, que si je ferme les yeux, je la vois exacte-ment par l'ouïe. Je la suis, et je la retrouve, et je ne puis jamais la perdre ; et si, les oreilles bouchées, je la regarde, tant elle est rythme et musique, qu'il m'est impossible de ne pas entendre les cithares. »

62. J. d'Udine, *L'Art et le geste*, *op. cit.*, p. 244.

63. *Ibid.*, p. 102.

64. *Ibid.*, p. 102.

65. *Ibid.*, p. 99.

66. *Ibid.*, p. 86.

67. *Ibid.*, p. 257.

68. *Ibid.*, p. 255-256.

69. La préface de *L'Art et le geste* est signée et datée de Genève, le 9 juin 1909.

70. W. Kandinsky, *Du spirituel dans l'art* [1912], édition de Philippe Sers, Paris, Gallimard, « Folio Essais », 1988, p. 191 ; lire aussi, p. 174-176 : « Mais si nous commen-cions dès aujourd'hui à détruire totalement le lien qui nous attache à la nature, à nous orienter par la violence vers la libération, et à nous contenter exclusivement de la combinaison de la couleur pure et de la forme indépendante, nous créerions des œuvres qui seraient des ornements géométriques et qui ressembleraient, pour parler crû-ment, à des cravates ou à des tapis. » Ce n'est en revanche pas le cas d'un Kupka, dont l'éloge de l'ornement rejoint en bien des points celui de Jean d'Udine. Il fait aussi la même analyse spatio-tem-porelle de la ligne, indice de « la localisation dans l'espace des ins-tants successifs du flux temporel » ; la ligne courbe brisée, telle qu'elle se déploie dans *Solo d'un trait*

brun (1912-1913, Prague, Narodní Galerie), est une « allusion visuelle au successif » et exprime « la dimen-sion du temps » (*La Création dans les arts plastiques* [écrit entre 1910 et 1912], Paris, Cercle d'Art, 1989, pp. 83-84 & 169). Des images motrices se trouvent d'ailleurs bien derrière les abstractions linéaires de Kupka, comme le montrent les très nombreuses études peintes et dessinées précédant *Amorpha, fugue à deux couleurs*, qui abs-tractisent progressivement le motif d'une petite fille jouant au ballon, dont le mouvement se résout en lignes courbes de plus en plus auto-nomes. Ces rapprochements ne sont pas plus fortuits que ceux concer-nant Picabia, puisque Jean d'Udine est reconnu comme une influence certaine par le premier biographe de Kupka, Louis Arnould-Grémilly, dès 1922 : « On pourrait encore citer les articles de Jean d'Udine dans la revue musicale *SIM* sur les analo-gies entre les deux sensations audi-tive et colorée [...]» (*Frank Kupka*, Paris, Povolozky & Cie, 1922, p. 51) ; tandis que Félix Del Marle cite la *Corrélation des sons et des cou-leurs* en bibliographie de son article consacré à Kupka dans *Vouloir* (Lille, nº 12, juin 1925).

71. J. d'Udine, « Qu'est-ce que la Gymnastique rythmique ? », art. cité, p. 635.

72. G. Kahn [coupure sans titre], *Mercure de France*, 1er décembre 1913 [Bibliothèque lit-téraire Jacques Doucet, AI-1].

73. En renvoyant à Le Dantec et à sa théorie des « colloïdes », centres nerveux agissant comme des « imi-tateurs » et des « résonateurs » : « [...] ces centres nerveux offrent ceci de tout particulier que les résultats de leurs imitations s'y emmagasi-nent "sous forme de ce qu'en psy-chologie on appelle des souvenirs" [Le Dantec]. » (J. d'Udine, *L'Art et le geste, op. cit.*, p. 115). Le rôle du corps dans la stimulation des pro-cessus mnémoniques est soulevé à propos des avantages de la gymnas-tique rythmique par un commenta-teur de Jean d'Udine et de Jacques-Dalcroze, M. Daubresse (« La gymnastique rythmique », *SIM*, Paris, 1910, p. 599).

74. Henri Bergson, *Matière et*

mémoire, op. cit., pp. 31 & 68.

75. *Ibid.*, p. 82.

76. *Ibid.*, p. 169.

77. W. Benjamin, « Sur quelques thèmes baudelairiens » (1939), *Charles Baudelaire. Un poète lyrique à l'apogée du capitalisme*, Paris, Payot, 1979 [trad. de J. Lacoste], p. 189.

78. Le célèbre épisode de la made-leine, dans le premier tome de la *Recherche* (publié l'année même de la création d'*Udnie*), ne décrit pas autre chose qu'un phénomène de synesthésie au service d'un proces-sus de remémoration, le goût enclenchant le mécanisme par lequel vont venir s'ajouter, touches après touches, les données de tous les autres sens, finissant ainsi de recomposer le complet tableau d'une expérience passée.

79. W. Benjamin, « Sur quelques thèmes baudelairiens », art. cité, p. 196.

80. *Ibid.*, p. 199.

81. *Ibid.*, p. 197. Benjamin est ici d'accord avec Proust : « Lorsque Proust constate l'insuffisance, le manque de profondeur des images de Venise que lui fournit la mémoire volontaire, c'est le mot d'"instantané" qui lui vient aussitôt à l'idée, et ce seul mot suffit à lui rendre Venise "ennuyeuse comme une exposition de photographies".» (*Ibid.*, p. 199). On pourrait aussi renvoyer à ce passage du *Temps retrouvé* [1927] (Paris, GF / Flammarion, 1986, p. 282) : « Une heure n'est pas qu'une heure. C'est un vase rempli de parfums, de sons, de projets et de climats. Ce que nous appelons la réalité est un certain rapport entre ces sensa-tions et ces souvenirs qui nous entourent simultanément — rapport que supprime une simple vision cinématographique, laquelle s'éloigne par là d'autant plus du vrai qu'elle prétend se borner à lui [...].» Pour toucher au vrai, il fau-drait donc mentir, comme Baudelaire le savait déjà ; en témoigne ce passage du *Salon de 1859* sur la platitude réaliste (photographique ?) des paysagistes de son temps : « Je désire être ramené vers les dioramas dont la magie énorme et brutale sait m'imposer une utile illusion. Je préfère contempler quelques décors de théâtre, où je trouve, artistement exprimés et tragiquement concentrés, mes rêves les plus chers. Ces choses, parce qu'elles sont fausses, sont infiniment plus près du vrai, tandis que la plupart de nos paysagistes sont des menteurs, justement parce qu'ils ont négligé de mentir. » (dans *Écrits esthétiques*, Paris, Union générale d'Éditions, 1986, p. 344-345).

Cet éloge du faux trouvera un écho persistant chez Picabia dans sa période dadaïste (voir A. Pierre, « Picabia contre le retour à l'ordre », *Francis Picabia, les Nus et la méthode* (cat. expo.), Grenoble, Musée de Grenoble, 1998, p. 10), c'est-à-dire à une époque où l'aura est délibérément sacrifiée par le peintre traversant une phase d'intense désenchantement (sur

le sacrifice de l'aura par le moyen du faux, voir Rainer Rochlitz, *Le Désenchantement de l'art. La philosophie de Walter Benjamin*, Paris, Gallimard, 1992, p. 252).

82. G. Apollinaire, « Le sublime moderne », *La Dépêche de Rouen*, 24 juin 1912. Ce texte, qui ne figure pas dans l'anthologie de L.-C. Breunig (*Chroniques d'art 1902-1918*, Paris, Gallimard, 1960), a en revanche été signalé par Jeffrey J. Carre («Guillaume Apollinaire à Rouen», *La Revue des Lettres modernes*, Paris, n° 4, 1964, p. 157-159) ; je remercie le professeur Camfield d'avoir attiré mon attention sur son existence.

83. J'ai traité plus en détail cette question dans «La peinture est-elle un art ? Picabia et la photographie, les sources d'un problème », *Études photographiques*, n° 5, novembre 1998, p. 119-140. Une déclaration

de Picabia au *Kansas City Star* (23 février 1913) condense en un court paragraphe les questions de la peinture-musique, de la mémoire et de la photographie : «J'attire votre attention sur un chant de couleurs, qui fera ressentir à d'autres les sensations et les sentiments joyeux qui m'inspirèrent dans ces jours d'été lorsque je me trouvais dans un coin de campagne à la frontière de l'Italie où il y avait une source dans un merveilleux jardin. Une photographie de cette source et de ce jardin ne ressemblerait en aucune manière à ma peinture. »

84. W. Benjamin, «Sur quelques thèmes baudelairiens», art. cité, p. 198.

85. Comme l'a montré Jean-Hubert Martin dans *Francis Picabia* (cat. expo.), Paris, Galeries nationales du Grand Palais, 1976, p. 47.

Arnauld Pierre est historien de l'art, maître de conférences à l'université de Paris-Sorbonne (Paris IV). Membre du comité Picabia, qui prépare le catalogue raisonné de l'artiste et diffuse la connaissance de son œuvre, il a déjà publié plusieurs études sur les différentes périodes du peintre. Il s'apprête à publier un ouvrage intitulé *Francis Picabia, la peinture sans aura* (Gallimard, 2002).

ÉTANT DONNÉS : 1° LA CHUTE D'EAU
2° LE GAZ D'ÉCLAIRAGE, 1946-1966
LES ATELIERS, AVANT ET APRÈS
LE DÉMÉNAGEMENT
FAIT DE DÉCEMBRE 1965 À FÉVRIER 1966
CAHIER DE MONTAGE, P. 32
PHOTOS MARCEL DUCHAMP

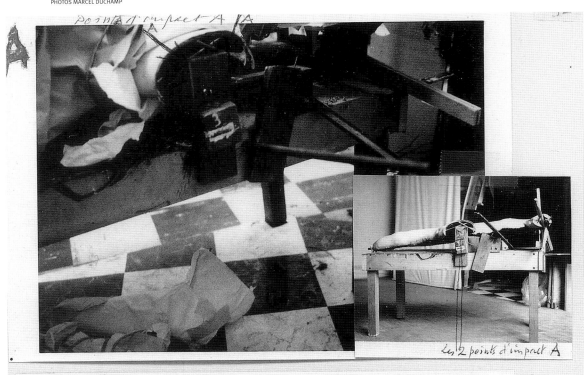

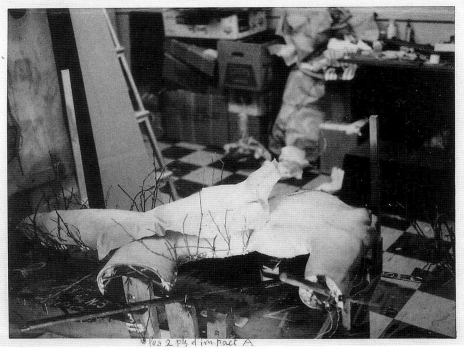

André Gervais

Détails d'Étant donnés...

En 1946

C'est cette année-là que cela commence. Ou commencerait. Ou aurait commencé.

Mais comment commence une œuvre ? Par son titre ? Par quelque écho (déjà recueilli) de son titre (à venir) ? Sur le coup ou dans l'après-coup ? Au présent ou au futur antérieur ? Par un matériau spécifique, un geste spécifique — de l'auteur, du personnage ? En public ou en secret ? Une œuvre peut-elle commencer *deux fois* ? En 1946 et en 1947, disons ?

Mais encore faut-il, peut-être, qu'il y ait eu alors telle disponibilité : « [...] l'ordinaire de la vie [à New York] donne une tranquillité qui me permettrait de travailler si j'en avais envie[1] ? »

Étant donnés le titre définitif de l'œuvre, *titre dont une première version n'est inscrite au bas d'un dessin qu'en décembre 1947*, et les dates finalement inscrites de son commencement et de sa fin (1946-1966), d'une part, l'état actuel des connaissances duchampiennes, d'autre part, il est possible de dire que cela trouve son premier point d'ancrage en mars ou avril 1946 avec, faites par Duchamp, la jaquette (reproduisant la Statue de la Liberté dont le visage a été découpé) *et* la couverture (reproduisant le visage d'André Breton, qu'on voit, et une branche de cerisier, qu'on ne voit pas)[2] d'un choix de poèmes de ce dernier publiés en français *et* en traduction anglaise : *Young Cherry Trees Secured Against Hares / Jeunes cerisiers garantis contre les lièvres*, et son second point d'ancrage en août 1946 par la photo, prise par Marcel Duchamp ou par Mary Reynolds, de la chute d'eau séparant Puidoux et Chexbres, deux petites villes de Suisse ? Est-il possible que, à l'inverse de ce que propose telle note de la *Boîte Verte* ou le titre définitif de l'œuvre, ce *1° le gaz d'éclairage* et ce *2° la chute d'eau* — comme sont inversées les initiales des lieux : United States / *Suisse* — y soient, après coup, pour quelque chose ? Une autre version du titre, en 1948-1949, reprendra cette inversion : *Le gaz d'éclairage et la chute d'eau.*

Les ateliers

Marcel Duchamp compose *Étant donnés...* à New York dans trois ateliers différents. Il habite et travaille au 210 W 14th Street, au 4e étage, à partir d'octobre 1943 ; après 1953, cela devient l'atelier seulement, l'atelier « officiel » s'entend, car depuis l'été ou l'automne 1949, il a, juste à côté, sur le même palier, un autre atelier, l'atelier secret celui-là, où il continue l'œuvre. Il doit déménager ces deux ateliers en 1965, ce qu'il fait vers Noël et jusqu'au 17 février 1966, allant au 80 E 11th Street, toujours au 4e étage. Ce studio sera le sien au moins jusqu'au démontage de l'œuvre en 1969.

Il n'est pas inutile de dresser la double chronologie — sur deux colonnes — d'*Étant donnés...* : à gauche, côté *underground*, le développement de l'œuvre faite en secret, tel qu'il

peut être précisé, dans l'état actuel des connaissances ; à droite, côté *overground*, les autres
œuvres ou déclarations qui, sans le dire jamais, font allusion de façon directe ou surtout indi-
recte à l'œuvre faite en secret[3]. Il n'est pas inutile non plus d'examiner toutes les photos qui
sont dans le « manuel d'instructions »[4] : c'est en combinant chronologie et manuel qu'on peut
dater les plus anciennes photos — des polaroids — de la fin 1964. De l'œuvre telle qu'elle
se développe avant cette date, il n'y aurait que deux photos prises entre 1946 et 1949 dans
le premier atelier, et qu'une photo entre 1949 et 1963 dans le deuxième atelier.

Dans le manuel, on peut voir le deuxième atelier en 1964-1965 et le troisième atelier
en 1966. Le troisième a un plancher en linoléum (p. 19, 27), une petite table dans un coin
(p. 44), etc. Il peut être identifié par les photos prises fin 1968, après la mort de Duchamp, par
Denise Browne Hare : sur deux d'entre elles, justement, il y a la petite table en question[5].
Le deuxième, plus grand et plus spacieux, a un plancher en bois (p. 3, 11, 28, 40, 41, 42), un plafond à motifs et moulures (p. 13, 18)[6], un calorifère (p. 21), des fenêtres (p. 14), un évier (p. 30),
etc. Deux fois au moins, Duchamp montera sur la même page des photos d'avant et d'après
le déménagement : voir p. 24 haut (avant) et bas (après), et p. 32 haut droite (avant) et bas
(après). De la même façon, l'œuvre n'est pas signée (p. 22, 30, 35) et l'œuvre est signée (p. 44
et suivantes).

À cette époque, Duchamp est à New York, essentiellement,
— du 12 octobre 1964 au 19 avril 1965 : ayant acheté les lumières (fluorescent, century lights,
spot light) à New York le 22 octobre 1964, le montage général (moins la porte) peut commencer ;
— du 15 octobre 1965 au 18 avril 1966 : ayant acheté une grande porte à La Bisbal, Espagne,
durant l'été 1965, la photo de celle-ci (p. 13 bas), découpée et réaménagée, ne peut donc avoir
été prise qu'entre octobre et décembre 1965 ;
— du 18 octobre 1966 au 21 mars 1967 : Duchamp fait les derniers ajouts et ajustements, rédige
le manuel et signe.

Le manuel

Le texte de base est celui, suivi, du début ; entre crochets pourraient être intercalés les mots
ou phrases faisant variantes ou ajouts, pris soit dans le texte, opération après opération, qui
suit, accompagné pour chacune d'elles de photos, soit dans les « explications » écrites sur ou
près des photos en question. C'est ainsi qu'on peut préciser le titre de sept opérations :
[«*Les Briques* »] (3e), [«Bâtis »] (4e), « *La Porte* composée de 4 panneaux [indépendants] » (5e),
[*La Table* »] (8e), [« le buisson n° 4 »] (9e), [«*Bandes aluminium* — quelques branches »] (10e)
et [«*Buissons* »] (14e)[7]. C'est ainsi qu'on apprend que la quinzième et dernière opération a deux
titres et deux contenus distincts : « *Réglage général : Chute d'eau — spot light bien verticale
sur le con* » (2 lignes) et « *Remarques générales et photos de détails* » (une page et demie
bien tassée avec des variantes et ajouts tardifs, peut-être de 1968, certains marqués « fait »).

Le chiffre 2, manifestement, est un chiffre organisateur :
— le titre de l'œuvre et du manuel, avec ses deux-points, ses deux « d' » et ses *1°* et *2°* (relayés
matériellement par les deux « trous du voyeur » dans la porte et graphiquement par les deux O
de « DOOR » dans le manuel) ;
— le « démontage et remontage » de l'œuvre (fait par l'« auteur », Marcel Duchamp, lors du passage d'un atelier à l'autre en 1965-1966, et fait par l'« éditeur », Paul Matisse, lors du passage
de l'atelier au musée en 1969) ;
— le sous-titre du manuel, en deux mots (« *Approximation démontable* »)[8] suivis de deux dates
et de deux initiales (« exécutée entre 1946 et 1966 à N.Y. ») ;

— le nu, moulé sur le corps de Maria Martins (1947 ou 1948) ; l'avant-bras et la main gauches de ce moulage ayant été cassés, remoulage sur l'avant-bras et la main gauches d'Alexina, dite Teeny, Sattler (1952)[9] ;

— « Il vaut mieux *être deux* pour soulever délicatement le nu » (11e opération), cette proposition étant accompagnée de deux photos, l'une (prise par Marcel) montrant Alexina seule soulevant le nu et l'autre (prise par Alexina) montrant Marcel seul soulevant le nu[10] !

— les « 2 barres bois » pour « arc-bouter le paysage » (et l'« angle obtus de 91° ou 92° » du paysage avec le linoléum), les « 2 barres métal rondes A et B vertes » pour relier le paysage aux briques, les « 2 bouts de gros fil de fer » pour relier la jambe à la cuisse, les « 2 vis pour relier le bras et l'avant-bras », les 2 x 2 panneaux de la porte, les 2 x 2 pieds de la table, les 2 x 3 buissons (le 4e devant d'abord être placé sur la table), la « double coquille » de la tête, etc.

Le manuel est donc fait d'écrits, de dessins et de photos, les uns prolongeant les autres, littéralement collés près des autres, ainsi que d'un modèle réduit («modèle carton») de l'œuvre, tout à fait autonome. Le tout dans une pochette vinyle à quatre anneaux, avec des bordures de quatre couleurs (surtout vertes ou roses, mais aussi grises ou jaunes), chacune d'elles étant marquée, sur trois lignes, comme l'indique en troisième de couverture le para-texte de cette pochette : « ED / DORET / V ». Duchamp n'a-t-il pas beau jeu de choisir cette marque («c'est une création DORET ») afin de faire coïncider, comme par hasard, ED avec les initiales des deux premiers mots du titre et V avec cet espace qui va des deux trous de la porte au trou du mur et à la raie du nu étendu sur le dos ?

L'approximation

Au tournant des années 1950-1960, ce mot désigne le *passage (négatif) par la traduction* :

[...] ce besoin de se servir de mots, qu'ils soient nouveaux ou anciens, pour traduire l'inconscient, si vous voulez, ce qui se passe en nous. C'est une formule à laquelle je ne crois pas du tout : que la langue ou les mots puissent traduire de façon exacte ou précise tout ce qui, vraiment, se passe dans le monde, c'est-à-dire ce qui se passe sous l'individu et non pas en dehors de l'individu, vous comprenez... La traduction par les mots de ces phénomènes est très approximative, plus qu'approximative et souvent fausse...[11]

C'est lorsqu'il y a *passage (positif)* à la poésie, autant du côté de l'artiste que du côté du regardeur, que des choses peuvent être dites, *autrement dites*, inventées. C'est ce qu'il dira, par exemple, de Raymond Roussel dont les œuvres auront été importantes pour lui dès les années 1910 :

Le subconscient ne m'a jamais, jamais vraiment intéressé en tant que base pour une expression artistique, quelle qu'elle soit. Il est vrai que j'étais pour une bonne part un cartésien défroqué, si je puis dire, parce que je m'amusais beaucoup du soi-disant plaisir d'utiliser le cartésianisme comme forme de pensée, comme logique et comme principe mathématique très précis. Mais j'étais déjà aussi très séduit par l'idée de m'en détourner [getting away from it]. Cela se passe aussi ainsi dans plusieurs pièces de Roussel, l'auteur qui a écrit ces descriptions complètement fantastiques du même ordre, où tout peut être fait — particulièrement lorsqu'on le décrit avec des mots —, où n'importe quoi peut être sujet à invention[12].

C'est aussi ce qu'il répond à Jean Suquet : « Et comme vous le dites, "en poète" est la seule façon de dire quelque chose[13]. » En poète, c'est-à-dire en construisant sur ses «établis», dans son «atelier», ce que Francis Ponge, regardeur de Braque ou de Giacometti, appelle des

André
Gervais

ÉTANT DONNÉS...
« IL VAUT MIEUX *ÊTRE DEUX* POUR SOULEVER
DÉLICATEMENT LE NU », 11ᵉ OPÉRATION DE MONTAGE
CAHIER DE MONTAGE, P. 34, SECTION « LE MANUEL »
PHOTOS MARCEL DUCHAMP ET ALEXINA SATTLER

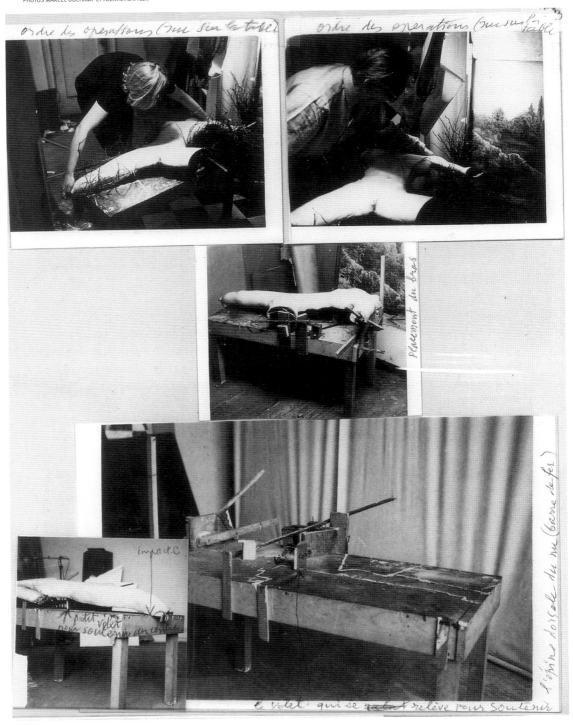

« machines verbales »[14]. Le choix et la surdétermination du choix : construire des combinaisons « utiles » — « Inventer, c'est discerner, c'est choisir » dit Poincaré des êtres mathématiques, « Faire quelque chose, c'est choisir » dit Duchamp des mots et des objets[15] — pour qu'advienne l'invention. Et cette invention, essentiellement d'ordre poétique, passe, chez Duchamp comme chez Roussel, par le jeu de mots pour une large part[16]. Ainsi en est-il, au début des années 1910, côté mots, du passage de *ces* à *ses* dans le titre du *Grand Verre* : « C'est, si vous voulez, une idée — appelez-la poétique —, une idée [...] amusante à penser : ça dirige votre esprit dans une direction à laquelle vous ne vous attendiez pas[17]. » Ainsi en est-il, au milieu des années 1960, côté objets, du commentaire accompagnant le sous-titre d'*Étant donnés...* : « (par approximation j'entends une marge d'*ad libitum* dans le démontage et remontage) ».

Le dispositif

Étant donnés :

1° « *Puisque la photographie nous donne toutes les garanties désirables d'exactitude (ils croient cela, les insensés !), l'art, c'est la photographie.* » À partir de ce moment, la société immonde se rua, comme un seul Narcisse, pour contempler sa triviale image sur le métal. [...] Quelque écrivain démocrate a dû voir là le moyen, à bon marché, de répandre dans le peuple le dégoût de l'histoire et de la peinture, commettant ainsi un double sacrilège et insultant à la fois la divine peinture et l'art sublime du comédien. Peu de temps après, des milliers d'yeux avides se penchaient sur les trous du stéréoscope comme sur les lucarnes de l'infini [je souligne]. L'amour de l'obscénité, qui est aussi vivace dans le cœur naturel de l'homme que l'amour de soi-même, ne laissa pas échapper une si belle occasion de se satisfaire[18].

2° Les hommes trouveront toujours que la chose la plus sérieuse de leur existence, c'est jouir. La femme, pour nous tous, c'est l'Ogive de l'infini [je souligne]. Cela n'est pas noble, mais tel est le vrai fond du Mâle. On blague sur tout cela, démesurément ! Dieu merci, pour la littérature, et pour le bonheur individuel, aussi ? N'importe, gloire à Vénus[19].

De chaque côté d'un sas noir, deux lieux : l'un à l'extérieur (le paysage dans lequel est un nu), l'autre à l'intérieur (le corridor dans lequel est un regardeur). Or le lieu extérieur est *à l'intérieur de l'œuvre*, et le lieu intérieur à *l'extérieur*. C'est par ce sas entre la porte et le mur que se fait l'échange : le corridor mène à une porte dans laquelle il y a deux trous par lesquels le regardeur devient voyeur, le paysage est vu par le trou — l'« échancrure » (ou échange cru) — qu'il y a dans un mur de briques[20].

Dans le *Dictionnaire* de Littré (1863-1872, supplément : 1877), au mot *haha*, on trouve la définition suivante (Piron, 1738) : « ouverture faite au mur d'un jardin avec un fossé au dehors afin de laisser la vue libre [*vue, donc, de l'intérieur*] ». Le sas, « bâtis [*sic*] entre les briques et la porte », « sorte de chambre complètement noire quand on regarde par les trous du voyeur [*vue, donc, de l'extérieur*] », à la fois fossé barrant le passage *et* mur percé d'une ouverture irrégulière permettant le passage, règle *de l'intérieur de l'œuvre* cet échange — communication, complémentarité et réciprocité — entre les deux lieux : des deux trous de la porte (des « lucarnes de l'infini ») au trou du mur et à la raie du nu (à « l'Ogive de l'infini »), des lucarnes à la carne et des briques au lubrique, ou encore, selon la formule de Jean-François Lyotard, « rien qu'une vulve à voir, et pour cette raison rien qu'un con pour voir »[21].

Cet espace paradoxal tourné vers l'autre (le regardeur) ou retourné vers soi (le nu) ne se déploie-t-il pas selon une *suite en de* : une porte *de* bois, un saut-*de*-loup (ou haha[22]), un mur *de* briques, un corps *de* femme étendu dans des branches d'arbres et tenant un bec *de* gaz

MARCEL DUCHAMP
ÉTANT DONNÉS...
BÂTIS ENTRE BRIQUES ET PORTE, 1965
PHOTO ET DESSIN
CAHIER DE MONTAGE, P. 12
SECTION « LE DISPOSITIF »

[ce corps et ces branches étant sur une table *de* bois], le tout dans telle étendue *de* pays avec chute *d'*eau [le mécanisme de cette chute d'eau étant dans une boîte *de* biscuits]? Et cet emblème c / s — de la *C*atalogne (*E*spagne) à *C*hexbres (*S*uisse) —, issu en quelque sorte de la rime Mar*c*el / *S*élavy[23], ne se double-t-il pas de l'emblème p / b (ou b / p) : de *p*orte de *b*ois à *b*oîte de biscuits *P*eek Freans, en passant par *b*riques, *b*uissons, *p*lâtre et *p*eau de *p*orc du nu, *b*ec de gaz et *p*aysage?

Le regard

Qui, en 1948, regarde? Est-ce le nu au bras allongé, à la main fermée et au poignet recourbé, *comme si cette main tenait un miroir*, qui se regarde? Est-ce Hélène Hoppenot, amie de Mary Reynolds (et, indirectement, de Marcel Duchamp), et Henri Hoppenot, ambassadeur de France en Suisse, regardeurs à qui est réservé l'exemplaire de luxe n° XVIII / XX de la *Boîte-en-valise* dans lequel est ajouté *Réflection à main*, dessin d'un miroir rond (en creux) et d'une main? Regard interne ou regard externe? Ou regard double, proprement *réflection*, mixte de français (*réflexion à main*) et d'anglais (*a main reflection*), mixte d'image reflétée ou de lumière réfléchie et de retour de la pensée sur elle-même? Le lien, par la main, du nu et du dessin laisse entendre que, dans le placement des choses et des gestes, Duchamp, en 1948, en est là : « On peut voir regarder[24]. »

De 1947 ou 1948 (moulage du corps de Maria) à 1952 (moulage de l'avant-bras et de la main gauches d'Alexina), l'intégration des empreintes corporelles des deux femmes au mannequin se fait, *le passage* de l'une à l'autre *a lieu*. Et le redressement de l'avant-bras, désormais, permet non seulement l'étendue du corps sur des branches d'orme[25], mais aussi l'abandon du point de relais (le miroir) au profit du point de départ (le gaz d'éclairage). La verticalité des deux-points mais aussi celle des *1°* et *2°* dans le titre définitif s'opposera à l'horizontalité des deux trous dans la porte mais aussi du nu derrière la porte, façon de désigner dans l'écrit le retournement de ce qui est dans le pictural.

La porte n'ouvre pas (c'est à huis clos, le public doit rester *à l'extérieur*), l'ouverture dans la porte n'ouvre pas (c'est à guichet fermé, toutes les places sont prises par le public *à l'intérieur*). C'est par les trous du voyeur, *coup de force qui permet d'«entrer»*, que tout s'enclenche : le mur de briques, abîmé, est devenu la mise en abyme d'une salle de spectacle[26], et le paysage une scène où, à l'instant même, repose l'allumeuse. À guiche*t* s'écrit maintenant, à l'infinitif, aguiche*r* : une fois de plus, *tr* est très important.

Dans la première entrevue de Duchamp publiée en France après la Seconde Guerre mondiale, je lis ceci :

Le livre de Ferry [Jean Ferry, Une étude sur Raymond Roussel, *Paris, Arcanes, 1953] m'a beaucoup éclairé [je souligne] sur la technique de Roussel. Son jeu des mots avait un sens caché [allusion probable à (p. 138) : «La plus grande partie des imaginations de Roussel, mises en plis ou non par la nécessité qu'il se créait d'employer certaines combinaisons phonétiques, tournent autour de cette idée : comment cacher quelque chose de manière à en rendre ultérieurement la trouvaille difficile, mais possible?»]. Mais l'obscurité [je souligne] de ces jeux de mots n'avait rien de mallarméen [allusion plus que probable à Charles Mauron,* Mallarmé l'obscur, *Paris, Denoël, 1941], rien de rimbaldesque. C'est une obscurité d'un autre ordre. C'est cela qui m'intéresse chez Roussel : ce qu'il a d'unique [allusion à Max Stirner,* L'Unique et sa propriété, *traduit en français en 1900]. C'est qu'il ne se rattache à rien d'autre[27].*

Intégrant deux développements du procédé rousselien tel qu'il est dévoilé dans *Comment j'ai écrit certains de mes livres* (1935)[28], ne suis-je pas fondé de poser qu'il y a passage de *l'ambassadeur*[29] à *lampe à Sattler* / lampassatleur / et que c'est par ce passage que le bec Auer, tenu par un avant-bras et une main moulés sur ceux de sa nouvelle compagne, Alexina Sattler, peut advenir. *Le passage*, de l'intertexte au biotexte, *a lieu* et le réverbère, qui est, en ses deux acceptions, un miroir *et* un bec de gaz, peut maintenant être, selon sa première syllabe, une raie d'une espèce buissonnante et trébuchante.

Le regardeur est essentiel à la fabrication, à la continuation de l'œuvre, dira Duchamp dans les années 1950 : «prière de toucher», par la lecture, à la matérialité du texte, de participer au processus créatif *en allant jusqu'à l'écriture*. Le regardeur d'*Étant donnés...*, qui accepte de s'avancer dans le corridor jusqu'à l'œuvre et de regarder par les trous de la porte, n'a accès, par le trou du mur, qu'à une portion de ce qui est là, la portion émergée, la portion congrue, voire crue, si je puis dire. Nulle possibilité de «domination», de «manipulation» de l'objet :

> [...] ce qui confère son pouvoir au sujet et qui transforme les autres en objets de son divertissement, ce n'est pas le coup d'œil lui-même, mais la capacité et le pouvoir de regarder n'importe quoi et de tout voir. La permission de contempler tous les côtés, toutes les facettes et sous tous les angles, comme bon nous semble, comme on examine un objet dans la paume de la main. C'est la violation qui importe. La puissance dominatrice de la pornographie ne vient pas du regard mais du pouvoir de pénétrer à volonté des intimités qui se voulaient secrètes et d'y regarder ce que l'on veut bien y voir. Le regard marque, au contraire, une limite, établit une distance qui interdit de toucher. Et en fait, c'est le regard qui marque la fin du pouvoir de la pornographie[30].

De ce côté-là, un nu, toujours irrejoignable, étendu sur son aire, bras et jambes écartés. De ce côté-ci, le regardeur, toujours recommencé, rivé, en quelque sorte, à la porte. Qui regarde « N.-D. des désirs »[31] ne peut abolir le haha.

«*An interesting distinction*»

C'est à l'occasion d'un débat, lors du *West Coast Duchamp Symposium*[32], que Walter Hopps suggère d'analyser ainsi *Étant donnés...* :

> Il y a deux hommes et trois femmes qui, à un degré ou un autre, avaient bel et bien connaissance de l'œuvre. Et, éventuellement, un troisième homme. Les femmes sont Mary Reynolds, Maria Martins et Teeny Duchamp. La participation et des parties [participation and «parts»] de ces trois femmes sont dans l'œuvre. Les hommes qui savaient à propos de l'œuvre, mais à qui il n'a jamais été permis de voir l'œuvre en l'état ou d'en faire partie intégrante [be the intimate parts of it] comme les femmes (une distinction intéressante) seraient [Robert] Lebel, qui a vraiment été un important collègue sur le plan intellectuel. La preuve évidente en ce qui concerne Lebel est le dessin avec la connexion électrique au Verre [Cols alités, juillet-août 1959]. L'autre homme qui savait à propos de l'œuvre est Bill Copley. Joseph Cornell pourrait être le troisième, mais ce n'est que spéculation.

Dans l'état actuel des connaissances, la distinction femme (dans l'œuvre) / homme (hors l'œuvre) tient toujours. Ainsi que la liste des trois femmes :
— Mary Reynolds (1891-1950), compagne de Duchamp depuis 1924 : la photo de la chute d'eau, prise en août 1946 durant des vacances en Suisse (avec, durant ces vacances, deux brefs séjours à l'ambassade) ; mais a-t-elle vraiment su que s'élaborait, essentiellement entre Maria et Marcel, telle œuvre ?
— Maria Martins (1894-1973), compagne de Duchamp à partir de 1946[33] : l'intitulé (emprunté à une note relative au *Grand Verre*, Maria étant littéralement la mariée), le corps nu, dessiné

en 1947 puis moulé en 1947 ou 1948 (Maria étant à New York jusqu'en juillet 1948), dont les formes sont retravaillées, retouchées, remoulées et peaufinées jusqu'à *Objet-dard* (1951) qui, avant d'être cet objet d'art, est une partie du dernier moule ; la relation amoureuse avec cette femme et ces matériaux[34] ;

— Alexina, dite Teeny, Sattler (1906-1995), compagne depuis 1951[35] puis épouse en 1954 de Duchamp : l'avant-bras et la main gauches du nu (en 1952), la cueillette des branches et le ramassage des briques (dans les années 1950), la recherche de la porte (en 1965), la couleur « blond sale » des cheveux (en 1966), etc. ; le relais apaisé, la collaboratrice jusqu'à la fin et au-delà.

Liste à laquelle il faut ajouter Jacqueline Matisse (1931-), fille d'Alexina, qui est mise au courant en 1966[36] : « Une fois de plus, tu es la seule personne à qui je le dis parce que je sens que quelqu'un dans la famille à part moi doit le savoir. Souviens-toi seulement que, pour tous les autres, c'est un secret [*Remember only to all others it's a secret*] ».

Il faut corriger quelque peu la liste des hommes :

— Robert Lebel (1901-1986), que Duchamp connaît depuis 1936, a le privilège de visiter l'atelier secret, en 1958 selon toute vraisemblance[37] ; faite spécifiquement pour l'édition de luxe du livre sur Duchamp que Lebel s'apprête à publier, l'œuvre qui désignerait ce rapport intime est *Eau & Gaz à tous les étages* (juin-septembre 1958), allusion non seulement à l'intitulé mais aussi au travail tant *underground* qu'*overground* (« à tous les étages ») ;

— William, dit Bill, Copley (1919-1996), que Duchamp connaît depuis 1947 ou 1948, sera, via la Cassandra Foundation à qui Duchamp vend l'œuvre début 1968, le « passeur » de l'œuvre (de l'atelier au musée)[38].

Liste à laquelle il faut ajouter Jean-Jacques Lebel (1936-), fils de Robert, qui aurait eu le même privilège en 1961, et Paul Matisse (1933-), fils d'Alexina, qui aura le privilège, pour la Cassandra Foundation, de démonter l'œuvre dans l'atelier de New York (janvier-février 1969) et de la remonter dans une petite salle du Philadelphia Museum of Art (février-mai 1969)[39].

Ceux qui *n'auront pas su*, et ce ne sont pas les moindres, se nomment :

— Henri-Pierre Roché (1879-1959), vieux complice : Duchamp lui présente Maria Martins lorsqu'elle vient à Paris (29 juin 1946) et elle prend même l'avion avec Roché lorsqu'elle revient à New York (10 juillet 1946) ;

— Man Ray (1890-1976), autre vieux complice : Duchamp lui donne, lors de son départ définitif pour la France (12 mars 1951), un des deux exemplaires de *Feuille de vigne femelle* (1950), moulage du pubis du nu ;

— Joseph Cornell (1903-1972) : dans *Joseph Cornell / Marcel Duchamp... in resonance*, p. 75, Walter Hopps écrit (je traduis) :

*Je ne crois pas que Cornell ait su à propos d'*Étant donnés *lorsque, de 1946 à 1966, Duchamp était en train d'y travailler. [...] Mais je pense que la décision de Duchamp de présenter* Étant donnés *comme un tableau vivant* [tableau] *a probablement été beaucoup influencée par l'espace théâtral tridimensionnel qui, sur une plus petite échelle, existe dans tous les assemblages que sont les boîtes de Cornell.*

— Michel Sanouillet (1924-) ;

— Walter Hopps (1935-) : dans le cadre de la rétrospective du Pasadena Art Museum dont il est le commissaire, il demande à Duchamp, au cours d'un dîner dans un restaurant (entre le 6 et le 13 octobre 1963), quelque chose comme « S'il y avait quelque chose auquel vous aviez travaillé dans l'intimité, auriez-vous voulu que ce soit vu lors de cette exposition ? [*If there were something you had been working on privately, would this have been the show that*

you would have wanted it to be seen ?]», Duchamp répondant quelque chose comme « S'il y avait une telle œuvre à laquelle j'avais travaillé en secret, ce ne serait pas l'occasion de la montrer *[If there were such a work that I was working on in secret, this would not be the occasion where it would have been shown]* » ; en 1990 (*West Coast Duchamp*, p. 121), Hopps dit (je traduis toujours) : « Après cet échange, j'étais plutôt convaincu dans mon esprit qu'avec le temps se présenterait quelque chose d'important, comme cela d'ailleurs est arrivé. » En 1998 (*Joseph Cornell / Marcel Duchamp... in resonance*, p. 75), il dira (je traduis encore) : « J'ai ressenti immédiatement une vive émotion parce que je savais qu'il y avait une œuvre. » — Richard Hamilton (1922-) : dans le cadre de la rétrospective de la Tate Gallery dont il est le commissaire, *Le gaz d'éclairage et la chute d'eau* (1948-1949) est montré pour la première fois, Maria lui ayant suggéré qu'elle avait aussi cette œuvre à prêter ;
— Arturo Schwarz (1924-) qui n'a pu ajouter que dans la section catalogue de *The Complete Works of Marcel Duchamp*, en cours d'impression en juillet 1969 (l'ouverture de la salle où l'œuvre est installée est du 7 juillet), une longue analyse de l'œuvre qui ne deviendra un chapitre à part entière qu'en 1974, dans les traductions française et italienne de la deuxième édition (1970) du livre.

Certains d'entre eux feront des déclarations tardives qui iront toutes dans le sens de «on soupçonnait que », « on se doutait de », mais n'iront pas plus loin. L'amitié, voire l'intimité, avec Robert Lebel aura été grande malgré la dénégation[40] :

[...] je ne trouve pas que ma relation avec Duchamp ait été si intime ; d'abord, nous sommes tous les deux des personnages réservés. J'ai appris souvent des choses sur lui par d'autres. Nous étions très amis, mais nous ne nous sommes jamais tutoyés, nous n'avons jamais parlé de nos vies réciproques. [...] Il y en a qui vont très loin dans les confidences. Ça n'a jamais été le cas pour Duchamp envers moi, et ça n'a jamais été mon cas envers Duchamp.

Dans le processus créatif menant à *Étant donnés...*, œuvre achevée, œuvre de longue haleine, plusieurs fois ralentie et plusieurs fois reprise (Duchamp arrêtant d'y travailler pendant des mois, voire des années), il y a au point de départ une femme, Maria Martins, et au point d'arrivée un homme, William Copley.

Au point de départ, en 1947, il y a un corps. Moulé, puis reconfiguré, reformulé dans ses détails jusqu'en 1951-1952 :
— décembre 1947 : *Étant donnés : Maria, la chute d'eau et le gaz d'éclairage*, dessin du nu ; exposé pour la première fois lors de la rétrospective du Centre Georges Pompidou (1977) et reproduit dans le catalogue ;
— décembre 1947 ou début 1948 : moulage du corps de Maria Martins ;
— 1948 : *Étude...* faite de deux photos (l'une du moulage, l'autre du paysage) agrandies, découpées et collées, et montrant le nu comme enjambant le paysage ; reproduite pour la première fois dans Anne d'Harnoncourt et Walter Hopps, *Reflections on a New Work by Marcel Duchamp*, 2ᵉ édition augmentée, Philadelphia Museum of Art, 1973 ;
— 1948 : *Réflection à main*, dessin d'une main (la main gauche du nu) tenant un miroir, pour l'exemplaire de luxe n° XVIII / XX de la *Boîte-en-valise* ; reproduit pour la première fois dans Herbert Molderings, *Marcel Duchamp. Parawissenschaft, das Ephemere und der Skepsis*, Francfort-sur-le-Main, Qumran, 1983 ;
— 1948-1949 : *Le gaz d'éclairage et la chute d'eau*, montage réduit du nu ; exposé pour la première fois lors de la rétrospective de la Tate Gallery (1966) et reproduit dans le catalogue ;

PORTE DU 3ᵉ ATELIER,
OUVERTE SUR LA PORTE
D'*ÉTANT DONNÉS...*, 1968
PHOTO DENISE
BROWNE HARE

— 1949-1950 : *Étude...* du nu dont les formes sont maintenant plus arrondies ; photo publiée par Francis Naumann d'abord dans sa critique de la 3ᵉ édition du livre d'Arturo Schwarz, *The Complete Works of Marcel Duchamp* : « Arturo's Marcel », *Art in America*, New York, vol. 86, nᵒ 1, janvier 1998 ; ensuite dans son catalogue de l'exposition *Maria. The Surrealist Sculpture of Maria Martins*, New York, André Emmerich Gallery, 19 mars-18 avril 1998 ;

— vers 1950 : *Étude...* du nu en Plexiglas ; exposée pour la première fois lors de la rétrospective du Philadelphia Museum of Art (1973) et reproduite dans le catalogue ;

— fin 1951 : le nu est recouvert d'une peau de porc ;

— 1952 : remoulage de l'avant-bras et de la main gauches du nu sur l'avant-bras et la main gauches d'Alexina Sattler.

Un corps manifestement debout auquel il faut joindre un décor : voilà, mise en scène directement, la chute d'eau de 1946 (et, indirectement, Mary Reynolds). Un décor dans lequel il y a à introduire un accessoire. Des scènes où le corps tient cet accessoire (un miroir) sont essayées à partir de 1948. Puis, en 1951-1952, est retenue une scène où le corps, désormais étendu, tient un autre accessoire (un bec de gaz) : voici, mise en scène directement, la statue de la Liberté de la jaquette de 1946. De nombreuses photos de cette scène, où sont conjuguées la mise à nu de la Statue (ne faut-il pas, comme l'écrit Robert Lebel, qu'elle ait été « jetée à terre » ?) et l'entrée en scène d'Alexina Sattler (ne faut-il pas qu'un avant-bras et une main aient été cassés ?), scène retravaillée et ajustée dans ses détails, dans le temps et dans l'espace, dans la fiction et la métafiction de l'œuvre, seront prises à partir de 1964.

Puis, en 1968, entre en scène à son tour le mécène.

On voit mieux, maintenant, les différents passages (structuraux, poétiques, autobiographiques, institutionnels) : de Maria à Alexina, de l'empreinte unique, constamment retravaillée, à l'empreinte mixte, désormais unifiée, de la chute d'eau à la chute du corps, de la chute d'eau au gaz d'éclairage, du miroir au bec Auer, de 1947 à 1946, de 1968 à 1969, etc.

Dans ce processus créatif, il y a aussi le regardeur, devenu un voyeur. N'est-il pas déjà à l'extérieur, face au seuil comme l'homme de la campagne devant la porte de la loi, qui n'est faite que pour lui[41] ?

Notes

1. Marcel Duchamp, lettre à Tristan Tzara (New York, 2 ou 3 janvier 1946, envoyée le 5).

2. La rime début du *cou* de Breton / première syllabe de *couverture*, déjà.

3. Cette chronologie, établie vers 1977-1978 et publiée dans André Gervais, *La Raie alitée d'effets. A propos of Marcel Duchamp*, Montréal, Hurtubise HMH, coll. «Brèches», 1984, a été refaite (revue, augmentée et raffinée) plusieurs fois depuis 1986. Elle ne retient, dans l'ensemble de l'œuvre duchampienne, que les tenants et aboutissants synchrones (à partir, donc, de 1946).

4. Cette formule («Manual of Instructions») est ajoutée par l'éditeur sur la bande noire de la bande-annonce de l'édition en fac-similé du cahier de montage ; cette édition en format livre a été publiée en 1987 par le Philadelphia Museum of Art, à l'occasion du centième anniversaire de la naissance de Duchamp.

5. Voir Dennis L. Dollens, « Interview : Denise Browne Hare on Marcel Duchamp's New York studio », *Sites*, New York, n° 19, 1987, p. 7-16 ; cet entretien est suivi du portfolio en question, p. 17-31.

6. C'est par ce plafond que peut être fait le lien entre le premier atelier et le deuxième : voir les deux photos du premier atelier, prises par Percy Rainford en janvier 1945, dans *View*, New York, série 5, n° 1, mars 1945, reprises dans *Joseph Cornell / Marcel Duchamp... in resonance*, Ostfildern-Ruit, Cantz, 1998, pp. 107 et 113.

7. Seules les deux premières opérations n'ont pas de titre.

8. Gérard Genette (*Seuils*, Paris, Seuil, coll. «Poétique», 1987) rappelle ceci : « [...] l'indication générique est, par rapport aux éléments désormais baptisés titre et sous-titre, un ingrédient quelque peu hétérogène, car les deux premiers sont définis de manière formelle, et le troisième de manière fonctionnelle. [...] elle peut soit faire l'objet d'un élément paratextuel relativement autonome (comme la mention "roman" sur nos couvertures actuelles), soit investir, plus ou moins fortement, le titre ou le sous-titre » (p. 56-57). Le type, ici, serait : Honoré de Balzac, *Le Père Goriot* (titre), *Histoire parisienne* (sous-titre original de 1835), roman (indication générique).

9. La rime Alex*ina* (venue du bio-texte) / In *Advance of the Broken Arm* (venue du texte : c'est le titre d'un readymade de 1915), s'ajoute ici à toutes celles déjà à l'œuvre dans l'œuvre.

10. Cette 11e opération impliquant deux personnes seules *unies par une phrase* n'est pas sans rappeler les deux cadres de l'unique *Porte, 11 rue Larrey* (1927).

11. Georges Charbonnier, *Entretiens avec Marcel Duchamp* [octobre 1960], Marseille, André Dimanche éditeur, 1994, p. 51.

12. George Heard Hamilton, « Entretien avec Marcel Duchamp » [janvier 1959 ; je traduis]. Faut-il préciser que Duchamp n'utilise *inconscient*, terme fort

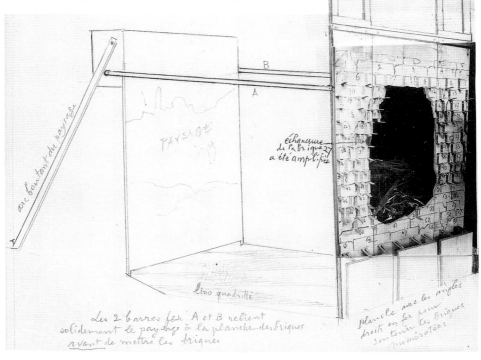

MARCEL DUCHAMP
ÉTANT DONNÉS...
VERSION DESSIN
DE LA PLANCHE À BRIQUES
1965 OU 1966
CAHIER DE MONTAGE
P. 10

(par la négation qu'il contient), qu'exceptionnellement. Sur *inconscient* et *subconscient*, voir Jean Laplanche et Jean-Bertrand Pontalis, *Vocabulaire de la psychanalyse* [1967], Paris, PUF, 5ᵉ édition revue, 1975, p. 463-464.

13. Lettre à Jean Suquet (New York, 9 août 1949), dans *Miroir de la Mariée*, Paris, Flammarion, coll. «Textes», 1974, p. 243.

14. Francis Ponge, *L'Atelier contemporain* [1944-1976], Paris, Gallimard, 1977, p. VII-VIII.

15. Henri Poincaré, *Science et méthode*, Paris, Flammarion, 1908, p. 48 (ceci dans la fameuse conférence où il raconte l'une de ses plus importantes découvertes) ; Georges Charbonnier, *Entretiens avec Marcel Duchamp*, op. cit., p. 61 (dans le chapitre justement intitulé «Le choix des mots et des objets»).

16. Chez Duchamp, la relance du français par l'anglais (et inversement) est chose courante à partir du premier séjour aux États-Unis (1915-1918). J'ai appelé *angrais* cette façon qu'a Duchamp de «fertiliser» ce travail langagier.

17. G. Charbonnier, *Entretiens avec Marcel Duchamp*, op. cit., p. 56.

18. Charles Baudelaire, «Le public moderne et la photographie», section du «Salon de 1859» (juin 1859), chapitre des *Curiosités esthétiques* (1869).

19. Gustave Flaubert, lettre à Georges Sand (Croisset, 6 février 1867) ; dans Gustave Flaubert, *Correspondance*, tome III, édition de Jean Bruneau, Paris, Gallimard, coll. «Bibliothèque de la Pléiade», 1991, p. 604. Cette lettre, dans une transcription incomplète et avec une date reconstituée de façon erronée, a été publiée pour la première fois dans les *Œuvres complètes de Gustave Flaubert. Correspondance*, nouvelle série augmentée, Paris, Conard, 1926-1933.

20. C'est le motif du mur éventré par un bombardement, durant la guerre d'Espagne (1936-1937) ou la Seconde Guerre mondiale (1939-1945), ou lors de la démolition de vieux édifices comme ceux de Greenwich Village, pas très loin d'où il habite.

21. Jean-François Lyotard, *Les Transformateurs Duchamp*, Paris, Galilée, coll. «Écritures / Figures», 1977, p. 14.

22. Ce mot, orthographié *haha* ou *ha ha*, sans doute évoque-t-il aujourd'hui plutôt le collège de Pataphysique (qui, fondé en 1948, commence à être connu en 1950) ou telle œuvre d'Alfred Jarry (*Gestes et opinions du docteur Faustroll, pataphysicien*, livre écrit en 1897-1898, publié en 1911). Duchamp, en effet, a connu l'œuvre de Jarry dès les années 1910 : «Jarry — aucune *directe* influence — seulement un encouragement trouvé dans l'attitude générale de Jarry vis à vis de ce qu'on appelait la littérature en 1911» (lettre à Serge Stauffer, New York, 28 mars 1965). Le dispositif d'*Étant donnés...* étant en place pour une large part avant que Duchamp n'entende parler du collège en 1952 et, quelques mois plus tard la même année, s'y inscrive, on peut toutefois rappeler que c'est dans cette œuvre de Jarry qu'on trouve «ha ha», onomatopée, le «monosyllabe tautologique» de

Bosse-de-Nage, et «ha ha» [*sic*], nom, au sens de «trou-de-loup» (ou saut-de-loup). Voir A. Jarry, *Gestes...*, édition de Noël Arnaud et Henri Bordillon, Paris, Gallimard, coll. «Poésie / Gallimard», 1980, pp. 35-36 et 77, ainsi que la note de la p. 190.

23. Le *s* étant un *c* répété et inversé, la rime qui dit la répétition, de la porte (La *Bisbal*) à la chute d'eau (la boîte de *biscuits*), s'ajoute ici à toutes celles déjà à l'œuvre dans l'œuvre.

24. Da Costa, *Le Mémento universel*, fascicule I, Paris, Jean Aubier, 1948 ; variante d'une note de la *Boîte de 1914*.

25. La cueillette des branches d'orme qui deviendront les «buissons» se faisant à Lebanon (New Jersey), petite localité où Alexina a une maison de campagne (Duchamp y va pour la première fois à l'occasion des Fêtes 1951-1952), qui sera vendue en 1955, parallèlement au ramassage à New York des briques, la rime Lebanon (venue du biotexte) / le bas : NON (venue du texte : «NON» est le mot gravé par Duchamp en guise d'illustration de *Première lumière*, poème de Pierre André Benoit (Alès, PAB, [août] 1959) ; dans le manuel, cette lumière, première en quelque sorte, est une spot light qui «doit tomber vertical', exact', sur le con») s'ajoute ici à toutes celles déjà à l'œuvre dans l'œuvre.

26. La «planche à briques», telle le plan d'une salle de spectacle, contient soixante-quinze briques : en haut, une rangée de briques numérotées de A à F (l'équivalent des sièges les plus près de la scène), puis, entourant l'ouverture en forme de O, seize rangées de briques numérotées de 1 à 69. Le découpage de la planche ayant éliminé la brique 52 (p. 10), celle-ci sera pourtant bien là lors du montage (p. 11).

27. Alain Jouffroy, «Interview exclusive. Marcel Duchamp : l'idée de jugement devrait disparaître», *Arts Spectacles*, Paris, n° 491, 24-30 novembre 1954. Faut-il ajouter que Duchamp ne parle pas de «Fronton-virage», la préface de

MARCEL DUCHAMP
ÉTANT DONNÉS...
VERSION PHOTO
DE LA PLANCHE À BRIQUES
1965 OU 1966
CAHIER DE MONTAGE
P. 11

André
Gervais

LEE MILLER
BRIDGE OF SIGHS, LOWNDES
STREET, KNIGHTSBRIDGE
LONDON, 1940
PHOTOGRAPHIE PARUE DANS
ERNESTINE CARTER, DIR.
GRIM GLORY. PICTURES
OF BRITAIN UNDER FIRE
LONDRES, 1940
LEE MILLER ARCHIVES
CHIDDINGLY, ROYAUME UNI

Breton qui, à partir du «canevas» établi par Ferry pour *La Poussière de soleils* (1927), pièce de Roussel, tire ce dernier vers l'alchimie.

28. Premier développement (ou procédé amplifié) : type veste à brandebourgs/veste à Brandebourg ; second développement (ou procédé évolué) : type «Tu n'en auras pas» / «Dune en or a [des] pas».

29. Le mari d'Hélène Hoppenot est ambassadeur de France en Suisse (1945-1952) ; le mari de Maria Martins est ambassadeur du Brésil aux États-Unis (1939-1948), puis en France (1948-1949).

30. Bernard Arcand, *Le Jaguar et le tamanoir. Vers le degré zéro de la pornographie*, Montréal, Boréal, 1991, p. 263.

31. Duchamp appelle ainsi le nu dans une lettre à Maria Martins citée par Calvin Tomkins, *Duchamp. A Biography*, New York, Henry Holt and Company, 1996, p. 366.

32. Santa Monica Public Library, Santa Monica (Californie), 8 décembre 1990 ; dans Bonnie Clearwater (dir.), *West Coast Duchamp*, Miami Beach (Floride), Grassfield Press, 1991, p. 121 [je traduis].

33. Il la rencontre en 1945 ou peut-être en 1944 — une exposition de ses sculptures et bijoux a lieu à New York en mai 1944 —, si l'on prend au sérieux cette date et le titre (*Nu*, 1944) sous lesquels est répertorié, dans le catalogue Lebel (1959), *Étant donnés : Maria, la chute d'eau et le gaz d'éclairage*, dessin alors inconnu et dont

la date réelle est décembre 1947.

34. Souvent, dans toutes ces opérations sur les formes du moulage du corps aimé (son poli, sa peau lisse), les «Caresses infra minces» (N 28) : une finition qui aura pris du temps à atteindre son fini et sa fin.

35. Afin de «remonter» Duchamp qui, en octobre-novembre 1951, ne va pas bien, Max Ernst et Dorothea Tanning l'invitent à passer une fin de semaine à Lebanon où habite une grande amie de Dorothea. Voir note 25.

36. Alexina Duchamp, lettre (New York, 17 février 1966) à Jacqueline Matisse, à l'occasion de la fin du déménagement du deuxième au troisième atelier [je traduis].

37. Ainsi que Jean-Jacques Lebel me le raconte le 27 mai 1999.

38. Dans son analyse de l'œuvre («Le "Chef-d'œuvre inconnu" de Marcel Duchamp», *L'Œil*, Paris, n° 183, mars 1970), Robert Lebel précise que William Copley a été «un des très rares privilégiés qui furent admis à s'approcher du "Chef-d'œuvre inconnu" et à en faire le tour dans l'atelier "secret".» Si cette phrase désigne les privilégiés admis du vivant de Duchamp, Robert Lebel pourrait bien en avoir été le seul autre. Cela excluant tels membres (Henry Clifford, par exemple) du conseil d'administration du Philadelphia Museum of Art convoqués par Copley entre janvier et mars 1968, selon toute vraisemblance, afin d'être en mesure d'appuyer de façon informée, en temps et lieu, ce passage de l'atelier au musée.

39. Il semble bien que Paul Matisse

ne l'ait vue pour la première fois que quelques semaines après la mort de Duchamp, dans la seconde moitié d'octobre 1968 ; voir «The Opening Doors of *Étant donnés*», *Sites*, New York, n° 19, 1987, p. 4.

40. Nicole Zand, «Lebel, l'expert intime des surréalistes» (entretien avec Robert Lebel, quelques semaines avant sa mort), *Le Monde*, Paris, 23-24 mars 1986.

41. Allusion à la nouvelle de Franz Kafka, «Devant la loi» (écrite en 1914, publiée en revue en 1916, fragment du *Procès*, roman inachevé, publié à titre posthume en 1925), publiée en traduction française une première fois dans *La Nouvelle Revue française*, Paris, août 1929 ; c'est par la traduction d'Alexandre Vialatte qu'elle sera connue (*Le Procès*, Paris, Gallimard, 1933, ou *La Métamorphose*, Paris, Gallimard, 1938). Duchamp ne lira du Kafka que tardivement : «[...] je dois avouer n'avoir pas lu le Pénitencier, et seulement la Métamorphose il y a fort peu d'années» (lettre à Michel Carrouges, New York, 6 février 1950). La première traduction française d'un récit de Kafka est celle de «La métamorphose», en 1928. Quant à «La colonie pénitentiaire» (que Duchamp appelle «Le pénitencier»), autre récit, il est traduit en français une première fois en revue en 1938 (sous le titre «Au bagne»), une deuxième fois en livre en 1945 ; c'est cette dernière traduction que Carrouges utilise dans l'analyse qu'il rédige en février 1946 et que Duchamp lira début 1950.

André Gervais, né en 1947, enseigne la littérature à l'Université du Québec à Rimouski. Il est notamment l'auteur de *C'est. Marcel Duchamp dans «la fantaisie heureuse de l'histoire»* (Nîmes, Jacqueline Chambon, 2000) et l'éditeur des *Entretiens avec Marcel Duchamp* de Georges Charbonnier (Marseille, André Dimanche éditeur, 1994).

GROSSE AUSSTELLUNG FRANZÖSISCHER ABSTRAKTER MALEREI

Marie-Amélie Kaufmann

Les échanges artistiques franco-allemands en 1948-1949

La participation de l'Allemagne au IIIe Salon des Réalités nouvelles à Paris et l'exposition itinérante « Französische abstrakte Malerei » en Allemagne

Les situations respectives de la France et de l'Allemagne au milieu du XXe siècle sont aussi dissemblables sur le plan historico-politique que sur le plan artistique. On ne peut oublier la condition particulière des peintres allemands, les terreurs de la guerre et les répressions endurées sous le régime totalitaire. Hitler avait mis au ban l'art moderne. La rupture complète avec le monde extérieur et la condamnation par les nazis d'un art dit « dégénéré » avaient mis fin au développement artistique en Allemagne. Lorsque, en 1945, l'interdiction de peindre et d'exposer est levée du jour au lendemain, les artistes allemands se retrouvent face à un vide culturel, au milieu de leurs villes détruites, même s'ils sont à nouveau libres d'imaginer. Durant les premières années d'après-guerre, la désorientation artistique demeure néanmoins très perceptible.

La France, contrairement à l'Allemagne, ne connaît pas une telle rupture dans sa vie artistique. Elle garde en effet toute liberté de création et d'exposition, du moins jusqu'au commencement de la guerre. Citons seulement quelques expositions à Paris : plus surprenante que l'exposition internationale du surréalisme en 1938, notons par exemple l'exposition de Kandinsky — artiste diffamé par les nazis — qui a lieu sous l'occupation allemande[1]. Par ailleurs, les peintres dits de « tradition française », tels Bazaine et Manessier, exposent à la galerie Braun en 1941. Et dès la Libération en août 1944, des galeries s'ouvrent, des salons se créent et des musées, tels le Musée national d'art moderne et le Jeu de Paume reprennent leur activité.

Paris jouera un rôle capital dans la réorientation artistique des peintres allemands. Avides de renouer avec l'actualité de la création internationale, plusieurs peintres d'Outre-Rhin — dès l'ouverture des frontières allemandes en 1949 — tournent leur regard vers l'effervescence créatrice qui règne dans la capitale française. Le mythe de la ville des arts est depuis toujours lié aux possibilités de rencontres, de confrontations, de défis. L'impact des rencontres franco-allemandes sur l'expression artistique au lendemain de la guerre — malgré ou à cause de cet héritage difficile — est considérable.

Lors d'une conférence, en 1996[2], à l'université de Paris IV-Sorbonne, Pierre Soulages évoqua les noms de quelques artistes allemands qu'il avait reçus dans son atelier à Paris, peu de temps après la Seconde Guerre mondiale. Un intérêt particulier pour Soulages avait été éveillé en Allemagne par l'exposition « Grosse Ausstellung französischer abstrakter Malerei », présentée à Stuttgart, Munich, Düsseldorf, Hanovre, Hambourg, Francfort et Fribourg[3] de novembre 1948 à juillet 1949. Soulages, de loin le plus jeune, y était présenté aux côtés de Bott, Del Marle, Domela, Hartung, Herbin, Kupka, Piaubert, Schneider et Villeri. L'affiche de l'exposition fut réalisée à partir d'un de ses dessins au brou de noix. Il en existe deux versions : une

reproduction positive en noir sur blanc et une reproduction négative en blanc sur noir. L'affiche, placardée à des centaines d'exemplaires, attira l'attention des visiteurs, surtout celle des artistes. Sans attendre la fin de l'exposition en 1949, année de la réouverture des frontières allemandes, plusieurs peintres se rendirent à l'atelier de Soulages, situé alors rue Schœlcher à Paris. Parmi les premiers Allemands à venir lui rendre visite : Willi Baumeister, Otto Greis, Theodor Werner, Fritz Winter. Lors d'un entretien que nous avons eu avec lui en mars 1998, Soulages complète la liste des noms d'artistes allemands qui ont visité son atelier en 1949 : Gerhard Fietz, H.A.P. Grieshaber, Fred Thieler, Hann Trier et Woty Werner. Après 1949, le réseau d'échanges entre les artistes s'élargit considérablement. Il est à remarquer que Pierre Soulages, aussi bien que les autres témoins français interrogés jusqu'à présent, artistes ou critiques, nous ont fait comprendre que, dans le climat de germanophobie ambiante, ils ne rejetaient cependant pas les Allemands de manière générale. Edouard Jaguer, par exemple, nous a dit : « Je ne pense pas que les Allemands s'attendaient à des ressentiments. Je ne parle pas de la masse des Français. Mais les écrivains, les artistes, les gens de gauche en général, faisaient la différence entre les Allemands et les nazis. [...] On n'a jamais mélangé les deux, du moins dans nos milieux[4]. »

Les archives de Willi Baumeister, de Francis Bott, de Pierre Soulages et de la Fondation Domnick en particulier permettent d'éclairer l'arrière-plan et les enchevêtrements complexes des deux événements culturels de 1948 et de 1949, qui sont l'objet de cette étude. On y trouve des documents d'époque inédits : des photos, des transcriptions d'entretiens ou de discours d'inauguration d'exposition, et surtout une importante correspondance entre artistes, critiques d'art et personnalités politiques. D'après les témoignages récents de quelques artistes[5], la participation allemande au IIIe Salon des Réalités nouvelles et l'exposition « Französische abstrakte Malerei » réamorcent, en effet, les échanges artistiques franco-allemands après la Seconde Guerre mondiale.

La première participation d'artistes allemands au Salon des Réalités nouvelles à Paris
À l'origine de l'exposition itinérante en Allemagne se trouvait le IIIe Salon des Réalités nouvelles[6] qui se tint du 23 juillet au 30 août 1948 au Palais des Beaux-Arts de la Ville de Paris. Pour la première fois depuis la fin de la guerre, des peintres allemands étaient invités (d'abord autorisés par le gouvernement français après de longues négociations, et non sans le soutien des autorités américaines) à concourir à une manifestation internationale d'envergure. Les tractations menées à l'occasion du Salon aboutirent à autoriser en général[7] la participation des Allemands aux expositions en France, autorisation qui se formalisa ensuite en une loi fondamentale prenant effet le 15 juin 1948. Willi Wendt, du Comité des Réalités nouvelles, invite

PORTRAIT DE OTTOMAR DOMNICK DEVANT
UNE TOILE DE HARTUNG, 1948
PHOTO DE ADOLF LAZI
FONDATION DOMNICK, NÜRTINGEN

Willi Baumeister[8] à choisir les participants allemands au Salon. Nonobstant la vision légèrement critique de son ami Jean Arp à l'égard de la présentation des œuvres dans le cadre de
cette manifestation[9], Baumeister décide qu'il y participera. Il confie, avec l'accord du Comité,
la mission à Ottomar Domnick (1907-1989), médecin psychiatre, neurologue et défenseur
de l'art abstrait en Allemagne. Bien que bon connaisseur de l'art abstrait, le docteur Domnick
demande conseil aux peintres Willi Baumeister et Theodor Werner, ainsi qu'à Anthony
Thwaites du consulat britannique de Munich. Quelques artistes prennent eux-mêmes l'initiative de se présenter à Domnick.

Les conditions rigoureuses de participation au Salon parisien, qui n'admettait que des
œuvres strictement «non-figuratives, non-objectives, abstraites»[10], ne facilitaient pas le
choix des artistes allemands. Le dénigrement par le régime totalitaire de tout art qui ne se
voulait pas «au service du peuple allemand» avait entraîné une stagnation de la création individuelle, et un certain conservatisme marquait encore la peinture allemande de 1948. On aurait
pu s'attendre à une réaction plus immédiate de la part des peintres allemands après la fin
du régime totalitaire mais les conditions difficiles d'un pays divisé, occupé et totalement
démoralisé, suffisent probablement à expliquer ce besoin de pause.

Sous l'effet de circonstances politiques particulièrement pesantes, il n'est pas étonnant
de voir, encore en 1948, plusieurs peintres sous l'emprise du surréalisme, et d'autres qui
s'adonnent à une peinture «abstractisante», laissant surgir quelques réminiscences de la
nature. Les relents de romantisme de divers tableaux risquaient de se heurter à la vision épurée
de l'art non-objectif que l'on préconisait à Paris ; certaines œuvres allemandes présentées au
Salon dataient par exemple de 1935, 1938 ou 1944, témoignage d'une recherche abstraite menée
à l'insu du régime nazi. Au Salon, les œuvres
se verraient confrontées à un public exi-
geant : «La critique à Paris est très sévère.
[...] Paris est encore aujourd'hui le centre
des peintres[11]». Après plusieurs négociations,
Domnick sélectionne quinze peintres pour
Paris : Max Ackermann, Willi Baumeister,
Hubert Berke, Julius Bissier, Rolf Cavael,
Driessen[12], Josef Fassbender, Gerhard Fietz,
Erich Fuchs, Rupprecht Geiger, Ida
Kerkovius, Georg Meistermann, Otto Ritschl,
Theodor Werner, Fritz Winter.

Le Comité des Réalités nouvelles entreprend, à cette occasion, une «sorte d'inventaire» international[13] de l'art non-figuratif.
Les Allemands vont exposer à Paris avec
seize nations étrangères. Le nombre des
exposants, toutes nationalités confondues,
s'élève à 260. Chaque artiste dispose de trois
mètres de cimaise. La liste complète des
œuvres allemandes, dont le nombre varie
entre deux et quatre par artiste, figure dans
le catalogue de l'exposition[14]. Baumeister,

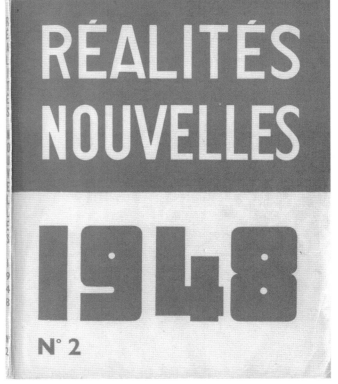

IIIᵉ SALON DES RÉALITÉS
NOUVELLES, 1948
CAHIER Nᵒ 2, COUVERTURE
FONDATION DOMNICK
NÜRTINGEN

par exemple, présente, entre autres, *Rouge Orange* de 1939 et le *Souvenir à Corot* de 1948. Fritz Winter expose un tableau de la série *Triebkräfte der Erde*, réalisé durant sa convalescence à l'hôpital en 1944, ce qui témoigne de son activité durant la guerre. Publication indépendante du catalogue, le *Cahier n° 2* du Salon de 1948 reproduit des œuvres de Baumeister, Berke, Bissier, Cavael, Fassbender, Fietz, Geiger, Ritschl et Winter. Par ailleurs, afin d'éviter que, dans la section étrangère du catalogue de l'exposition, l'Allemagne soit citée en premier sur la liste alphabétique des pays participants, les organisateurs choisissent de classer les peintres allemands sous le nom collectif de « Zones occupées en Allemagne » : « l'ordre hiérarchique fut ainsi respecté »[15].

La puissance occupante française avait donné les pleins pouvoirs à Domnick pour régler toutes les formalités concernant le transfert des œuvres allemandes en France : questionnaires, licences, transport. Domnick était en contact étroit avec le Ministère de l'Intérieur à Paris pour obtenir des devises et la licence d'exportation[16]. Au Salon, les œuvres des Allemands ne pourraient être destinées à la vente, afin que le transport ne tombe pas dans la catégorie Import / Export, ce qui aurait eu pour conséquence de retarder l'arrivée des œuvres. Les organisateurs ne disposaient plus d'aucun délai. L'impossibilité de compter sur la vente des tableaux rendait problématique le financement des frais de participation au Salon qui s'élevaient à 500 francs par artiste, sans parler des droits de reproduction dans le catalogue qui se chiffraient à 1500 francs par œuvre — coût exorbitant dans le contexte du mark dévalué.

À l'occasion du IIIe Salon des Réalités nouvelles, Ottomar Domnick se rend à Paris pour une dizaine de jours[17]. Il loge chez Francis Bott. Dès son arrivée le 22 juillet 1948, il prend contact avec Schmidt, le responsable de l'accrochage du Salon. Le lendemain, il se rend sur les lieux afin d'en discuter et fait de nombreuses rencontres. Les journées suivant le vernissage sont consacrées à des visites d'ateliers dont ceux de Jean-Michel Atlan, Jean Arp, Constantin Brancusi, Felix Del Marle, César Domela, Henri Goetz et Christine Boumeester, Fernand Léger, Alberto Magnelli, Jean Piaubert, Gérard Schneider, Pierre Soulages et Willy Wendt. Domnick rencontre aussi quelques épouses ou veuves d'artistes, telles mesdames Buffet, Freundlich, Kandinsky et Picabia. Il se rend enfin à la galerie Lydia Conti et à la galerie René Drouin. Plusieurs projets, notamment de livres, naissent lors de ce séjour à Paris. Le projet d'ouvrage[18] sur Hans Hartung se concrétise ultérieurement, celui sur Domela ne verra pas le jour, bien que le travail de ce dernier ait fortement intéressé Domnick. Avec Del Marle, Domnick planifie une exposition d'artistes français censée circuler en Allemagne. À cet effet, il sélectionne des artistes et la plupart des œuvres.

L'exposition « Französische abstrakte Malerei »

En reconnaissance de la participation des peintres allemands au IIIe Salon des Réalités nouvelles, Domnick organisa donc en Allemagne l'exposition itinérante « Französische abstrakte Malerei », accompagnée d'un cycle de conférences. Le transport des œuvres était assuré par des camions militaires français de Paris jusqu'à Baden-Baden, et les frais d'assurance étaient assumés par les Allemands. À Paris, Domnick fit son choix de peintres en consultant Francis Bott[19] et Felix Del Marle. Il avait déjà remarqué des toiles de Hartung et de Soulages au IIIe Salon des Réalités nouvelles : « Soudain, je remarquai un tableau curieux. Je le vois devant moi : deux formes noires ovales sur fond blanc, qui délimitent une tache jaune intense, audessus de laquelle sont tirés deux fins et longs traits noirs. Rien de plus — rien de moins. Un tableau d'une taille inhabituelle pour nous, d'environ 100 x 130 cm. Je me trouvais devant

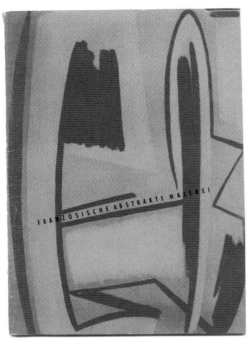

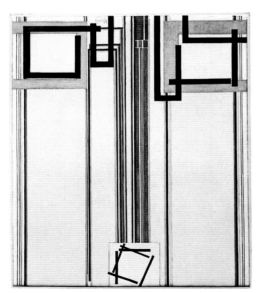

ce tableau, fasciné, et cherchant le nom en bas à droite : Hans Hartung, 1946. Je notai son nom, ainsi que celui de Pierre Soulages [...]. Je quittai le Salon avec leurs adresses et le soir, je sonnai à la porte de Hartung à Arcueil[20]. » Lors de ses visites d'ateliers, Domnick a repéré les autres peintures qu'il retiendra pour l'exposition. C'est dans l'atelier de Soulages, où il avait été aussi introduit par Bott, qu'il choisit cinq toiles, huit papiers et sept brous de noix, dont celui qui servira d'affiche.

Felix Del Marle, secrétaire général du comité des Réalités nouvelles, était le représentant des peintres auprès de Domnick. Sont retenus pour l'exposition en Allemagne des artistes d'origines différentes, mais travaillant à Paris, qui avaient tous participé à ce IIIe Salon : Francis Bott, Felix Del Marle, César Domela, Hans Hartung[21], Auguste Herbin, František Kupka, Jean Piaubert, Gérard Schneider, Pierre Soulages (né en 1919 à Rodez) et Jean Villeri. Magnelli faisait initialement partie du choix de Domnick mais il se retira un mois avant l'ouverture prévue de l'exposition et Kupka prit sa place car Del Marle préféra de loin celui-ci à Poliakoff, qui était aussi proposé comme « remplaçant » par l'organisateur[22].

La couverture du catalogue fut réalisée à partir d'une œuvre de Schneider. Le livret comporte un avant-propos de Domnick et une introduction de René Massat[23], ainsi que deux reproductions d'œuvres pour chaque artiste, une brève biographie[24], un commentaire de l'artiste sur sa peinture et la liste quasi complète des œuvres exposées. Cependant, il est difficile d'identifier les œuvres d'après le catalogue, car les titres sont souvent erronés ou incomplets. Si Soulages, par exemple, n'a jamais intitulé l'une de ses toiles « composition », elles apparaissent (à son regret) sous ce nom dans le catalogue[25]. Une liste provenant des archives de Domnick permet de reconstituer la disposition des œuvres lors de l'exposition à la maison des artistes Sonnenhalde du Kunstverein de Stuttgart. Le hall d'entrée présente une œuvre de chaque peintre, à l'exception de Kupka qui n'apparaît que plus tard car il n'est représenté qu'avec une seule œuvre de 1948. Une salle regroupe Piaubert et Bott, une autre Del Marle et Domela, et une troisième, Hartung, Schneider et Soulages. Herbin figure seul dans un couloir et réapparaît aux côtés de Hartung, Soulages, Schneider et Kupka dans la salle qui conclut l'exposition.

L'ensemble de l'exposition compte environ quatre-vingt-dix œuvres, dont seulement quatre-vingt-trois sont mentionnées au catalogue. Les tableaux ont pour la plupart été choisis par Domnick. L'œuvre *Lénine-Staline* de Herbin (1948, musée Matisse, Le Cateau-Cambrésis), de même que la *Peinture 146 x 97, mars 1948* de Soulages (collection de l'artiste) lui sont familières depuis le IIIe Salon des Réalités

FELIX DEL MARLE
MÉDITATION PLASTIQUE II
1948
HUILE, LAQUE
GLYCÉROPHTALIQUE
CONTRE-PLAQUÉ, 83 x 56,6
MUSÉE DE GRENOBLE

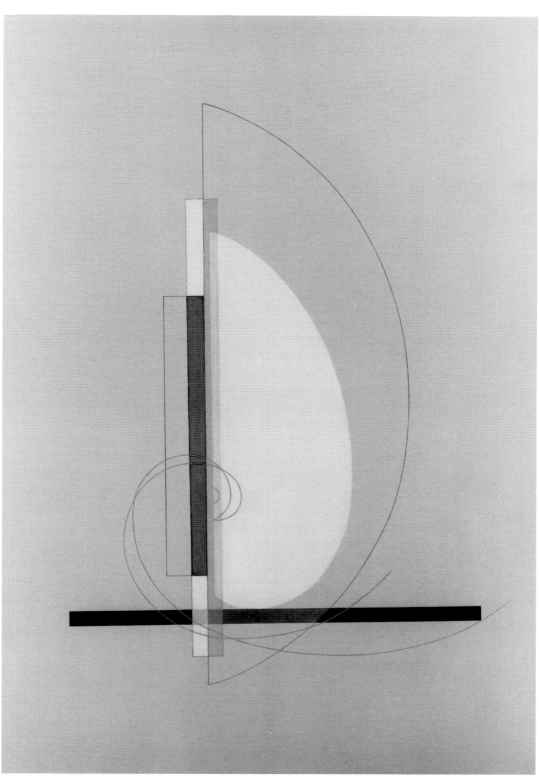

nouvelles. Du reste, le brou de noix de Soulages qui sert d'affiche entre en 1948 dans la collection du docteur Domnick, et le « 100 x 75 cm, 1948-4 » est acquis la même année par Hans Hartung. Seul le choix d'une œuvre de Bott nous paraît, de par son apparence figurative, quelque peu étrangère au concept de l'exposition. Nous pensons notamment à la toile de 1947 figurant sous le titre de *Tyranny of Space* (n° 6) dans le catalogue ; elle correspond à l'œuvre actuellement intitulée *Gezähmter Engel* (n° 102 dans le catalogue raisonné). En revanche, l'œuvre de Del Marle, caractéristique du « constructivisme libre », complète bien l'ensemble de Domnick qui souhaite donner une vision globale de la création abstraite à Paris ; il s'agit *de Méditation plastique II* de 1948, actuellement conservée au Musée de Grenoble. Cette œuvre était aussi reproduite dans l'article de René Massat sur le IIIᵉ Salon des Réalités nouvelles.

L'enjeu politique de ces événements culturels de l'après-guerre

« Französische abstrakte Malerei » est l'une des premières expositions d'art abstrait dans l'Allemagne encore en ruine. Engagée dans la « dénazification », l'Allemagne menait alors une active politique de revalorisation de l'« art dégénéré ». Parmi les artistes les plus souvent exposés alors, Heckel, Schmidt-Rottluff ou Pechstein[26]. Domnick se rappelle ainsi : « Je me trouvais dans les salles d'exposition des villes allemandes ravagées. Je parlais à des hommes qui devaient faire face au destin de l'après-guerre, qui ne possédaient ni argent, ni logement intact, et dont les enfants fréquentaient des écoles provisoires. [...] À chaque étape, l'exposition était un événement d'un intérêt affirmé. Les journaux en rendaient compte, la radio lui consacrait des émissions[27]. » Il ajoute : « Et lorsque l'exposition s'est terminée, sept mois plus tard à Fribourg, j'avais non seulement rendu un service aux peintres français, mais j'avais aussi ouvert une brèche pour l'art moderne en Allemagne[28] [...]».

L'enjeu politique de ces deux initiatives culturelles n'est en rien négligeable. Del Marle insiste dans sa lettre du 20 avril 1948 sur l'importance d'une participation allemande aux Réalités nouvelles. Il argue du fait que l'absence des Allemands risquait d'être interprétée comme un refus du « [...] regroupement des Forces intellectuelles et culturelles de l'Europe occidentale[29] ». Dans une lettre à Domnick, Rupprecht Geiger exprime sa joie de pouvoir participer à nouveau, et pour la première fois depuis la guerre, à une exposition à l'étranger[30]. Le peintre Georg Meistermann, dans une lettre adressée à Jean Andral, ministre du Consulat général français de Düsseldorf, exprime ainsi son vif désir d'obtenir un visa d'entrée en France à l'occasion du Salon : « Je me permets de remarquer que je suis tombé sous les lois de l'art dit "dégénéré". En tant que participant officiellement reconnu de la résistance allemande, je me réjouis de la possibilité de contribuer à l'édification d'une entente intellectuelle. Il me tient fortement à cœur d'entrer à nouveau en contact avec les impulsions que la pensée moderne doit à l'esprit français. J'attends beaucoup de ce nécessaire échange culturel avec la France pour que la liberté intellectuelle, qui m'importe particulièrement, puisse progresser dans notre pays[31]. »

« Französische abstrakte Malerei » répondait de son côté à un enjeu politique majeur : promouvoir une entente internationale par le biais de l'art. Dans la préface au catalogue, Del Marle souligne l'esprit universel de l'art abstrait qui aurait précédé les initiatives économiques par un « geste si profondément "humain"[32]. » On constate d'ailleurs de nombreuses expositions d'art français en Allemagne pendant la période d'occupation alliée qui s'inscrivent dans le programme de « rééducation » et de « dénazification » élaboré et instauré par les forces occupantes. Dans la zone d'occupation française furent surtout montrés les impressionnistes et les modernes classiques. Les instituts français devinrent de nouveaux lieux de rencontre d'artistes, car ils fournissaient des informations sur les événements à l'étranger. Au-delà de la dimension politique de l'exposition «Französische abstrakte Malerei», il importait aux organisateurs de faire connaître Outre-Rhin la création parisienne contemporaine : «Par ce moyen, nous espérions stimuler le développement artistique en Allemagne[33]. »

Les multiples effets d'une forte diffamation de la création pèsent encore lourd dans l'Allemagne d'après-guerre. L'art abstrait n'est toujours pas facilement accepté quelques années après la fin de la dictature[34]. L'édition à 5.000 exemplaires du livre *Das Unbekannte in der Kunst*[35] de Baumeister constitue une première initiative marquante. Le manuscrit date de 1943-1944, années où peindre était plus que dangereux pour un artiste condamné par le régime nazi. Pour sa part, Domnick avait organisé un «Cycle de manifestations sur la peinture abstraite » avec la permission du gouvernement militaire. Ce cycle d'expositions personnelles eut lieu en 1947 dans le cadre de son cabinet de médecin, et fut accompagné à chaque fois d'une conférence. Ces initiatives ont servi de base à son premier livre : *Die schöpferischen Kräfte in der abstrakten Malerei*[36]. Édité à seulement mille exemplaires, le livre fut épuisé en quelques semaines.

Les échos de l'exposition «Französische abstrakte Malerei» dans la presse et auprès des artistes

Les réactions positives émanent surtout des artistes, puis de quelques critiques et marchands. Le galeriste munichois Otto Stangl, par exemple, remercie Domnick de son engagement personnel[37]. L'historien de l'art Franz Roh reconnaît l'envergure de cette exposition qui, selon lui, présente un «échantillon» important du développement actuel de la création artistique à Paris[38]. Le peintre Heinz Kreutz se dit impressionné par les tableaux de ces peintres qu'il a vus à Francfort, et qui lui montrent de nouvelles possibilités créatrices[39]. Willi Baumeister remarque surtout l'œuvre de Hartung dans l'exposition de Stuttgart, qu'il dit largement visitée[40]. Carl Buchheister remercie Domnick de l'exposition qu'il a vue à Hanovre, et qui lui a fait connaître les nouvelles créations des peintres en France. Il s'en dit très marqué[41]. Horst Egon Kalinowski voit l'exposition à Düsseldorf et en garde un souvenir prégnant. C'est là qu'il découvre les œuvres de Soulages qui lui ont fait forte impression[42]. Karl Otto Götz, aussi, se rappelle les tableaux de Soulages à cette «belle exposition »[43].

Même la presse allemande de l'époque rend compte de l'impact de cette exposition. Le *Münchener Merkur* écrit : «À l'occasion de l'exposition des artistes abstraits français à la Städtische Galerie, la Maison de l'Amérique a organisé une discussion publique autour des

droits, des valeurs et de l'essence de l'art non-figuratif. L'afflux surprenant du public à la salle de conférences témoignait de l'implication fervente des visiteurs dans le sujet. Des peintres, historiens et critiques d'art de renom y côtoyaient une jeunesse académique et artistique. Le professeur Franz Roh a introduit le débat avec une projection d'images[44]. » Un article dans le *Rhein-Ruhr-Zeitung* note de son côté la fréquentation importante lors de l'ouverture de l'exposition à Düsseldorf. À l'occasion de la visite inaugurale «[...] s'est développée une discussion vivante [...]. Il n'y a aucun doute que cette exposition donnera une nouvelle impulsion à la création en Allemagne[45] ». Un autre dans le *Rhein-Echo* souligne le haut niveau de cette exposition et «[...] renvoie avec gratitude au monde élémentaire des images du jeune Pierre Soulages[46]. » Wilhelm Rüdiger parle des «souvenirs oniriques des sons et des couleurs, empreints d'une solennité sacrale et liturgique[47] [...]» qu'a provoqués sa rencontre avec les œuvres de Soulages. Marietta Schmidt conclut son article dans *Weltkunst* sur Soulages, qu'elle qualifie de plus prometteur des artistes exposants. Selon elle, ses œuvres «[...] nous livrent l'insaisissable, sereinement, sérieusement, religieusement. Il n'y a qu'un largo de Bach qui puisse nous procurer une impression semblable[48] ».

Comme on le voit, c'est surtout Soulages qui suscite un grand intérêt en Allemagne, tant chez les artistes que dans la presse. Si tous se disent profondément impressionnés par son œuvre, chacun en retient un souvenir particulier. L'artiste apprécie hautement lui-même la diversité de réception suscitée par la sensibilité de chacun. À la demande de Domnick, qui souhaitait que tous les exposants de Paris s'expriment sur leur peinture dans le catalogue, Soulages, développant pour la première fois ce qui devait devenir son «credo esthétique» écrit : «Une peinture est un tout organisé, un ensemble de relations entre des formes (lignes, surfaces colorées...) sur lequel viennent se faire ou se défaire les sens qu'on lui prête.[49] [...]»

Après l'exposition «Französische abstrakte Malerei», il remercia Domnick de son engagement et de la place qu'il avait accordée à ses tableaux : «Je suis très heureux qu'elles [mes œuvres] soient près de celles de Hartung bien que, je le crois, ce soit le voisinage le plus difficile à supporter. Hartung nous a fait des croquis, et des plans des expositions.[50] Cela a été vraiment très bien fait.[51] »

Notes

1. Les circonstances de cette exposition nous ont été décrites par Edouard Jaguer lors d'un entretien personnel en 1998.

2. Propos tenus en 1996, dans le cadre du séminaire d'histoire de l'art contemporain de Serge Lemoine, à l'occasion de la rétrospective «Noir Lumière» de Soulages au Musée d'Art moderne de la Ville de Paris.

3. Nous tenons à noter une erreur dans le catalogue raisonné de Pierre Soulages (Pierre Encrevé, *Pierre Soulages. L'Œuvre complet. Peintures I 1946-1959*, Paris, Seuil, 1994, p. 79) : l'exposition itinérante ne fut pas montrée à Wuppertal et

Kassel comme indiqué, mais à Hambourg et Fribourg-en-Brisgau.

4. Entretien personnel avec Edouard Jaguer en 1998.

5. Lors d'entretiens personnels.

6. Francis Picabia, par exemple, écrit sur ce Salon d'après-guerre : «Les réalités nouvelles sont de nouvelles images, mais que bien des gens voient à l'aide de vieilles expériences faites selon le degré de sincérité, [...] pour le moment, il n'existe pas d'autres événements, pas même dans le domaine de la perception des sens. », (lettre non datée [écrite à Rubingen près de Berne, où les Picabia passaient leur été entre 1946 et 1952] de Francis

Picabia à Francis Bott, conservée aux Archives Francis Bott, Massagno, Suisse).

7. Voir l'entretien avec Domnick, réalisé autour du IIIe Salon des Réalités nouvelles et de l'exposition «Französische abstrakte Malerei», (document non daté non signé [datant probablement de 1949], conservé aux archives de la Fondation Domnick, Nürtingen) [traduction de l'auteur].

8. Lettre de Wendt à Baumeister, datée du 5 mars 1948, conservée aux archives Willi Baumeister (Stuttgart).

9. «Je connais l'organisation "réalités nouvelles". Je suis ou j'étais

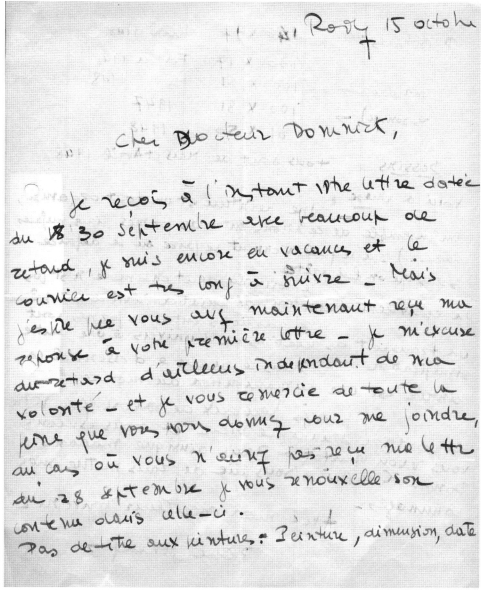

LETTRE DE PIERRE SOULAGES
AU DOCTEUR DOMNICK
15 OCTOBRE 1948
PHOTO FONDATION DOMNICK
NÜRTINGEN

dans le Comité. J'ai donné ma démission, mais elle a été refusée. J'étais en désaccord avec leur disposition et la présentation de notre art. », (lettre de Arp à Baumeister, datée du 1er juin 1948, conservée aux archives Willi Baumeister, Stuttgart). Après le Salon, Arp regrettera notamment la présentation des œuvres de Baumeister : « [...] le mauvais accrochage et le désordre autour [de vos œuvres] ne les mettaient pas en valeur. Pevsner et moi essayerons dorénavant de réduire le nombre des participants au Salon afin de mieux pouvoir montrer les œuvres. », (lettre de Arp à Baumeister, datée du 18 octobre 1948, conservée aux archives Willi Baumeister, Stuttgart).

10. Selon les termes des statuts du Salon des Réalités nouvelles.

11. Un entretien avec Domnick, document cité.

12. Driessen ne figure pas dans le catalogue, alors que Nay, Grieshaber et Haffenrichter y sont cités. D'après les documents de Domnick, ces trois artistes n'ont toutefois pas exposé au Salon. Nay devait exposer aux Réalités nouvelles, cependant il refusa l'invitation par inquiétude pour la sécurité du transport des œuvres, non assurée selon lui, (lettre de Nay à Domnick, datée du 11 juin 1948, conservée aux archives de la Fondation Domnick, Nürtingen).

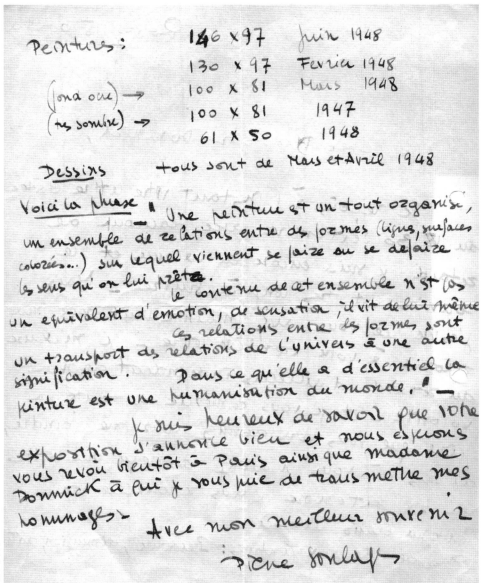

LETTRE DE PIERRE SOULAGES
AU DOCTEUR DOMNICK
15 OCTOBRE 1948
(VERSO)
PHOTO FONDATION DOMNICK
NÜRTINGEN

Driessen prendra sa place.

13. René Massat, « IIIème Salon
des Réalités nouvelles »,
Le Courrier des Arts et des Lettres,
23 juillet 1948, p. I.

14. Il faut néanmoins noter que la
liste du catalogue ne concorde pas
toujours avec les documents des
archives de Domnick. Nous suppo-
sons qu'il a dû y avoir des change-
ments de dernière minute qui n'ont
pu être notifiés dans le catalogue.
Voir aussi la note 12.

15. Ottomar Domnick, *Hauptwege
und Nebenwege. Psychiatrie,
Kunst, Film in meinem Leben*,
Nürtingen, Domnick Verlag+Film,
1989, (1re édition, Hambourg,
Hoffmann und Campe Verlag, 1977),
p. 185. En 1949, le Salon a aban-
donné le classement par pays.

16. Une compagnie d'assurance
allemande n'était pas autorisée
à assurer à l'étranger et l'assurance
française devait être payée en
francs français, d'où la nécessité

d'obtenir des devises auprès
du ministre de l'Intérieur à Paris,
(lettre de Domnick à Schenk-Locret,
datée du 27 mai 1948, conservée aux
Archives Francis Bott, Massagno,
Suisse).

17. « Programm in Paris 1948 », document écrit en style télégraphique
qui énumère les rencontres
et visites d'ateliers de Domnick
à Paris en été 1948, conservé
aux archives de la Fondation
Domnick (Nürtingen).

18. Monographie sur Hans Hartung, Stuttgart, Domnick Verlag, 1949 (textes de O. Domnick, M. Rousseau et J. J. Sweeney).

19. Francis Bott (1904-1998), peintre d'origine allemande ayant immigré en France en 1933.

20. O. Domnick, *Hauptwege und Nebenwege, op. cit.,* p.185.

21. Seul le nom de Hartung, pour une raison inconnue, ne figure pas dans le catalogue, alors qu'il y a une œuvre de lui reproduite dans le *Cahier n° 2* du IIIe Salon des Réalités nouvelles.

22. Del Marle justifia la participation de Kupka à l'exposition de la peinture abstraite française en ces termes : « C'est le premier qui a fait de la peinture abstraite et bien avant Kandinsky. Il est vraiment le premier pionnier. », (lettre de Del Marle à Domnick, datée du 20 septembre 1948, conservée aux archives de la Fondation Domnick, Nürtingen).

23. Le texte de Massat a été obtenu gracieusement par l'intermédiaire de Del Marle, (lettre de Del Marle à Domnick, datée du 10 septembre 1948, conservée aux archives de la Fondation Domnick, Nürtingen).

24. La biographie était rédigée soit par le peintre lui-même soit par Domnick ou par son épouse.

25. Une liste actualisée et complétée des œuvres exposées de Soulages figure dans son catalogue raisonné. Voir note 3.

26. Entretien personnel avec Karl Otto Götz en 1998.

27. O. Domnick, *Hauptwege und Nebenwege, op. cit.,* p. 195.

28. Ibid., p. 196.

29. Lettre de Del Marle à Domnick, datée du 20 avril 1948, conservée aux archives de la Fondation Domnick (Nürtingen).

30. Lettre de Geiger à Domnick, datée du 26 avril 1948, conservée aux archives de la Fondation Domnick (Nürtingen).

31. Lettre de Meistermann à Arnal, datée du 13 avril 1948, conservée aux archives de la Fondation Domnick (Nürtingen).

32. Manuscrit intitulé « Prolégomènes », signé Del Marle à Paris en octobre 1948, conservé aux archives de la Fondation Domnick (Nürtingen).

33. Un entretien avec Domnick, document cité.

34. Un article intitulé « Une exposition d'art dégénéré à Stuttgart ? », par exemple, regrette l'esprit mesquin que certains adoptent à l'égard de l'exposition « Französische abstrakte Malerei ». Il importe de passer à une « éducation du regard », car l'abstraction fait face à une incompréhension énorme, (manuscrit d'Otto Speidel, [datant de novembre 1948], conservé aux archives de la Fondation Domnick, Nürtingen).

35. Stuttgart, Curt E. Schwab Verlagsgesellschaft (rééditions : Cologne, MuMont, 1960, 1974, 1988).

36. Stuttgart, Müller und Kiepenhauer Verlag.

37. Lettre de Stangl à Domnick, datée du 15 novembre 1948, conservée aux archives de la Fondation Domnick (Nürtingen).

38. Article de Roh à l'occasion de l'exposition à Munich, découpé d'un journal, conservé aux archives de la Fondation Domnick (Nürtingen).

39. Lettre de l'artiste à l'auteur en 1999.

40. « Journal intime » 1948, de Baumeister, conservé aux archives Willi Baumeister (Stuttgart).

41. Lettre de Buchheister à Domnick, datée du 16 juin 1949, conservée aux archives de la Fondation Domnick (Nürtingen).

42. Lettre de l'artiste à l'auteur en 1999.

43. Entretien personnel avec l'artiste en 1998.

44. Wolfgang Petzet, « Fragen der Zeit : Eine vorbildliche Diskussion », *Münchener Merkur,* décembre 1949.

45. « Ausstellung französischer abstrakter Maler », *Rhein-Ruhr-Zeitung* n° 6, 12 janvier 1949.

46. Gert G. Kramer, « Bildende Kunst der Isolierung. Abstrakte Französische Malerei in der Düsseldorfer Kunsthalle », *Rhein-Echo,* 13 janvier 1949.

47. Wilhelm Rüdiger, « Kunst ohne Naturbelast. Gedanken zu einer Ausstellung französischer abstrakter Malerei », *Abendpost Hannover,* 10 février 1949.

48. Marietta Schmidt, « Französische abstrakte Malerei », *Die Weltkunst,* 19 mars 1949, p. 8.

49. Manuscrit, Lettre de Soulages à Domnick, datée du 15 octobre 1948, conservée aux archives de la Fondation Domnick (Nürtingen). L'original diffère légèrement de la citation reproduite dans le catalogue raisonné. Il s'agit là d'une reconstitution de Soulages à partir de la version allemande du catalogue de l'exposition qui hélas comporte des erreurs et des contresens. Nous tenons ces informations d'un entretien personnel avec l'artiste en mars 2000 lors de la consultation de ses archives, que lui et sa femme ont généreusement mises à notre disposition. Lors d'un de nos entretiens, en mars 1998, Soulages raconte, dans le même ordre d'idées : « [...] je me souviens de Willi Baumeister à qui je montrais un jour une peinture. Il avait quelque chose qui m'avait amusé : *"Ach so, positiv-negativ".* J'ai bien compris ce qu'il voulait dire. Il voulait dire que le vide comptait autant que le plein. Mais c'était une manière de voir, une analyse formelle, académique en somme. Cela ne m'était pas venu ainsi ; c'était une remarque juste, mais je ne l'aurais pas exprimée ainsi. »

50. Hartung et Del Marle sont les seuls à s'être déplacés en Allemagne pour voir l'exposition.

51. Lettre de Soulages à Domnick, non datée [1949], conservée aux archives de la Fondation Domnick (Nürtingen.)

Marie-Amélie Kaufmann prépare une thèse de doctorat en histoire de l'art, à l'université de Paris IV-Sorbonne, sur la réception du milieu artistique parisien, de 1945 à 1955, par les peintres abstraits allemands, autrichiens et luxembourgeois.

Notes de lecture

EWA LAJER-BURCHARTH
*NECKLINES : THE ART
OF JACQUES-LOUIS DAVID
AFTER THE TERROR*
New Haven, Yale University Press, 1999
374 p., ill., $35.00

Depuis les ouvrages de Robert Rosenblum
(*Transformations in Late Eighteenth Century Art*,
1967) et de Hugh Honour (*Neo-Classicism*, 1968), on
a pu assister à un renouvellement spectaculaire des
études anglo-saxonnes sur l'art occidental de la fin
du XVIIIᵉ siècle. Les travaux d'historiens aussi divers
que Michael Fried, Thomas Crow, Norman Bryson,
Timothy J. Clark ou Alex Potts montrent combien les
recherches sur l'art néo-classique ont tiré profit des
intérêts théoriques qui ont marqué les trois ou
quatre dernières décennies pour la combinatoire
structurale, les théories du signe et de la représentation, la psychanalyse ou les *gender studies*.

Le livre d'Ewa Lajer-Burcharth : *Necklines. The
Art of Jacques-Louis David after the Terror* s'inscrit dans ce renouvellement, qui a connu son heure
de gloire en 1989 avec le colloque international
organisé au Louvre par Régis Michel à l'occasion de
l'exposition David et des célébrations officielles
de la Révolution française[1]. C'est au cours de ce colloque, où les points de vue les plus antagonistes de
l'histoire de l'art ont eu l'occasion de se manifester,
que Lajer-Burcharth présenta une analyse des
Sabines qui fit sensation, et que l'on peut considérer comme le noyau de son livre.

*

Necklines étudie les années sombres de David,
entre la chute de Robespierre en 1794, qui fut aussi
la sienne, et l'avènement du Consulat. Ces quelque
six années faisaient suite à une période de cinq ans
durant laquelle la carrière du peintre fut de plus en
plus étroitement mêlée à la Révolution. David devint
alors un homme politique, engagé dans les forces de
gauche (la Montagne), et qui tenta de réaliser le rêve
de plus d'un artiste ambitieux du monde moderne,

transformer la société par son art. C'est durant ces
années que l'image de David rénovateur de la peinture d'histoire fut remplacée par celle du « Raphaël
des sans-culottes », comme on l'appela en 1799
lorsqu'il exposa les nudités héroïques des *Sabines*.
Sous la pression d'une histoire exceptionnelle,
Bélisaire, les Horaces et Brutus laissèrent place dans
son œuvre aux héros et martyrs de la Révolution
présente, les députés du Jeu de Paume, Le Peletier,
Marat expirant et le jeune Bara. Delécluze, qui
publia le premier livre d'ensemble sur David dont
il avait été l'élève, et qui s'efforça de le dépolitiser,
a comparé ces œuvres à celles d'un somnambule[2].

À la chute de son ami Robespierre, David frôla
l'échafaud et fut deux fois emprisonné. Ce fut pour
lui un choc politique et personnel qui dura plusieurs
années, au cours desquelles David ne produisit
aucun de ces grands tableaux d'histoire que jusqu'à
la Révolution il avait coutume de fournir avec len-
teur mais régularité. *Necklines* a donc pour objet ces
années 1794-1800, les longs mois de passage à vide
et les pénibles efforts de l'artiste pour remonter la
pente. Ces efforts se matérialisèrent tout d'abord
dans des portraits et des projets inaboutis : l'autoportrait inachevé de 1794, le projet d'Homère récitant
ses vers, le tableau inachevé de Psyché abandonnée,
les portraits sur bois[3] de son beau-frère et de sa
belle-sœur, seuls tableaux qu'il exposa au Salon
durant cette période, ceux des Montagnards empri-
sonnés après Thermidor, et enfin, après une longue
gestation, la grande toile des *Sabines*, premier
tableau d'histoire terminé depuis dix ans.

La méthode contextuelle de *Necklines* convient
particulièrement bien au David de ces années agi-
tées. Cependant, tout en s'appuyant sur une masse
considérable de faits, certains inédits, l'auteur laisse
voir ses partis pris, factuels et théoriques. Il est par
exemple à peine fait mention des portraits des deux
plénipotentiaires hollandais (1795), Gaspar Meyer, et
surtout Jacobus Blauw, un patriote de gauche aux
sympathies babouvistes. La figure même de
Gracchus Babeuf, le révolutionnaire communiste

guillotiné en 1797 après la conjuration des Égaux, est absente de ce livre (son nom seul apparaît p. 114 dans la légende du frontispice de son pamphlet contre le montagnard Carrier). Il est piquant que ce soit Antoine Schnapper, historien d'art scientifiquement et politiquement réactionnaire, qui mentionne, dans le catalogue *David* de 1989 (p. 223), le fait que David était abonné en 1796, alors qu'il travaillait aux *Sabines*, au journal de Babeuf, *Le Tribun du peuple*. Dans *Necklines*, l'énorme problème de la position et de la pensée politiques du peintre David après Thermidor reste à peine abordé.

À l'inverse, Lajer-Burcharth fait ressortir l'interaction de l'art de David et de certains aspects psychoculturels de la société thermidorienne secouée par la Terreur. Une nouvelle bourgeoisie chercha à se forger une image en se mettant en scène dans son langage, ses costumes, sa vie sociale, ses divertissements et ses débauches. C'est l'auto-représentation de cette société qui se voit confrontée avec l'art de David.

Le point d'appui de la démonstration est un détail connu mais jusque-là négligé. Lorsque David organisa au Louvre, en décembre 1799, une exposition privée et payante des *Sabines* — une nouveauté qui choqua l'opinion mais rapporta à l'artiste une belle somme qu'il plaça dans une ferme —, il disposa au fond de la salle un grand miroir pivotant nommé psyché, dans lequel on pouvait contempler le tableau reflété. Des critiques sérieux tels Landon ou Chaussard virent là surtout un moyen de souligner la vérité de la représentation, mais des vaudevillistes s'amusèrent à considérer cette mise en scène comme un procédé permettant au visiteur de faire apparaître sa propre image au milieu des guerriers nus de la Rome primitive. Il se plongeait dans un monde héroïque. Avec ingéniosité, Lajer-Burcharth voit dans le droit d'entrée et la glace les deux faces de la participation du spectateur : «...si le droit d'entrée représentait la "participation" que l'artiste demandait aux visiteurs [...], la présence du miroir servait d'outil matériel assurant leur participation corporelle au tableau » (p. 137).

David (mais l'auteur ne juge pas utile de le rappeler) renouvela cette mise en scène quand il exposa le *Sacre* en 1807-1808 et son dernier grand tableau, le *Mars désarmé*, en 1824[4]. Sa visée était clairement de nature illusionniste («Ce n'est pas une peinture ; on marche dans ce tableau », disait Napoléon du *Sacre*), mais Lajer-Burcharth voit dans cette psyché bien davantage : l'appareil où se constitue l'interaction entre art et société, un rapport spéculaire moins social que psychologique, ou plutôt, selon le terme de l'auteur, psycho-culturel, « structurant à la fois la production et la réception de l'image » (p. 138).

Le modèle théorique de l'auteur est le stade du miroir lacanien, ce moment où le sujet humain, entre six et dix-huit mois, reconnaît et construit

spéculairement sa propre image. Pour Lajer-Burcharth, la société issue de Thermidor, secouée par la Terreur, chercha à reconstituer son identité dans une relation de ce type.

Tout tourne donc autour d'un regard spéculaire. Et selon un point de vue en vigueur dans les études anglo-saxonnes depuis une bonne vingtaine d'années, ce regard est clivé par la division sexuelle : sexe ne veut-il pas dire division ? Il aurait valu la peine de suivre la manière dont David, tout au long de sa carrière, dans ses tableaux d'histoire comme dans ses portraits, a mis en scène la relation des sexes. Dans quelques-uns des premiers tableaux, *Minerve et Mars* (1771), *Antiochus et Stratonice* (1774), l'homme est en position de faiblesse, victime des armes ou des charmes de la femme ; *Saint Roch* (1780), *Bélisaire* (1781) et *Andromaque* (1783), montrent la femme sous un jour pitoyable : elle secourt l'homme démuni ou malade, et pleure sa mort au combat. Dans *Les Horaces* (1784) et de manière plus violente dans le *Brutus* (1789), la raison d'État, les valeurs viriles, guerrières et collectives, l'emportent sur les valeurs du sentiment et de la famille représentées par les femmes et les enfants. Mais avec le dernier tableau, *Mars désarmé par Vénus et les Grâces* (1824), le cercle se referme ; le dieu de la guerre est de nouveau vaincu, non plus par la guerrière Minerve, mais par Vénus et Cupidon ; dévirilisé par le plaisir comme l'était à la veille de la Révolution Pâris dans le tableau peint pour le comte d'Artois, l'incarnation de la réaction nobiliaire. *Les Sabines* sont le pivot de cette trajectoire descendante des valeurs viriles : les épouses, les mères, les enfants s'interposent au milieu du combat, l'arrêtent et instaurent la paix civile ; vingt-cinq ans plus tard, quelques mois avant que le comte d'Artois ne devienne le roi Charles X, le triomphe de Vénus et de ses Grâces paraît marquer non sans sarcasme l'échec historique des valeurs révolutionnaires (mais le dieu Mars tient encore son javelot).

Necklines ne suit pas cette trajectoire symbolique, mais se concentre sur *Les Sabines* et leur contexte culturel, au temps de la Convention thermidorienne et du Directoire. Les pages sur le « corps moral » mentionnent une série de faits très intéressants, dans l'ordre de la réflexion théorique (les *Rapports du physique et du moral de l'homme* de Cabanis), de l'illustration (*La Mère à la mode*, opposée à *La Mère telle que toutes devraient être*), du cérémonial (la Fête des Époux du 10 Floréal an V), qui mettent en place une idéologie de la femme biologiquement et socialement vouée aux valeurs conjugales et maternelles : ces valeurs que les Sabines défendent contre la fureur destructrice des guerriers. Ces exemples en évoquent d'autres, comme le texte de l'architecte Ledoux commentant son Temple de Mémoire, où passe comme un écho du message davidien : « Les Conquérants sont sur la terre, dans l'ordre du destin, ce que sont les volcans et les tempêtes dans l'ordre physique ; ils la renouvellent après l'avoir détruite [...]. Les femmes renouvellent le monde ; le guerrier le détruit. [...] C'est aux femmes que les peuples les plus barbares sont redevables de l'adoucissement de leurs mœurs ; les premiers humains, trop féroces pour en avoir de bon gré, sont adoucis par elles ; elles interposent leur puissance entre les époux, les pères, et les empêchent de s'égorger[5]. »

La relation entre les sexes se complique dans *Les Sabines* d'une relation entre les mâles dans laquelle un corps mâle devient objet d'un désir narcissique pour un autre corps mâle, relation qu'Ewa Lajer-Burcharth, à la suite d'Eve Kosofsky Sedgwick, qualifie d'*homosociale*. L'évolution en particulier de la figure de Romulus, des dessins au tableau, va dans le sens de l'idéal fortement érotisé de Winckelmann. Les nus masculins, écrit-elle, « parlent d'une masculinité *glacée*, définie spéculairement, en relation avec elle-même, et soutenue par un désir entre mâles qui exclut totalement les femmes » (p. 180).

Cet aspect de l'art de David, porté un pas au-delà dans l'*Endymion* de Girodet (1791) et surtout l'*Apollon et Hyacinthe* du primitif Jean Broc (1801), est naturellement accentué dans les scènes représentant un groupe social excluant les femmes, philosophes, hommes politiques ou guerriers : *La Mort de Socrate* (1787), *Le Serment du Jeu de Paume* (1791) et le *Léonidas* qui fut la plus longue entreprise de David (1800-1814). Dans son désir républicain de régénérescence du corps social, celui-ci était amené à se tourner vers ce modèle hellénique. Lajer-Burcharth montre comment David, au sein de la Montagne, chercha à vivre dans un monde où la vertu est affaire d'hommes liés par les attaches d'un érotisme sublimé. Après la chute de Robespierre, il tenta de reconstituer cette atmosphère dans son atelier, où les élèves posaient nus les uns pour les autres : « son nouvel et presque exclusif intérêt pour l'enseignement dans les cinq dernières années du siècle prit une nouvelle signification : c'était une tentative pour créer un *monde de substitution* destiné à remplacer celui que l'artiste avait perdu avec la chute des Jacobins » (p. 221).

*

Le livre d'Ewa Lajer-Burcharth nous apparaît comme un produit de la seconde génération du féminisme en histoire de l'art. Au lieu de s'intéresser à la féminité de madame Vigée-Lebrun, l'auteur s'interroge sur celle de David, ce chantre des valeurs viriles. Et au lieu de construire une grille théorique appliquée ensuite massivement à un corpus donné, elle opère une confrontation entre le matériau factuel sur lequel elle travaille et le modèle théorique à travers lequel elle interprète ce matériau. La *Psyché abandonnée*, la psyché des *Sabines*, le stade du miroir et le narcissisme de la nouvelle bourgeoisie directoriale, par un jeu de reflets réciproques, interagissent d'une manière efficace et convaincante.

Lajer-Burcharth n'hésite pas à mettre en jeu ses propres fantasmes : on ne peut que l'approuver, car il est bon de reconnaître qu'une fantasmatique accompagne sans cesse une construction rationnelle. Mais à chacun ses fantasmes et son désir d'épouser ou non les fantasmes de l'autre. C'est ainsi que, tout en reconnaissant un élément homo-érotique (plus qu'homosexuel) dans les deux chefs des *Sabines*, chacun accompagné de son écuyer éphébique, il m'est difficile de suivre l'auteur quand elle nous invite à imaginer le bellâtre assis d'une illustration de Debucourt reproduite p. 199, *L'Orange, ou le Moderne Jugement de Pâris*, prêt à se retourner pour remettre son orange, non à l'une des trois merveilleuses qui jouent le rôle des antiques déesses de l'Olympe, mais au muscadin occupé à remettre en place sa cravate devant le miroir de la cheminée. La libido caractéristique de ce nouveau Pâris paraît si absorbée dans son être propre qu'il paraît plutôt être l'objet auquel destiner son orange, cette anagramme d'organe. De tous côtés, le désir n'apparaît ni hétérosexuel, ni homo-sexuel, mais autosexuel : le muscadin s'attife devant le miroir, les merveilleuses s'intéressent à l'intérêt du bellâtre, qui ne paraît s'intéresser qu'à leur intérêt pour lui-même. Même le chien cherche l'attention d'une des belles. Un des cinq spectateurs à gauche a pris son parti de la situation, et s'occupe à dévorer sa propre orange. Pour moi, le scénario de Debucourt n'est pas celui qu'imagine Lajer-Burcharth ; son message est plus caractéristique et plus comique : dans ce monde-là nul désir ne peut aboutir, car tous sont désirs de désir.

Plus que d'autres artistes, David est un écran projectif de première grandeur ; avec ses ambiguïtés énormes, qui sont celles de son temps (son contemporain Goya offre des caractéristiques analogues), il est un réceptacle de fantasmes en tous genres. À vouloir les annuler, on risque de mettre en place un fantasme de dépassement des fantasmes. Il ne suffit pas de chercher une vérité objective de David ; toute affirmation qui le concerne appelle aussitôt son contraire : homme politique avec une politique de l'art et artiste pur, terroriste violent et commissaire humain, révolutionnaire radical et calculateur capable de tout dans la défense de ses intérêts, artiste de l'idéal et réaliste sans concessions : cet ensemble de combinaisons fait sa complexité et sa puissance. Reconnaître que le terrain n'est pas neutre est le premier devoir de l'historien de David ; c'est pourquoi tous les fantasmes sont respectables (s'ils ont le bon sens de se reconnaître comme tels), mais tous ne se valent pas.

La méthode d'Ewa Lajer-Burcharth est payante, mais elle nous livre une image de David grossie et sans trop de nuances. Avec le double cercle herméneutique qu'elle met en place — féminisme et lacanisme — Lajer-Burcharth, tout en se donnant des moyens d'investigation efficaces, s'est prise dans un espace qui manque d'ouvertures. Son lacanisme va jusqu'à lui occulter parfois la psychanalyse freudienne ; c'est ainsi qu'on a la surprise de lire p. 19 : « Il est notoire que le discours psychanalytique traditionnel [qu'est-ce que cela veut dire ?] associait l'hystérie avec les femmes [...]. Mais, selon Lacan, "une fois poussé au-delà des limites de leur contrôle du langage et des affects, n'importe qui... peut être hystérisé"[6] ». Or, l'hystérie masculine fut le point de départ de la démarche psychanalytique ; c'est le thème que dès 1886 Freud avait choisi de présenter devant la Société médicale de Vienne ; dans son autobiographie de 1925, il déclarait encore que l'une des choses qui l'avaient le plus impressionné à Paris chez le docteur Charcot était « la présence fréquente de l'hystérie chez l'homme ».

D'autre part, l'auteur a tendance à forcer le portrait psychologique et artistique qu'elle trace de son peintre. Analysant l'autoportrait que David peignit en prison, en 1794, elle interprète la déformation de sa joue gauche comme ce que Lacan appelle *extimité* (non « extemité » comme il est imprimé par erreur p. 313) : « un signe d'extériorité du sens à *l'intérieur* de soi-même. Un morceau de sa propre chair lui était retourné dans le discours révolutionnaire comme un signe de sa monstruosité... » (p. 42-43). Il est vrai que les ennemis politiques de David n'hésitaient pas à déceler dans cette malformation l'image visible de sa monstruosité révolutionnaire, le texte cité p. 41 de *Necklines* est éloquent à cet égard, et un autre adversaire, le comte Clary, rapporte que lorsque David parlait, il avait toujours l'air de mâcher du sang[7] ; mais David lui-même voyait cela plutôt comme une infirmité qu'il tâchait de dissimuler par le point de vue frontal qu'il adopte, distribuant l'ombre de manière à suggérer l'enflure de la joue tout en la dissimulant. Avec l'habileté de metteur en scène qui le caractérise, David incline l'axe de son visage tout en maintenant horizontale la ligne de la bouche, normalisant ainsi sa difformité sans l'effacer. (C'est ce qui explique que Lajer-Burcharth, à tort selon moi, puisse voir les deux yeux considérablement décalés (p. 37).) La plupart des critiques ont aussi remarqué qu'il se dépeint dans ce portrait sensiblement plus jeune que son âge réel, quarante-six ans : au point qu'on a parfois douté de la date de ce tableau[8]. L'autoportrait de 1794, inachevé comme la plupart des tableaux des années 1790, semble associer narcissisme et mélancolie.

Un peu plus loin, décrivant la houppelande de ce portrait, à peine frottée et où elle a décelé des empreintes digitales (p. 39 ; je n'ai pu les voir, malgré un examen attentif), Lajer-Burcharth écrit : « Ce que David peint ainsi, c'est le sentiment qu'il a de son corps comme féminin. La houppelande [...] avec sa morphologie veloutée de vulve matérialise la dénégation picturale de la femme qu'était David... » (p. 43-44). Dans le dernier chapitre où la traîne de *Madame Récamier* devient, via l'objet *a* de Lacan, « le site où David se peint à l'intérieur de *Madame Récamier* » (p. 296), le procédé tourne à sa propre caricature. On retombe ici dans les simplifications d'une méthode qui se contente d'appliquer mécaniquement un modèle, au lieu de le faire jouer avec la complexité des faits. Pis encore, ce modèle tend à être parfois employé isolément, selon le parti pris par les *gender studies* dans leur état présent. C'est ainsi que l'auteur peut écrire dès le premier paragraphe de l'introduction : « La réorientation [...] vers la division sexuelle plutôt que vers la division de classe (*the reorientation* [...] *toward gender, rather than class*) comme catégorie principale d'analyse historique, nous a permis de reconnaître l'investissement profondément culturel dans le corps qui fut celui de la Révolution française, et d'examiner en même temps cet investissement d'un point de vue critique. » Il ne s'agit pas de discuter l'importance d'un tel point de vue, mais plutôt sa dissociation des phénomènes politiques et sociaux liés à la Révolution. Cette dépolitisation — partielle, il faut le dire — d'un phénomène culturel important n'est pas neutre : elle s'inscrit dans un champ intellectuel conflictuel à l'intérieur de la culture américaine. Elle trouve son lieu privilégié dans les espaces universitaires fortement élitistes où l'auteur enseigne (Harvard) et publie (Yale) ; ce sont les lieux par excellence du « *gender rather than class* ».

C'est une avancée intellectuelle indiscutable d'examiner David sous un autre point de vue que le positivisme suffisant qui s'étale dans le champ traditionnel de l'histoire de l'art, surtout celle des institutions françaises, dont le centralisme favorise les forces les plus conservatrices, même quand le pouvoir politique se proclame de gauche. Mais l'optique d'Ewa Lajer-Burcharth, tout en lui ouvrant des perspectives non négligeables (en particulier sur la mélancolie et le narcissisme), limite en même temps ces perspectives. Il aurait été désirable de les situer, par exemple, dans l'espace de la mélancolie artistique. Celle-ci a toute une histoire, depuis au moins le problème XXX, 1 du pseudo-Aristote, histoire retracée dans l'ouvrage monumental de Panofsky, Saxl et Klibansky, *Saturne et la Mélancolie*. L'association de la mélancolie et du miroir est évoquée à propos de Baudelaire par Jean Starobinski dans son petit livre *La Mélancolie au miroir* (1989). On trouve là de riches suggestions, associant des motifs davidiens évoqués dans *Necklines*, la mélancolie, le miroir, l'exil, Andromaque et la louve romaine :

Je pense à la négresse, amaigrie et phthisique [...] ;
À quiconque a perdu ce qui ne se retrouve
Jamais, jamais ! à ceux qui s'abreuvent de pleurs

Et tettent la Douleur comme une bonne louve !
Aux maigres orphelins séchant comme des fleurs !

Le livre de Starobinski reproduit une gravure belli-
fontaine de Léon Davent, qui montre une figure
féminine, sans doute une Mélancolie, allongée
parmi des attributs des sciences et des arts dans un
champ de ruines, non loin d'une louve tétée par
Romulus et Rémus. Lajer-Burcharth a bien un commentaire sur la Louve du Capitole : elle reproduit
p. 165 un dessin de la louve nourrissant les jumeaux
fait par David en prison, et observe que l'un des
jumeaux tétant de ce dessin se retrouve dans le
tableau des *Sabines* jeté à terre, aux pieds d'Hersilie ;
celle-ci est donc au fils de Romulus dans le même
rapport que la louve à Romulus lui-même : figure de
l'État, qui intervient « au secours de la patrilinéarité
de la famille » (p. 167). Cependant, en décrivant ce
dessin comme « une variation sur le groupe sculpté
du Capitole », elle confond différentes représentations antiques ou pseudo-antiques de la louve, et
néglige les variations davidiennes sur ce motif, qui
reparaît bien visible dans le tableau au centre du
bouclier de Romulus. Il aurait été instructif de suivre
ces variations, depuis l'étrange animal « primitif » qui
figure sous forme de bas-relief dans le *Brutus*
de 1789, cette louve aplatie à tête d'âne, pattes
allongées et quadruples mamelles humaines, que
Delécluze, dans son livre sur David (p. 123), évoquait
en ces termes : « dans le bas-relief, représentant
Rémus et Romulus allaités par la louve, le peintre
s'est efforcé de figurer de la sculpture très-gros-
sière, comme elle devait l'être quelque temps après
la fondation de Rome ». La louve n'apparaît pas dans
le dessin dit première pensée pour les *Sabines*, où
Romulus tient un bouclier long, un *scutum* dénué
d'ornements. Mais dans le deuxième dessin
d'ensemble, Romulus — barbu — tient un bouclier
rond, un *clipeus* où la louve figure avec une tête
aux traits anthropomorphes, comme un des tigres de
la caricature politique *Les Formes acerbes* illustrée
p. 24 de *Necklines*. Dans le tableau (comme dans un
dessin du musée de Stockholm), la louve reprend
une tête animale, mais les jumeaux tètent à présent
dos à dos, présage des luttes fratricides qui accom-
pagnèrent la naissance de Rome, et allusion à celles
qui furent le prix à payer pour accomplir la
Révolution française. Ces variations reposent sur un
dessin fait par David à Rome, en 1784 ou 1785, non
d'après la célèbre statue du Capitole, mais d'après
un bas-relief du Vatican[9] (un pastiche médiocre de la
Renaissance)[10], où la louve tourne la tête vers les
nourrissons. Dans *Les Sabines*, la louve du Capitole
apparaît à droite en haut d'une enseigne, avec la
tête d'une vache meuglant. Le totem romain fait
bien figure de mère primordiale, mais celle-ci nour-
rit aussi de son lait le meurtre fondateur de l'État.
Tout en prêchant dans son grand tableau, comme il

l'indiquait à Chaussard, la réconciliation nationale,
David, par ce détail mineur mais bien visible, reste
en 1799 sur les positions jacobines qui furent les
siennes : il a fallu verser le sang de ses proches pour
accoucher de la République. C'était, déjà avant
l'heure, l'enseignement du *Brutus*. Lajer-Burcharth
veut voir dans la femme en rouge qui nous fait face,
au centre des *Sabines*, « une personnification évidente de la Terreur » (p. 168) ; elle est d'autant
moins convaincante que la Terreur, chez ses parti-
sans, n'est pas conçue sur le mode de la vociféra-
tion, mais de la nécessité inexorable ; si elle est
représentée ici, ce ne peut être que dans ce rappel
(au futur antérieur) du meurtre fraternel.

*

Comme la plupart des artistes classiques de
l'Occident, David a été étudié selon deux angles
de vue principaux. D'un côté, une approche traditionnelle qui envisage l'artiste de manière monographique et positiviste, concentre l'information sur
des données biographiques, étudie les œuvres sous
le rapport de l'attribution, de la documentation et
de la collection : c'est le point de vue défendu par
les commissaires de l'exposition de 1989, Antoine
Schnapper, professeur à l'Université de Paris IV, et
Arlette Sérullaz, conservateur en chef au musée du
Louvre. De l'autre, une approche moderne, spécula-
tive, qui tâche d'interpréter et de problématiser
l'art de David, son atelier, sa thématique, sa politique, son érotique. Ce dernier aspect a la faveur
de la recherche universitaire anglo-saxonne ; sa
méthode peut être théoriciste — établissant
d'emblée une grille théorique appliquée ensuite au
domaine d'étude — ou associative : combinant différents éléments sous forme de collage qui tentent
de s'éclairer l'un l'autre.

Ces deux points de vue se sont affrontés lors de
l'exposition et du colloque David de 1989[11], avec
une violence qui évoque le débat du dessin et du
coloris qui agita les artistes et les amateurs en
France trois siècles plus tôt : documents ou théorie,
dessin ou coloris, chacun des partis pris excluant
la possibilité d'avoir recours à l'autre. Que cette
violence ait quelque chose de masochique, Antoine
Coypel l'avait relevé à la faveur d'un discours pro-
noncé en 1720 à l'Académie des Beaux-Arts : « c'est
vouloir, disois-je à mes jeunes amis, suivre le conseil
de Toinette dans le malade imaginaire : c'est se vouloir faire couper un bras, afin que l'autre se porte
mieux ; & se faire crever un œil pour voir plus clair
de l'autre »[12]. Chez Ewa Lajer-Burcharth, l'histoire
de l'art a deux yeux et deux bras, et sait s'en servir ;
on pourrait peut-être regretter qu'elle ne s'en serve
pas toujours avec le doigté désirable.

Ce que l'on peut souhaiter à cette discipline, ce
n'est pas seulement qu'elle tienne compte de tous
les paramètres de la recherche, documentaire, formel, théorique, fantasmatique, mais qu'elle les

intègre davantage ; que la production qui se constitue là ne soit pas simplement un placage théorique, ni un collage dont les éléments tiennent plus ou moins bien ensemble, mais un va-et-vient organique, innervant de part en part le matériau d'étude. Il ne s'agit pourtant pas de réconcilier les deux aspects antagonistes de l'histoire de l'art, à l'instar des Romains et des Sabins : ils n'ont pas fait assez d'enfants ensemble, et il reste beaucoup à entreprendre avant que d'en arriver là, au besoin par le rapt et la violence. Autant dire que l'histoire de l'art reste encore, pour l'essentiel, à venir.

Jean-Claude Lebensztejn

Notes

1. David contre David, Paris, La Documentation française, 1993.

2. É. J. Delécluze, *Louis David. Son école et son temps*, Paris, Didier, 1855, p. 179.

3. Non sur toile, comme il est indiqué dans les légendes des illustrations de *Necklines*. Quant à la *Psyché*, elle pourrait dater de 1787, non de 1794. Voir A. Schnapper, « Après l'exposition David. La *Psyché* retrouvée », *Revue de l'art*, n° 91, 1991, p. 64.

4. Antoine Schnapper, catalogue *David*, Louvre-Versailles, 1989-1990, pp. 335, 416 n., 521.

5. Claude-Nicolas Ledoux, *L'Architecture* (1804, rééd. Nördlingen, 1981), p. 159-160.

6. Il ne s'agit pas, comme l'indique l'auteur, p. 311, d'une citation de Lacan, mais d'une paraphrase due à Ellis Ragland-Sullivan (art. « Hysteria », *Feminism & Psychoanalysis : A Critical Dictionary* (Elizabeth Wright, dir.), Londres, Blackwell, 1992, p. 165).

7. Louis Hautecœur, *Louis David*, Paris, La Table ronde, 1954, p. 215.

8. Il est intéressant de comparer les autoportraits de David avec les portraits peints, sculptés ou dessinés par d'autres artistes : cf. Jacques Wilhelm, « David et ses portraits », *Art de France*, IV, 1964, p. 158-173.

9. Arlette Sérullaz, *Dessins français du musée du Louvre. Jacques-Louis David*, Paris, RMN, 1991, p. 210 (album 24, F. 54). Dessin de Stockholm : *ibid.*, p. 29.

10. Voir Cécile Dulière, *Lupa romana*, Bruxelles et Rome, Institut historique belge de Rome, 1979, t. II, p. 102, catal. F. 9, fig. 323.

11. Voir par exemple le débat entre Antoine Schnapper (catalogue *David*, p. 14-15) et Régis Michel (« De la non-histoire de l'art », introduction au colloque *David contre David*).

12. Antoine Coypel, *Discours prononcez dans les Conférences de l'Académie royale de Peinture et de Sculpture*, Paris, 1721, p. 88 ; rééd. dans *Les Conférences de l'Académie royale de peinture et de sculpture au XVIIᵉ siècle* (A. Mérot, dir.), Paris, École nationale supérieure des Beaux-Arts, 1996, p 451.

JONATHAN CRARY
SUSPENSIONS OF PERCEPTION. ATTENTION, SPECTACLE, AND MODERN CULTURE
Cambridge (Mass.), The MIT Press, 1999
397 pages, ill., £24.95

Dans *L'Art de l'observateur. Vision et modernité au XIXᵉ siècle* (Nîmes, Jacqueline Chambon, 1994, traduction de *Techniques of the Observer*, The MIT Press, 1990). Jonathan Crary étudiait les rapports entre l'émergence, dans la première moitié du XIXᵉ siècle, d'une conception neuve de la vision et l'invention d'une subjectivité qu'appareillages techniques et machines soumettent à des « processus de rationalisation » inédits. Présenté sous une jaquette qui fait une nouvelle fois honneur aux graphistes du MIT Press, *Suspensions of Perception* s'intéresse aux suites et à l'intensification de ces processus. Le livre se concentre sur les vingt dernières années du siècle et sur son tournant (1879-1905), pressentis comme l'heure où simultanément s'achèvent les mutations entamées dans les années 1820 et s'inaugure un régime neuf dans la gestion sociale de la perception. Ce régime poursuit son déploiement et s'intensifie aujourd'hui, à l'heure où l'ordinateur personnel, Internet et les jeux vidéos prennent, après la télévision, le relais de machines et de dispositifs déjà anciens. Il se caractérise par le statut neuf accordé à la production et à la gestion de l'*attention*, et cela sous des formes dont la réunion paraît d'abord paradoxale.

Parallèlement à la physiologisation et à la temporalisation de la perception, qui mettent à bas les modèles simultanéistes classiques de l'image et du tableau, la fin du XIXᵉ siècle voit en effet se développer un régime neuf de l'attention. Le couplage du travailleur avec la machine industrielle, qui fait de l'*attention soutenue* de l'opérateur une exigence indispensable au bon fonctionnement du dispositif capitaliste, a pour pendant une inflexion des recherches scientifiques sur la perception. L'attention, ses éventuels dysfonctionnements deviennent le dénominateur commun de projets variés au moment où, dans d'inédits *laboratoires de psychologie*, des sujets eux aussi couplés à des machines voient s'enregistrer des réactions auxquelles la statistique confère une positivité et une applicabilité économique elles aussi nouvelles. S'ajoute à cela l'essor d'une pratique *spectaculaire* des loisirs reposant sur la *distraction* des sujets — les mêmes qui travaillent sous l'emprise des rythmes machiniques — dont le cinéma offre l'exemple le meilleur et le plus répandu, s'il n'est pas le premier.

C'est l'ensemble de ces éléments que, sous l'égide de Michel Foucault, de Gilles Deleuze et plus généralement de la *French Theory*, Crary brasse en enquêtant sur le régime qui les sous-tend. Un premier chapitre, voué à un inventaire des théories de la perception en vigueur dans les années considérées, établit la pertinence du critère de l'attention, en même temps que sa réversibilité. Ce que découvrent en effet psychophysiologues, philosophes et sociologues, c'est la tension qui oppose et relie à la fois *attention* et *distraction*. L'attention envers un objet ne s'obtient que par la diminution ou l'effacement du champ plus vaste auquel il appartient. Pire, seule la distraction renouvelle un acte d'attention en danger perpétuel de s'auto-annihiler. Attention et distraction sont bien les pôles d'un unique phénomène. Le statut de l'hypnose, fait social « total » de la fin de siècle, en fournit le symptôme le plus clair : distraction achevée du sujet par rapport à son environnement, mais aussi concentration achevée de celui-ci sur l'objet suggéré, l'hypnose, par son union ambiguë de la suggestion et de la sujétion, remet en question les limites du sujet rationnel classique. Elle débusque l'irrationalité foncière et le caractère technique des procédures auxquelles le soumet la modernité. Ce premier chapitre sert de hors-d'œuvre à un menu composé pour l'essentiel des trois sections suivantes, chacune organisée autour de l'analyse d'une peinture emblématique des problématiques considérées, et de trois moments épistémiques successifs.

La première de ces sections, « 1879. Unbinding vision » (« Délier la vision »), a pour cœur un tableau de Manet, *Dans la serre*. L'auteur oppose la constriction de sa composition, le fini « réaliste » et le caractère de « figures de cire » du couple représenté à d'autres œuvres du peintre, où il s'agit pour celui-ci d'« explorer les possibilités créatives qu'on peut faire dériver d'une compréhension approfondie des limites désintégratrices de la vision ». *Dans la serre* apparaît alors, non pas comme la mise en scène de la déliaison et de l'expérience de la dissociation auxquelles s'attachent la plupart des œuvres de Manet, mais comme la tentative, vouée à l'échec car déjà obsolète, d'élaborer en une synthèse de type classique ces états modernes où attention et distraction deviennent indécidables.

Le troisième chapitre, « 1888. Illusions of disenchantment », a pour sujet presque exclusif la *Parade de cirque* de Seurat. À la différence de la peinture de Manet, vouée à un travail de sape des codes de la tradition, celle de Seurat est en effet exemplaire de « la construction calculée de nouveaux modèles cognitifs et sémantiques » autour de la question de l'attention, celle du sujet individuel comme celle de sujets collectifs. Le premier de ces modèles est celui d'une couleur conçue comme construction psychophysiologique interprétée par le corps, et non comme ultime « signe naturel » offert à un regard souverain. Référant la pratique de Seurat à l'ancêtre de la théorie de la *Gestalt*, Ehrenfels, mais aussi à Bergson, William James, Ernst Mach et Jules-Étienne Marey, enfin à Helmholtz, l'auteur montre comment

elle met en œuvre une oscillation entre les données hétérogènes de la perception simultanée et leur organisation durable, ainsi qu'un modèle « dynamogénique » selon lequel la perception constitue un jeu non-optique de forces et de réactions motrices : la sensation, y compris visuelle, culmine dans un mouvement, conscient ou inconscient, qui met à l'épreuve la souveraineté du sujet individuel. Mais les œuvres de Seurat mettent aussi en jeu la relation entre perception individuelle et construction sociale. Tout comme le sujet individuel oscille entre attention et distraction, les sociétés modernes, selon Durkheim, sont en proie à un processus de désintégration : elles produisent ainsi une « anomie » annonciatrice de la future « société du spectacle ». Le dispositif antiscénographique de *Parade de cirque*, ici comparé à la *Cène* de Léonard de Vinci, son mode de figuration des quantités et mesures, enfin les ambiguïtés que concentre la figure centrale « indifférenciée » et « mécanique » du joueur de trombone apparaissent comme autant de tentatives de réponse à ces enjeux nouveaux, à travers une « neutralisation des pulsions » et une fusion imaginaire entre sujet et objet, dans lesquels l'auteur voit une tentative de « produire rationnellement l'aura ».

Parade figure ainsi « un territoire social où les techniques de fascination et d'attraction, d'apparence et de semblant, ont le pouvoir de subjuguer un observateur ou un public ». On retrouve ici au niveau collectif, cette fois-ci par le moyen d'un recours à Gabriel Tarde, l'hypnose, conçue comme modèle de l'état social. On retrouve également, par le biais d'un recours à Gustave Le Bon, le rôle que joue l'image dans cette création. La foule « pense en images », l'attention fascinée constitue sa loi psychologique. L'opéra wagnérien avait inauguré une gestion du spectacle commandée par cette nécessité nouvelle d'une « attention soutenue et *continue* [du public] durant toute la performance ». Il rencontrait ainsi — à son corps défendant — les dispositifs des dioramas, des stéréoscopes, et surtout les séances de praxinoscope au théâtre d'Émile Reynaud, où se rejoignent la dislocation spatiale de la scène traditionnelle et la fascination du public pour une image détachée de tout ancrage déterminé. *Cirque*, le dernier tableau, inachevé, de Seurat, apparaît ainsi comme la matérialisation picturale de certaines images de Reynaud, « fragment détaché d'un *continuum* d'images qui déclare sa distance des conditions "naturelles" de la perception. » L'intérêt pour l'image en mouvement qui s'y déploie n'est pas séparable de l'intérêt pour « l'industrialisation de la contemplation » qui informait déjà *Parade*.

Le troisième volet de cette enquête — « 1900. Reinventing Synthesis » — prend pour objet l'œuvre du dernier Cézanne, conçue comme emblématique d'un « statut incertain de l'observateur attentif » par ailleurs repérable dans « la philosophie, la psychologie scientifique, le cinéma primitif, la théorie de l'art et la neurologie ». Crary met ici en parallèle Cézanne et le Husserl des *Investigations logiques*, qui a pour cible la pensée psychophysiologique et la réification de la perception à laquelle elle conduit. Le travail de Cézanne apparaît alors comme un effort visant à embrasser avec la même immédiateté, *synthétiquement*, l'ensemble du champ visuel : le foyer de l'attention comme sa périphérie. Là où Manet ou Seurat laissaient l'attention se dissoudre en rêverie ou en une dissociation hypnotique, Cézanne fait de sa dissolution « la re-création plus intense d'une interface subjective avec le monde ». Il rejoint ainsi la quête scientifique de « constantes et certitudes » dans l'activité hautement instable qu'est la perception, quête dont témoignent des dispositifs comme le « tachistoscope » de James McKeen Cattell, les travaux plus anciens de Helmholtz sur l'arc-réflexe, enfin les débats autour de cette notion, de Dewey au Bergson de *Matière et mémoire*. Mais c'est pour proposer une solution inédite à ces questions, comme le montre l'examen détaillé de *Pins et rochers*, une peinture de l'extrême fin des années 1890 qui intègre plusieurs systèmes optiques distincts, également distribués sur la surface de la toile et réclamant une égale dispersion de l'attention. Cézanne anticipe ici sur Freud et sa mise en valeur du rôle que jouent souvenir et frayage dans la perception. Le parallèle entre le peintre et l'analyste introduit également dans l'analyse de l'œuvre une érotique des formes jusque-là absente. La dédifférenciation heureuse dont témoigne le dernier Cézanne est celle d'une perception « non-humaine », qu'emblématise la métaphore de la « plaque photographique » dont il use pour décrire son activité. Il ne s'agit plus de « saisir intellectuellement l'idée d'une pluralité de perspectives, mais d'expérimenter la façon dont chaque perspective est une relation de forces, d'intensités vécue singulièrement. » Dans cet « espace liquide sans fond », au contraire du cinéma naissant et d'autres formes de reconfiguration « automatisée » d'un environnement en modulation perpétuelle, les conditions d'une perception administrée par le spectacle se confondent avec leur possible résolution.

L'épilogue de *Suspensions of Perception* poursuit cette veine plus heureuse, en quittant la peinture pour l'écriture. Crary analyse une lettre de Freud qui décrit une foule romaine en train de regarder des publicités projetées par une lanterne magique sur les murs de la piazza Colonna à Rome. Dans cette lettre, on voit présenté un modèle d'attention individuelle et collective que sa « décontraction », et sa proximité avec l'« attention flottante » que l'analyste maintient à l'écoute de son patient, écartent du choc baudelairien relayé par Simmel ou Benjamin. L'immersion dans la foule spectatrice, la jouissance d'un espace urbain traversé de projections, le sentiment de solitude individuelle qui en est le contrepoint inévitable, quittent le terrain des pensées de la catastrophe ou de la crise caractéristiques de l'analyse moderne du spectacle, pour faire naître l'image d'un « jeu spontané du rassemblement social » que berce et favorise le flux répété dans l'espace de la ville des images lumineuses. « Tout est bien qui finit bien » ?

Le vaste terrain que tente d'arpenter *Suspensions of Perception* fournit un axe privilégié d'étude de la modernité : l'intérêt principal du livre est de mettre en relief avec une force inégalée, et en des termes qui restituent un passé au débat contemporain, l'apparition massive à la fin du XIXe siècle de dispositifs neufs de l'attention, leurs ramifications multiples dans la culture et enfin l'invasion du débat social par les questions que pose leur gestion. Le point de vue adopté restitue en particulier aux débats de la psychologie et de la sociologie des années 1880-1900 une pertinence depuis longtemps devenue inaccessible. La méthode employée pour ce faire trouve cependant vite ses limites. Malgré le recours fréquent à une *French Theory* superficiellement unifiée pour les besoins de la circonstance (Barthes, Deleuze, Foucault, Lacan, Derrida, Kristeva, même combat !), c'est à l'histoire des idées la plus traditionnelle qu'on a souvent affaire ici. L'accumulation répétée des résumés de doctrine tend à effacer les différences conceptuelles entre les points de vue présentés, sans faire surgir l'*épistémè* qui les articule (la trace la plus nette de cet état de fait réside dans l'impossibilité de distinguer, dans les analyses, entre ce qui relève de simultanéités d'effets d'un *Zeitgeist* convoqué sans être nommé, et ce qui appartient à une logique de causalité historiquement assignable). Dans ces conditions, la décision d'ancrer les principaux chapitres autour de l'examen d'une œuvre picturale apparaît plus comme un artifice atténuant le caractère hétéroclite des références et la rareté des liaisons conceptuelles affirmées que comme l'heureuse idée qu'elle pouvait être. Malgré ces limites et les fréquentes frustrations qu'elles engendrent, la lecture de *Suspensions of Perception* demeure un exercice profitable, tant elle aura donné, au final, *matière* à penser.

Jean-Philippe Antoine

ARMIN ZWEITE
*BARNETT NEWMAN : PAINTINGS,
SCULPTURES, WORKS ON PAPER*
traduit de l'allemand par J. Brogden
Ostfildern-Ruit, Hatje Cantz, 1999
336 p., 174 ill. dont 82 en coul., 98 DM,
50,11 Euro

Cette publication soignée est à la fois l'édition révisée et la traduction anglaise du catalogue de l'exposition qui rassemblait, en 1997, un ensemble conséquent de peintures, sculptures, dessins et gravures de Barnett Newman (1905-1970). Présentée uniquement à Düsseldorf, l'exposition était conçue par Armin Zweite, directeur du Kunstsammlung Nordrhein-Westfalen et également auteur de cette vaste étude corollaire. Aucun musée n'a donc relayé ce qui se présentait comme la plus grande exposition consacrée à cet artiste américain depuis la rétrospective itinérante organisée par Thomas Hess en 1971-1972. Si quelques publications étaient venues, depuis cette date, s'ajouter au catalogue monographique accompagnant cette rétrospective posthume, ce dernier restait, avec l'ouvrage de Harold Rosenberg paru en 1978, l'étude de référence sur Newman. L'indigence des éditions européennes du catalogue de Thomas Hess reflète assez bien la place accordée depuis à l'art de Newman, en France tout particulièrement. Quelques expositions, parfois présentées en Europe, traitant un aspect ou une période précise de son œuvre (les dessins, les gravures, les années quarante) et la publication de ses écrits et propos en 1990 ont apporté une documentation précieuse sur son art et sa pensée. Mais, dans ce contexte, la double initiative de Zweite constituait un événement à la fois remarquable et inespéré.

Suivant une approche globalement thématique de l'œuvre de Newman, le présent ouvrage en partage cependant l'examen entre une première partie consacrée à sa peinture et une seconde, séparée par le catalogue des œuvres exposées en 1997, à sa sculpture et à son projet de synagogue. Cette partition est en elle-même discutable et pèse sur l'intérêt que Zweite porte à une partie effectivement négligée de l'art de Newman. « Barnett Newman s'est toujours considéré comme un peintre », affirme l'auteur, « une opinion qui est reflétée par le volume de sa production dans d'autres médias. Outre cent dix peintures approximativement, Newman a produit plus de quatre-vingts dessins, quarante-deux gravures, seulement sept ou huit sculptures (selon que la version en plâtre et en bronze de *Here I* compte ou non pour deux sculptures séparées), une maquette d'architecture et un multiple » (p. 215). La scission adoptée n'est peut-être pas le meilleur moyen de « rendre justice » (si tel est l'objectif) à cette partie de son œuvre : précisément parce qu'elle tend à la présenter comme une partie distincte, séparée du reste. Or, il paraît difficile d'isoler les pratiques de Newman, ce à quoi se prête l'option critique d'Armin Zweite, sur la base d'un inventaire qui dénombre, classe, ordonne, hiérarchise et enclôt chaque partie de l'œuvre dans un domaine strictement délimité. « L'histoire de l'art moderne, pour le dire en une phrase, a été celle de la lutte contre le catalogue », estimait Newman, qui n'y échappera pourtant pas.

L'indécision de l'auteur sur le nombre de *Here I* et le statut de sa version en plâtre est un lapsus remarquable de son calcul. S'interrogeant de la sorte (la version en plâtre est-elle invalidée par sa réalisation en bronze ?), il pourrait tout aussi bien questionner le statut de *Be I* (1949) dont *Be I (Second Version)* datée de 1970 recréait, en quelque sorte, la première endommagée en 1950 (quoique leurs dimensions varient). On compte, par ailleurs, six *Onements* entre 1948 et 1953, tandis que le premier tableau portant ce titre est l'objet d'une sorte de culte critique réducteur (qui excède, sans doute, l'importance indiscutable que lui accordait le peintre lui-même). Certes, chaque œuvre est, pour Newman, une expérience singulière — mais celle-ci n'est apparemment pas exclusive, et en rien définitive. En ce sens, la sculpture apparaît entre autres comme le lieu privilégié d'une interrogation sur le fétichisme de l'œuvre unique. Lorsqu'il travaillait sur la sculpture *Here III* en 1966, l'artiste évoquait son désir d'en faire une édition de deux (il y en aura trois), car, disait-il, « je ne crois pas à la pièce unique... » En pleine période pop, cette remarque ne regarde peut-être pas seulement sa sculpture, et conduit à s'interroger sur cette unique « peinture » multiple de Newman dénombrée par Zweite, intitulée *The Moment* (1966) ; une sérigraphie sur Plexiglas dont l'un des cent vingt-cinq exemplaires fut récemment exposé à New York à la galerie Brooke Alexander au cours de l'exposition « Barnett Newman, The Complete Editions / Jasper Johns, References to Barnett Newman ». Cette œuvre est étonnamment proche de la série des peintures étroites de 1950, et plus particulièrement de la composition de *Untitled (Number 4)*. De fait, le catalogue des œuvres gravées de Newman répertorie ce multiple en donnant les dimensions suivantes : 123,8 x 12,7 x 3 cm ; c'est-à-dire, en tenant compte de la profondeur du support peint en blanc sur lequel est fixé ce Plexiglas qui absorbe, incorpore presque un pigment bleu très intense. La précision des trois dimensions de *The Moment* est généralement négligée pour les peintures de Newman. Toutes, peut-être, ne la nécessitent pas mais, à partir du moment où certaines la requièrent, elle devient pour ainsi dire incontournable. Il est clair, comme en témoigne la photographie que reproduit Zweite (p. 223) de *Here I* exposée (manifestement près du mur) à la galerie Betty Parsons en 1951 à proximité de

The Wild (1950) une des peintures étroites sans cadre, qu'une interrogation sur la relation entre l'espace de l'art et l'espace réel, n'est pas réservée, chez Newman, à l'existence de la sculpture dans les trois dimensions. Il est vrai qu'à Düsseldorf *The Wild* était soigneusement enclos dans un fin cadre d'aluminium, comme le sont aujourd'hui beaucoup d'autres toiles de l'artiste (*Shimmer Bright*, par exemple, au Metropolitan Museum of Art, New York). Le châssis singulièrement profond de *Day One* (1951), par exemple, et le travail pictural des rebords qu'il donne à voir ne laisse aucun doute sur le rôle déterminant des tranches dans la peinture de Newman. Que Newman se soit toujours considéré comme un peintre n'implique pas qu'il ait vu ses peintures comme assimilables à ce que conventionnellement nous nommons ainsi : « [...] On peut dire que j'ai contribué au passage de la fabrication d'images [*pictures*] à la fabrication de peintures [*paintings*]. Ceux qui font des "images", réalistes ou abstraites, ne font pas de peinture. »

Son art sème une panique que les institutions tentent, tant bien que mal, de contenir. Il est intéressant de lire, venant d'un conservateur, l'aveu d'une impuissance des musées à exposer Newman : «Lors de sa seconde exposition personnelle à la galerie Betty Parsons au printemps 1951, » rappelle Armin Zweite, « Newman épingla au mur une brève déclaration invitant les visiteurs à voir ses peintures de grands formats de près. De telles conditions de vision ne sont plus possibles aujourd'hui. En effet, chaque prêteur des peintures de Newman insiste — légitimement — pour qu'une relativement grande distance soit maintenue entre l'œuvre et le spectateur » (p. 9). La responsabilité du collectionneur et des institutions serait-elle de préserver les œuvres de l'inconséquence de leur créateur ? Le sens de la propriété donne apparemment tous les droits, ou presque. À part *Chartres* (1969), tous les tableaux exposés à Düsseldorf étaient accessibles sous une surveillance stricte, mais pas excessivement pesante. Il est vrai, comme le souligne Zweite, que quelques peinture de Newman ont été l'objet d'actes de vandalisme particulièrement violents. Elles ne sont pas les seules. Mais il faut s'interroger sur ce qui les provoque : les peintures, ou bien leur assimilation à des reliques culturelles, sacralisée par des garde-fous qui nous tiennent à bonne distance de ce que nous ne pouvons pas comprendre ? Lorsque Newman contestait la présentation par le Guggenheim de la peinture de Cézanne sans cadre (comme pour prévenir, à l'égard de la sienne, le phénomène inverse) le terme par lequel il qualifiait cette pratique était clair : *mutilation*.

Cherchant à définir l'esthétique de Newman par rapport à la première abstraction, Armin Zweite en vient parfois à établir des distinctions hâtives. Il est le premier, sauf erreur, à s'intéresser, en relation à Newman, à un tableau d'Olga Rozanova de 1917 (*Sans titre, bande verte*, coll. Costakis, Moscou), basé sur une composition symétrique définie par une bande verte verticale placée au centre d'un champ blanc. Mais sa démonstration, moins soucieuse de rendre justice au tableau du peintre russe que de faire valoir *Onement I* (1948) de Newman, n'est guère probante. Zweite cherche clairement à combattre, comme le faisait Newman dans les années cinquante et soixante, l'assimilation de sa peinture à l'interprétation formaliste de l'abstraction géométrique du début du siècle qui dominait alors. Mais il évite, comme le peintre, de contredire l'application de ces arguments critiques réducteurs à la première abstraction. Newman spécifiait ainsi en 1958 : «Mon art, disent [les critiques], est plus avancé que celui de Malevitch, lorsqu'ils veulent dire que j'ai réduit Malevitch à un schème coloré de plus, au point que son blanc-sur-blanc est juste une formule synthétique de plus, pas plus significative que le noir-sur-blanc. Mon art, disent-ils, est plus avancé que celui de Mondrian, lorsqu'ils veulent dire que j'ai brisé les barrières de son dogme. » De fait, Armin Zweite aboutit, comme Newman, à l'excès inverse, c'est-à-dire à une distinction tout aussi arbitraire, sans vraiment convaincre lorsqu'il conclut que «Rozanova recherche l'effet d'optique, tandis que Newman minimise un tel effet, accentuant le caractère de la peinture comme objet, et faisant du processus de perception lui-même le sujet» (p. 82). Sans doute l'art de Newman partage-t-il plus avec celui de la première avant-garde que ne le concède le peintre lui-même. L'activation ténue de la surface picturale sans accorder à la touche ou au geste une valeur dominante (sinon, chez Newman, avec une troublante «spontanéité contrôlée» qui annonce quasiment les *Brushstrokes* de Lichtenstein) n'est pas une préoccupation étrangère à Mondrian ou Malevitch. Pas plus que ne le sont le rejet du cadre classique (éliminé dans le suprématisme, placé en retrait de la toile par Mondrian), ou sa volonté d'élever le spectateur au niveau de l'artiste qui relève, manifestement, d'une visée caractéristique de ceux dont il tient à se séparer.

Pour Zweite, cependant, les coïncidences sont toujours trompeuses (et sans doute le sont-elles souvent). Ainsi, écrit-il, Kandinsky affirmait déjà en 1911 la prédominance, sur laquelle insistera Newman, du «quoi» peindre sur le «comment» : «Ce "quoi" — écrivait Kandinsky dans *Du spirituel dans l'art* — est le contenu que seul l'art est capable de saisir en soi et d'exprimer clairement par des moyens qui n'appartiennent qu'à lui». Cette remarque n'amène pas l'auteur à tempérer la vision d'un art sans sujet, à laquelle Newman réduisait souvent la première abstraction. La différence qu'en déduit Zweite laisse sceptique, quoiqu'il en constate ainsi l'évidence : «Newman a remplacé le spiritualisme de Kandinsky par la catégorie du sublime et réduit le vaste répertoire de formes et de couleurs du peintre russe à la monochromie et à la verticalité, c'est-à-dire l'élémentarisme puriste » (p. 22). Si l'on comprend bien, Zweite utilise les termes d'«élémentarisme puriste» pour qualifier la peinture de Newman, se rabattant du coup sur une confusion contre laquelle luttait énergiquement Newman en refusant de participer à des expositions qui concevaient ainsi son art. De plus, la substitution spiritualisme / sublime relève d'un tour de passe-passe délicat. Le terme de «sublime», ou mieux, sa «catégorie» classificatrice, est à ce titre devenu une sorte de sésame justifiant une indicible sensation de «présence» de sa peinture, ou encore son effet de «sidération». Dans le texte intitulé «The Sublime is Now», publié en 1948 par Newman au sein d'un court dossier consacré à ce thème par la revue *The Tiger's Eye*, la référence à cette notion paraît d'abord très critique. D'une part, l'artiste s'oppose à une confusion persistante jusque dans la philosophie de Kant, chez lequel, dit-il, le sublime apparaît toujours comme un superlatif du beau, et conduit à une «théorie de la perception transcendante, dans lequel le phénomène est *plus* que le phénomène». Newman n'en est sans doute pas à dire de sa peinture, comme Stella quelques années plus tard, que «ce que vous voyez est ce que vous voyez», mais qu'elle est aussi et pas seulement ce que nous voyons ; ou, selon ces termes, qu'elle est à la fois physique *et* métaphysique.

D'abord, disait Newman, le sublime peut apparaître comme la visée de tout l'art moderne dont la tendance à été de détruire la beauté — c'est-à-dire le fondement de toute une culture occidentale tendue vers l'accomplissement d'un idéal de perfection. De ce point de vue, on peut contester la réduction du «maintenant» de Newman à «1948», à laquelle semble aboutir Armin Zweite (note 32, p. 253). «Le mot secret que connaissent tous les chanteurs de rue parisiens», écrivait ironiquement Newman en conclusion d'une controverse avec Motherwell, «n'est pas "Je t'aime" mais "toujours"». De même, le sublime n'est pas une formule magique. L'aspiration sublime ne garantit pas l'effectivité d'une révolution permanente. Sa vision formaliste de Mondrian l'amenait ainsi à en déduire que, chez ce dernier, «le sublime devient paradoxalement un absolu de sensations parfaites. La géométrie (perfection) a englouti sa métaphysique (son exaltation)». Pourtant, le terme de sublime, employé à plusieurs reprises par Newman sans en faire toutefois un label d'origine garantie de sa peinture, accrédite souvent le décalque des interprétations philosophiques de cette notion sur l'ensemble de son art. Un transfert auquel s'emploie, en partie, Zweite en citant Burke, Kant, Adorno et Lyotard qui écrivait de la peinture de Newman : «Le message (le tableau)

est le messager, il "dit" : *Me voici*, c'est-à-dire : *Je suis à toi*, ou *Sois à moi*.» En somme, le message (ou médium) n'a rien d'un «massage», pour reprendre les termes de McLuhan, mais tout d'un ordre. Aussi, propose Zweite, on pourrait «appliquer directement [l'argument de Lyotard] à la peinture de Newman» (p. 27). Il y a là un double recours au mysticisme — au sens, disait Newman, d'une volonté «d'organiser des états ineffables en règles et en systèmes artistiques ou religieux». L'impératif de Lyotard, qui assimile l'injonction de l'art au Verbe divin, et son application par Zweite à la peinture de Newman, altèrent fortement la position critique des artistes de cette génération. Cette position était, par exemple, formulée par Willem de Kooning en 1949, déclarant dans une conférence donnée au Studio 35, à la préparation de laquelle Newman avait activement participé : «L'idée d'ordre ne peut venir que d'en haut. L'ordre pour moi, c'est recevoir un ordre, et c'est une limitation.»

Au-delà de l'événement que représente cette parution, une dernière remarque s'impose. Comme l'exposition qui l'a motivée, cette publication paraît moins le fait du conservateur, de l'historien d'art ou du critique, quoiqu'elle dépasse les exigences que ces derniers se donnent généralement vis-à-vis de Newman, que d'un individu qui, confronté à la peinture de Newman, s'est vite trouvé dans la situation de l'artiste. Celui-ci, écrivait Newman, en 1947 «[...] peint pour avoir quelque chose à regarder ; parfois il doit écrire pour avoir quelque chose à lire»

Hervé Vanel

ALEXANDER ALBERRO, BLAKE STIMSON, dir.
CONCEPTUAL ART : A CRITICAL ANTHOLOGY
Cambridge (Mass.), The MIT Press, 1999
569 p., £ 31.50

MICHAEL NEWMAN, JON BIRD, dir.
REWRITING CONCEPTUAL ART
Londres, Reaktion Books, 1999
251 p., 80 ill., £17.95, $24.95

L'art conceptuel nous est à la fois proche et lointain. Proche car une part importante des œuvres significatives de ces dernières années en gèrent l'héritage. Lointain puisque la fin des années soixante, date de son émergence, semble une époque — celle de la guerre du Vietnam et des révoltes étudiantes de 1968 — bien différente de la nôtre, suffisamment en tout cas pour être d'ores et déjà susceptible d'entrer dans l'Histoire. Que l'art conceptuel soit désormais un objet historique, c'est bien la posture à partir de laquelle des ouvrages comme ceux qui nous occupent peuvent être engagés. Pour autant, ni l'ouvrage dirigé par Alexander Alberro et Blake Stimson, ni celui dont Michael Newman et Jon Bird ont la responsabilité ne sont des histoires de l'art conceptuel.

Le premier consiste en une imposante anthologie, judicieusement illustrée, dans laquelle ont été rassemblés les écrits (ou extraits d'écrits) qui, de 1966 à 1977, ont accompagné le développement de cette forme d'art. On y trouve bien sûr les célébrissimes *Paragraphs on Conceptual Art* (1967) de Sol LeWitt, le moins connu mais tout aussi significatif *The Serial Attitude* (1967) de Mel Bochner, le fondateur *Art After Philosophy* (1969) de Joseph Kosuth, ou encore le décapant *The Art Market : Affluence and Degradation* (1975) de Ian Burn. Mais on peut aussi lire dans ce recueil des textes capitaux moins connus comme certains manifestes latino-américains : *A Media Art* (1966) d'Eduardo Costa, Raul Escari et Roberto Jacoby, *General Scheme of the New Objectivity* (1967) de Hélio Oiticica, *Tucuman Burns* (1968) de Maria Teresa Gramuglio et Nicolas Rosa ou bien *Insertions in Ideological Circuits* (1970) de Cildo Meireles. On l'a compris, c'est l'un des intérêts de cet ouvrage que de ne pas s'en tenir au seul récit américain de l'art conceptuel pour s'ouvrir à ses avatars européens et latino-américains. Alberro et Stimson n'ont toutefois pas procédé qu'à une simple collecte des textes écrits pendant la décennie où l'art conceptuel a fonctionné comme courant dominant. Ils ont aussi réuni, en fin de volume, d'une part, des textes écrits après-coup par quelques-uns des acteurs du mouvement (Ian Burn, Cildo Meireles, Ian Wilson, Dan Graham, Victor Burgin ou Martha Rosler, par exemple) et, d'autre part, des études tels les fameux *Dan Graham's Kammerspiel* (1985) de Jeff Wall ou *Conceptual Art 1962-1969 : From the Aesthetic of Administration to the Critiques of Institutions* (1989) de Benjamin H.D. Buchloh.

Dans une remarquable introduction, *Reconsidering Conceptual Art, 1966-1977*, Alberro s'essaye à démêler le véritable écheveau des pratiques « conceptuelles ». S'agissant de leur généalogie, l'auteur en discerne quatre : l'auto-réflexivité des peinture et sculpture modernistes ; le réductivisme qui a conduit l'œuvre d'art au seuil d'une complète dématérialisation ; la négation du contenu esthétique, dont Alberro trouve l'origine chez Duchamp ; la problématisation de l'emplacement de l'œuvre. Compte tenu de cette quadruple ascendance, l'art conceptuel ne pouvait se présenter comme un champ unifié de pratiques. Aussi Alberro distingue-t-il plusieurs grandes tendances. La première est celle d'un « conceptualisme linguistique » ; les principaux représentants en sont Joseph Kosuth, Christine Kozlov et Art & Language. La seconde tendance trouve à s'incarner dans les travaux de Mel Bochner, Hanne Darboven, Sol LeWitt, Lee Lozano ou Brian O'Doherty ; avec elle, le concept, l'idée est une machine à faire de l'art. C'est un troisième courant

qui s'exprimerait à travers les œuvres de Lawrence Weiner, Douglas Huebler et leurs tentatives de démocratisation de la production et de la réception de l'art avec pour effet une déstabilisation de l'autorité de l'auteur. Alberro n'oublie pas non plus cette importante forme d'art conceptuel qui, avec Bas Jan Ader, Adrian Piper, Christopher D'Arcangelo ou Vito Acconci, réduit l'œuvre à la pure analyse descriptive d'un épisode. C'est sous une même rubrique, celle d'un art conceptuel tenant les déterminations idéologiques de l'institution artistique pour fondamentales dans l'accréditation de l'œuvre, que l'auteur rassemble les noms de Daniel Buren, Marcel Broodthaers et Hans Haacke — une liste dont est d'ailleurs étrangement absent le nom de Michael Asher. Enfin, Alberro distingue une autre mouvance de l'art conceptuel apparaissant à la fin des années soixante et au début des années soixante-dix dans le climat de détérioration économique et politique d'un certain nombre de pays d'Amérique latine. L'auteur montre utilement l'importance des « conceptualismes » argentin (*A Media Art*, *Tucuman Burns*) et brésilien (Oiticica et Meireles). Alberro consacre d'ailleurs à l'art conceptuel latino-américain sa contribution à l'ouvrage dirigé par Newman et Bird pour y repérer ses deux grandes stratégies : l'appropriation des médias ; le détournement politique de la mythologie véhiculée par les structures médiatiques. À voir ainsi brillamment radiographiées les différentes versions de l'art conceptuel, il est permis de se demander si, finalement, celle qui, aujourd'hui, demeure la plus influente n'est pas la latino-américaine. Après avoir envisagé les différentes formes d'art conceptuel, Alberro s'attache à pointer quelques modèles post-conceptuels des années soixante-dix et quatre-vingt. Critique de l'authenticité et de l'originalité avec Mike Bidlo, John Knight, Louise Lawler, Sherrie Levine, Allan McCollum et Richard Prince. Focalisation sur les rapports complexes entre le texte et l'image, entre le langage et la subjectivité avec Victor Burgin, Jenny Holzer, Mary Kelly et Barbara Kruger. Volontarisme politique contre l'acceptation passive de la surdétermination idéologique des productions discursives avec Fred Lonidier, Martha Rosler, Allan Sekula et Phil Steinmetz. Certes, pareilles classifications peuvent toujours en tel ou tel point être mises en défaut. Elles doivent être comprises comme signalant des tendances, non des essences. Elles ont néanmoins l'immense mérite de commencer à dessiner un paysage et de dégager d'authentiques lignes de force.

Quant à Stimson, le texte introductif qu'il propose aborde la question de l'échec de l'art conceptuel au regard de la question de la critique et de la transformation des institutions artistiques existantes. Dans cette perspective, il cite les propos — extraits de textes figurant dans le volume — de divers auteurs.

Seth Siegelaub, par exemple : « Le modèle économique associé à l'art conceptuel est remarquablement semblable à celui d'autres mouvements artistiques : acheter à vil prix une œuvre unique et la revendre à prix élevé. » Mais aussi Robert Smithson qui, en 1972, expliquait la vogue de l'art conceptuel aux États-Unis de la manière suivante : « Parce que les galeries et les musées ont été victimes d'une diminution de leurs revenus, ils ont besoin d'un produit meilleur marché. » Ou encore Ian Burn : « Tandis que nous contemplions nos nombrils, nous avons été transformés en valeur marchande et mis sur le marché. » Ce n'est pas la moindre des qualités de cette *anthologie critique* que de ne pas proposer la seule *success story* de l'art conceptuel mais d'également donner à réfléchir sur sa possible faillite.

Rewriting Conceptual Art répond bien évidemment à un tout autre projet que le recueil d'Alberro et Stimson. Il s'agit là, tout à la fois, d'interroger quelques-unes des façons dont l'art conceptuel est constamment réécrit, et de proposer des réécritures critiques et historiques de tel ou tel de ses aspects. Dans une approche qui a été celle de l'exposition *Global Conceptualism : Points of Origin, 1950s-1980s*, organisée par le Queens Museum of Art (New York) en 1999, cette réécriture se veut notamment géographique : l'art conceptuel ne doit pas être confiné aux seules Amérique du Nord et Europe de l'Ouest. Toutefois, de ce point de vue, le résultat est quelque peu décevant, car, si le texte déjà évoqué d'Alberro vient éclairer le conceptualisme latino-américain des années soixante, l'étude de Desa Philippi, *Matter of Words : Translations in East European Conceptualism*, consacrée aux travaux de Roman Opalka, Ilya Kabakov, J.H. Kocman, Ladislav Novák ou Pavel Büchler, certes intéressante dans son analyse des pièces spécifiques évoquées, ne convainc pas de l'existence d'un réel art conceptuel (pour autant que la formule ait un sens) de l'autre côté du rideau de fer. On eût, par exemple, souhaité des pages sur le conceptualisme yougoslave et l'importante figure de Braco Dimitrijevic — dont, du reste, l'anthologie d'Alberro et Stimson aurait gagné à présenter un texte comme le *Tractatus Post-Historicus*. Un impeccable essai de Stephen Bann sur Giulio Paolini est en charge de la représentation de certaine Europe méditerranéenne et d'un conceptualisme œuvrant dans les registres de l'icône et du symbole, fort distant du réductivisme anglo-saxon.

L'ouvrage de Newman et Bird fait globalement preuve d'une belle maîtrise critique. Témoin, une contribution comme celle d'Anne Rorimer qui revient opportunément sur un certain nombre de travaux « historiques » (les *Statements* de Weiner, *Schema* ou *Figurative* de Graham, *The Domain of the Great Bear* de Bochner et Smithson, les pièces

publicitaires de Steven Kaltenbach, les *0-9 Pieces* de Barry, l'intervention d'Asher dans *Vision* ou les dessins de Huebler) ayant élu la page, le magazine comme support. Toutefois, on aurait peut-être envie de détacher deux articles. Tout d'abord, *Mappings : Situationists and / or Conceptualists* de Peter Wollen. L'idée de départ est passionnante : situationnistes et artistes conceptuels ont utilisé des cartes. L'auteur engage donc une comparaison des travaux « cartographiques » respectifs de Guy Debord et de Douglas Huebler, pour noter certaine proximité des trajets documentés du second d'avec les *dérives* du premier. Malheureusement, Wollen ne pousse pas plus loin cette mise en rapport et se contente, pour finir, de l'énumération de quelques pièces, au demeurant significatives, de Fiona Templeton, Wolf Vostell, Yoko Ono, Alighiero e Boetti ou Art & Language. La déception est à la mesure des promesses suscitées par l'annonce du sujet. Le second article sur lequel il convient d'appeler plus particulièrement l'attention est *Conceptual Art History or, A Home for Homes for America* de David Campany. L'auteur s'interroge pour commencer sur le photo-conceptualisme, qui confronte la photographie à son hétérogénéité constitutive, utilisant à partir d'une posture artistique un médium qui a son origine ailleurs que dans l'art, jouant de la double nature de la photographie, forme artistique et moyen de communication de masse par l'intermédiaire duquel les autres formes artistiques sont reproduites et diffusées. Campany s'intéresse ensuite à *Homes for America* de Dan Graham pour en analyser toute la complexité statutaire — article consacré à l'architecture en milieu suburbain devenant, d'une part, une œuvre clé de l'art conceptuel et, d'autre part, alors que rien de tel n'est dit dans les deux pages du texte, ce moment de l'histoire de l'art mettant en rapport certaine architecture de masse et l'art minimal. L'étude se termine sur une captivante remarque : la photographie la plus apparemment neutre n'est sans doute pas à chercher dans le photo-journalisme mais dans la photographie d'œuvres d'art en vue de la reproduction. On l'a compris, il s'agit là d'une contribution d'importance, et l'on se dit que, décidément, Graham a de la chance ; il est sans doute le mieux commenté des artistes de sa génération (que l'on songe à l'étude de Jeff Wall reprise dans l'ouvrage d'Alberro et Stimson). Le recueil se termine par de belles pages de Michael Newman sur des travaux récents, ceux de Joe Scanlan, qui exemplifient l'aporie définissant la condition post-conceptuelle : vouloir disparaître et savoir qu'il est impossible de disparaître.

Gageons que *Conceptual Art : A Critical Anthology* connaîtra vite une fortune critique et intellectuelle comparable à celle du volume de Gregory Battcock consacré à l'art minimal (*Minimal Art : A Critical Anthology*). Quant à *Rewriting*

Conceptual Art, il faut souhaiter que ce recueil soit le premier en Europe d'une série d'études ou de livres grâce auxquels le « troisième temps [qui est le nôtre] de réception de l'art conceptuel » pour reprendre les termes de Newman et Bird, permette à celui-ci d'échapper à ce que tend à faire de lui la *doxa* ambiante. Car, on le pressent, outre le nécessaire devoir de mémoire que certain penchant contemporain pour l'amnésie impose au critique d'art, beaucoup de questions restent encore à envisager. Par exemple : qu'en est-il de l'art conceptuel au regard de la distinction goodmannienne des régimes autographique et allographique ? Pourquoi quelque chose comme un art conceptuel est-il survenu dans le champ des arts plastiques plutôt que dans celui de la littérature, de la musique ou du cinéma ? La troisième des fameuses propositions de Weiner (1. l'artiste peut réaliser la pièce. 2. la pièce peut être réalisée par quelqu'un d'autre que l'artiste. 3. la pièce peut ne pas être réalisée) n'en implique-t-elle pas une autre, jamais présentée comme telle par l'artiste (la pièce peut être présentée sous la forme d'une *réalisation* graphique) ? Selon quelles modalités le concept d'une œuvre peut-il devenir l'œuvre même ? Etc. Finalement, devant l'ampleur du spectre des questions soulevées par ces ouvrages et de celles qui restent encore à traiter, on se prend à penser que Benjamin Buchloh n'avait peut-être pas tort de présenter l'art conceptuel comme « le changement paradigmatique le plus significatif dans la production artistique de l'après-guerre ».

Michel Gauthier

JOHN MAEDA
MAEDA@MEDIA.
JOURNAL D'UN EXPLORATEUR
DU NUMÉRIQUE
trad. de l'anglais par S. Jean
préf. de N. Negroponte
Paris, Thames & Hudson, 2000
480 p., plus de 1000 ill. NB et couleur, 245 F

La publication en France de livres sur le graphisme s'avère assez rare pour que la parution d'un ouvrage comme celui de John Maeda fasse figure d'événement. Le seul terme de graphisme, en français, recèle du reste une ambiguïté qui oblige, pour éviter toute confusion, à recourir au vocable anglo-saxon de *graphic design*, éventuellement adapté dans la formule de « design graphique ». Que nous ne disposions pas d'un vocabulaire plus spécifique témoigne bien du retrait français en ce domaine, retrait dont on peut espérer qu'il commence de s'estomper, notamment grâce à l'apparition d'ouvrages spécialisés. Tout en regrettant qu'il s'agisse de la diffusion d'une pensée et d'une vision du champ concerné

essentiellement anglo-saxonnes, il faut donc saluer l'entreprise de Thames and Hudson, qui a déjà publié au cours de ces dernières années plusieurs traductions sur le sujet.

John Maeda, graphiste américain d'origine japonaise, occupe une chaire de science des médias au Massachussets Institute of Technology (MIT) où il dirige le groupe de recherche « Aesthetics & Computation ». L'originalité de sa position tient à sa double formation — acquise d'abord au MIT où il poursuivit un cursus scientifique, puis au sein d'une école d'art japonaise. Maeda insiste en effet sur la nécessité que revêtait pour lui, en tant qu'étudiant, la combinaison de ces deux approches, alliance qu'il cherche à restituer à travers l'enseignement que lui-même dispense aujourd'hui. Dans le domaine informatique, on assisterait en effet, selon Maeda, à une nette et déplorable séparation des compétences, produisant la coexistence de deux mondes, celui de la programmation d'une part, aux mains de scientifiques dénués de sens artistique, et celui de la création d'autre part, mené par des individus qui, dans le cas de la conception numérique, se verraient contraints d'utiliser des outils dont ils ne maîtriseraient pas la genèse. Le principal message de Maeda consiste donc en une injonction adressée à ses collègues graphistes, les incitant à « regarder au plus profond de leur machine » et à développer eux-mêmes des programmes adaptés à leurs visées créatives. À l'appui de cet appel, il souligne par exemple combien l'affichage proposé par l'écran de l'ordinateur exploite la référence à la page imprimée, se cantonnant dans la bidimensionnalité, alors même que l'informatique offrirait les ressources d'un espace multidimensionnel. Néanmoins le propos s'accompagne, tout au long du livre, d'une évidente volonté de marquer l'attachement de l'auteur aux médiums traditionnels, au travail de la main, comme s'il s'agissait de ne point effaroucher le lecteur et de lui prouver la compatibilité de la technologie la plus avancée avec des pratiques ancestrales — comme écrire et dessiner sur une feuille de papier. L'ouvrage le démontre en reproduisant d'innombrables croquis et annotations manuscrites de Maeda, et se compose lui-même de trois papiers différents — l'un d'entre eux offrant une surface à fibre très apparente, d'une couleur brune et d'une texture inhabituelles dans un livre. Mais les pages, ici, ne se voient pas réduites à de pures surfaces : l'attitude qu'il prône à l'égard de l'espace électronique, Maeda l'applique au livre lui-même, cherchant à en révéler une dimension inexplorée à travers l'inscription d'une phrase sur les trois côtés de la tranche ; les lettres sont formées par le motif imprimé à cet effet en bordure d'une soixantaine de pages, sur les deux faces de celles-ci ; il s'agit d'un commentaire parfaitement réflexif sur l'opération effectuée : « On a coutume de négliger les côtés de la page au profit de son recto et de son verso ». L'originalité de *Maeda@media* réside ainsi essentiellement dans son foisonnement visuel, le discours tenu s'avérant finalement peu développé — que l'on mesure celui-ci à la longueur du texte ou à sa teneur conceptuelle. Envisagé du point de vue des images, le livre accuse aussi un contenu très lâche, multipliant les pages inutiles pour parvenir, suppose-t-on, au volume recherché (de l'ordre du « pavé »). Fourmillant d'exemples illustrés qui décrivent les expériences menées par l'auteur durant les cinq ou dix dernières années (on ne le sait pas exactement) et qui explicitent quelquefois un processus de programmation, le livre ne cherche pourtant pas à privilégier un lectorat professionnel et dilue son objet pour s'adresser au contraire au public le plus large. On y découvre à la fois les étapes de la fabrication du tofu, les recherches personnelles — autour de l'idée d'écran « réactif » et d'espace dynamique — et les travaux pédagogiques poursuivis, ainsi que les réponses à des commandes commerciales. La structure du livre, qui imbrique ces différents aspects, permet de deviner les interactions à l'œuvre d'un domaine à l'autre, mais ne favorise pas une perception claire du statut des divers projets présentés, ni du contexte dans lequel ils ont été originellement conçus et diffusés. L'ensemble s'avère plus allusif que véritablement documentaire. Animé par le souci d'ébranler quelques stéréotypes dont il suppose affectée l'image de l'informatique, Maeda sombre lui-même dans les clichés démagogiques : la matière autobiographique du livre vient continûment et pesamment contribuer à dresser le portrait d'une technologie « à visage humain », et le vœu exprimé, en guise de conclusion, d'un « développement d'espaces informatiques recouverts de part en part des joyeuses couleurs de l'humanisme » résume hélas assez bien l'esprit et le ton du livre, plus naïf et bien pensant qu'incisif et réfléchi. On le regrette d'autant plus vivement que les remarques trop rares suggérant l'amorce du travail de « déconstruction du monde numérique » annoncé en introduction suffisent à convaincre de l'importance de cette tâche et du rôle décisif que pourraient jouer en la matière des personnalités comme Maeda, à condition de se plier aux exigences requises par un tel exercice.

Catherine de Smet

KEN WORPOLE
HERE COMES THE SUN : ARCHITECTURE AND PUBLIC SPACE IN TWENTIETH-CENTURY EUROPEAN CULTURE
Londres, Reaktion Books, 2000
168 p. , 95 ill. N & B et coul. , £ 22

« De quels moyens dispose-t-on de nos jours pour supprimer la misère du logement ? Le Congrès international pour la Nouvelle Architecture qui s'est tenu à Francfort, a posé cette question avec une particulière acuité. Quelles que soient les solutions proposées, il faut prendre en considération le fait que les besoins de la population sont désormais supérieurs et différents. On est devenu plus exigeant : la lumière, l'air, l'hygiène sont des nécessités évidentes. » Cette déclaration de l'architecte Ferdinand Kramer en 1929[1] témoigne des préoccupations hygiénistes qui caractérisèrent en grande partie la pensée moderniste qui s'affirma en Europe dans les années vingt, et selon laquelle l'habitat devait participer au « plein développement des fonctions vitales de l'homme »[2]. Les conséquences de cette approche ne se limitèrent pas à l'architecture et s'étendirent comme on le sait à la ville dans son ensemble ; ainsi, Le Corbusier pouvait annoncer en 1925, dans le chapitre « L'heure du repos » de la seconde partie de son ouvrage *Urbanisme,* consacrée à son projet de ville contemporaine : « La pratique du sport doit être accessible à tout habitant de la ville. Le sport doit se faire au pied même de la maison. Tel est le programme de la cité-jardin[3]. » Autour de 1930, quelques projets étudiés à l'occasion de plusieurs concours pour des villes nouvelles en URSS furent d'excellents révélateurs de cette volonté d'associer l'architecture à l'hygiène corporelle (et parfois psychique), au sport et à la nature (parmi d'autres, le projet de Melnikov pour la « Ville verte » ou celui de Leonidov pour Magnitogorsk).

Ce programme d'un modernisme défenseur d'une grande « cause »[4] à la fois sociale et médicale qui voulait apporter l'air pur, le soleil et la nature au cœur des villes et semblait placer la santé d'un corps libéré au centre des ambitions de l'architecture a pu paraître suffisamment consistant dans les années vingt et trente pour constituer, une trentaine d'année plus tard, une cible de choix pour les premières critiques systématiques qui devaient mettre au jour les contradictions et impasses du « Mouvement moderne ».

Les questions liées à l'articulation entre le projet architectural et urbain, la santé corporelle et la place de la nature se montrent en effet très révélatrices des ambiguïtés des discours et pratiques modernistes au croisement des expérimentations esthétiques, des prétentions « scientifiques », des visions de société et des projets politiques. Pour l'architecture, cette quête apparemment lumineuse de l'air pur, du soleil et de la nature se construisit en fait de manière très problématique puisque s'y mêlèrent des visions encore romantiques de la nature, l'influence de positions antinaturalistes de quelques avant-gardes du début du siècle, des recherches élémentaristes, le culte du corps, du sport et de l'homme nouveau sur fond de volonté d'expression d'une civilisation machiniste.

Si ces contradictions d'un supposé « projet moderne » ont déjà fait depuis longtemps l'objet d'analyses globales (aussi différentes que celles qu'ont pu mener Manfredo Tafuri ou Reyner Banham), le titre de l'ouvrage de Ken Worpole semble donc annoncer une étude plus précise sur un sujet autant complexe que crucial de la pensée architecturale et urbaine du xxᵉ siècle. Malheureusement, dès les premières pages, s'évanouit tout espoir d'y découvrir une analyse rigoureuse et précise qui permettrait d'apporter une meilleure compréhension, voire un essai de synthèse, sur un sujet aussi intéressant.

Organisé selon un principe chronologique mais avec une très nette — et très discutable — séparation entre les chapitres consacrés à l'architecture (logements sociaux, écoles de plein air, sanatoriums) et ceux consacrés aux espaces extérieurs (parcs urbains, *lidos* et parcs de loisirs), le livre se caractérise d'abord par une très grande superficialité d'un propos réduit le plus souvent à une simple présentation résumée de quelques aspects d'une histoire de la modernité architecturale bien connue par ailleurs (ainsi, dans le premier chapitre consacré à la naissance de la cité-jardin, la réalisation de Port Sunlight à partir de 1888, pourtant annoncée comme primordiale, n'est finalement évoquée qu'en une douzaine de lignes bien générales, sans véritable apport d'analyse). La thèse est celle d'une « utopie ensoleillée » qui, selon l'auteur, serait principalement le fait des démocraties de l'Europe du Nord. Mais l'ouvrage n'est conçu que comme la présentation d'une suite de modèles qui auraient encore valeur d'exemples dans ce qui apparaît très rapidement comme un discours relevant davantage du militantisme politique que de l'analyse critique ou historique. Cette minceur du propos et cette volonté militante s'expliquent certainement par la position de l'auteur qui présente sa démarche comme celle d'un « conseil en politique urbaine ».

Le point le plus problématique du livre de Ken Worpole concerne sa présentation très partielle des implications du culte du corps dans les années trente, malgré quelques remarques — bien timides — sur des orientations militaristes ou eugénistes. Ainsi, il est pour le moins surprenant que nulle mention ne soit faite des réalisations allemandes du IIIᵉ Reich (comme celle du complexe balnéaire de Prora sur la Baltique qui a fait l'objet d'études récentes) ou de celles de l'Italie fasciste. Ces réalisations, qui ne correspondent effectivement pas au parti pris de l'auteur quant au caractère « socio-démocrate » ou « nordique » de son « utopie de l'ensoleillement », sont pourtant au cœur du sujet qu'il annonce. Ainsi, la politique de construction de colonies de vacances dans l'Italie des années trente, qui donna lieu à de nombreuses réalisations ouvertement modernistes, aurait dû constituer une matière de choix pour permettre de prolonger la réflexion amorcée sur l'influence des équipements hospitaliers.

L'affirmation d'une suprématie supposée, mais nullement argumentée, des pays de l'Europe du Nord dans la pensée d'une architecture et d'un urbanisme modernistes associant visions d'une nature ensoleillée et activités corporelles, empêche également l'auteur de s'intéresser aux développements d'une culture architecturale de la Méditerranée qui, là encore, ne sont pourtant pas sans rapport à son sujet : le projet avorté d'une « Académie européenne méditerranéenne » (étudié entre 1931 et 1933 par Theodorus Wijdeveld, Erich Mendelsohn et Amédée Ozenfant), les discussions sur la « méditerranéité » de l'architecture moderne (principalement en Italie entre 1930 et 1934) ou les évolutions de l'aménagement de Tel-Aviv au cours des années vingt et trente (avec le passage des conceptions de Geddes ou Ashbee aux influences de la Nouvelle Objectivité) sont quelques éléments qu'il aurait été très utile de confronter et de discuter. *Here Comes The Sun* ne fait donc que désigner cette « utopie ensoleillée » qui serait caractéristique du modernisme et il faudra se reporter à d'autres lectures pour essayer d'en mesurer les implications dans toute leur complexité.

Hugues Fontenas

Notes

1. Ferdinand Kramer, « Le logement pour le minimum vital », trad. par Y. Kobry, *Paris-Berlin, 1910-1933*, catalogue de l'exposition, Paris, Centre Georges Pompidou, 1978, p. 380.

2. Cette expression est employée par Gropius dans un texte paru en 1929, « Fondements sociologiques de l'habitation minimale pour la population industrielle des villes », trad. par D. Petit dans : Walter Gropius, *Architecture et société*, Paris, Éditions du Linteau, 1995, p. 67-83.

3. Le Corbusier, *Urbanisme* [1925], Paris, Vincent-Fréal, 1966, p. 191.

4. Pour illustrer cette pensée militante du modernisme comme cause, on se reportera au livre de Anatole Kopp, *Quand le moderne n'était pas un style mais une cause*, Paris, Ensba, 1988.

Les Cahiers
du Musée national d'art moderne

© ÉDITIONS DU CENTRE POMPIDOU
ISSN 0181-1525-18
ISBN 2-84426-083-7
COMMISSION PARITAIRE : 1436-ADEP
N° D'ÉDITEUR : 1163
DÉPÔT LÉGAL : AVRIL 2001

IMPRIMERIE BLANCHARD,
LE PLESSIS-ROBINSON

IMPRIMÉ EN FRANCE

ABONNEMENT ANNUEL
ABONNEMENT POUR QUATRE NUMÉROS
À PARTIR DU NUMÉRO À PARAÎTRE

Normal	500 F	Étranger	560 F
Réduit*	460 F	Étranger réduit*	500 F

* Adhérents au Centre Georges Pompidou et étudiants.

Le règlement doit être établi à l'ordre de l'Agent comptable du CNAC
Georges Pompidou et retourné au Service commercial,
Gestion des abonnements, Centre Georges Pompidou 75191 Paris cedex 04.